1000 Freizeittipps

NIEDERRHEIN

Ausflugsziele · Sehenswürdigkeiten
Sport · Kultur · Veranstaltungen

Susanne Wingels

Wartberg Verlag

Anmerkung des Verlages
Die im nachfolgenden Text verwendeten Symbole haben folgende Bedeutung:
☏ = Telefon, ✉ = E-Mail-Adresse, 🌐 = Internet-Adresse,
☺ = Attraktionen für Kinder und Junggebliebene

Alle Angaben wurden gewissenhaft geprüft, trotzdem können Autor und Verlag keine Gewähr für die Richtigkeit übernehmen. Anregungen, Berichtigungen und Ergänzungsvorschläge senden Sie bitte an den Wartberg-Verlag, Gudensberg-Gleichen.

Bildnachweis
Dirk Verweyen Lichtbilder: S. 3, 75; Annette Wozny-Koepp: S. 13, 30, 33, 68 (beide);
Sonja Wingels: S. 37; Stadt Kalkar: S. 62; JoFink Photography: S. 106, 109;
Stadt Neuss: S. 114, 115, 117; Moritz Kertzscher: S. 182
Alle anderen Aufnahmen sind von der Autorin

1. Auflage 2018

Layout: Grafik&Design Ulrich Weiß, Extertal
Karte: Ulrich Weiß auf Basis von vectormaps.de
Drucken und Binden: Druck- und Verlagshaus Thiele & Schwarz GmbH, Kassel

34281 Gudensberg-Gleichen, Im Wiesental 1
Telefon (0 56 03) 9 30 50
www.wartberg-verlag.de
ISBN: 978-3-8313-2892-5

Einladung zur Entdeckungsreise

Fragen Sie 100 Niederrheiner nach einer Definition ihrer Heimat: Sie werden 100 verschiedene Antworten erhalten! Denn so simpel das Bild der Region von außen erscheint, so vielfältig ist dieser Landstrich in Wirklichkeit. Es gibt das flache Land, kaum 10 m über dem Meeresspiegel, mit Sumpf- und Heideregionen und Bruchwäldern, aber auch bis zu 100 m hohe „Berge“ mit steilen Hängen und beschwerlichen Aufstiegen. Schuld an diesen Erhebungen sind wahlweise die Eiszeit und die Industrialisierung. Vor allem gibt es Wasser: den Rhein, die Niers, die fast vollständig mit dem Boot „erfahren“ werden kann, unzählige Bäche und Nebenflüsse, Kanäle (geplante und fertige), Baggerseen, natürliche Seen und Wassergräben. Das Land ist größtenteils dünn besiedelt und bietet gleichermaßen Platz für Wildnis und Gartenkunst, Golfanlagen, Flugplätze, Angelteiche, zum Wandern durch die großen Naturparks, für den Reitsport und vor allem zum Radfahren.

In den Rheinwiesen und in der Niederung hat sich eine reiche Tier-, Pflanzen- und vor allem Vogelwelt niedergelassen: Der Storch ist wieder heimisch, die arktischen Wildgänse nutzen den Unteren Niederrhein als Winterquartier, und Reiher suchen in jedem Gartenteich nach Beute. Es werden Obst und Spargel angebaut, und in vielen versteckten Winkeln befinden sich alte Ritter- und Adelssitze – manche sind öffentlich zugänglich, andere nicht. Mit all diesem Stoff ließen sich zehn Bücher füllen; ich habe die Freude und gleichzeitig die Qual der Wahl, für Sie auszuwählen, was besonders interessant ist. Lassen Sie sich ein auf das Abenteuer Niederrhein!

Mit besten Grüßen
Susanne Wingels

Alpen

(Kreis Wesel)

Alpen liegt mitten in der Niederrheinischen Tiefebene, verfügt aber über einen Berg (den Schmuhlsberg) von 57,27 m Höhe, und blickt auf eine fast tausendjährige Geschichte zurück, von der der Mottenhügel an der Burgstraße ebenso zeugt wie die Plaggenhütte in der Bönninghardt und die wilden Geschichten um den Räuber Wilhelm Brinkhoff, den „Schinderhannes des Niederrheins", der im 19. Jh. aus mehreren Zuchthäusern floh und in Amerika zu Reichtum kam. Reichlich Natur lädt zum Wandern und Radfahren ein.

Gemeinde Alpen
Rathausstr. 5
46519 Alpen
Tel. 02802/912-250
info@alpen.de
www.alpen.de

Sehenswertes

Plaggenhütte Bönninghardt

Ab 1771 siedelten sich Pfälzer, die ursprünglich nach Amerika hatten auswandern wollen, in der Bönninghardt an. Da sie kein Holz schlagen durften, errichteten sie Hütten aus „Plaggen" (Heidesoden) und Fundholz und schlugen sich als Besenbinder durch. Die Bönninghardt war auch die Heimat des berüchtigten Räubers Brinkhoff. Heute steht eine rekonstruierte Plaggenhütte frei zugänglich neben der katholischen Kirche. In der Nähe, an der evangelischen Kirche, befindet sich ein Besenbinderdenkmal.
Kontakt: Bönninghardter Str. 142, E-Mail: info@plaggenhuette.org, www.plaggenhuette.org

Die liebevoll rekonstruierte und gepflegte Plaggenhütte macht Historie für Klein und Groß erlebbar.

Motte (Kasteel) Alpen

Die Niederungsburg aus dem 13. Jh. war eine der größten Burgen am Niederrhein. Sie wurde durch ein Erdbeben zerstört und unter Napoleons Herrschaft 1809 abgetragen. Heute lädt der geschichtsträchtige Hügel mit seinen Bänken zum Verweilen ein.
Standort: Burgstr. am östlichen Ortsausgang

Evangelische Kirche zu Alpen

Die älteste frühbarocke Kirche am Niederrhein und älteste reformierte Pfarrkirche in Deutschland wurde 1602–1604 erbaut und beheimatet das Renaissancegrabmal der Kurfürstin Amalia, die letzte niederrheinische Orgel von J.E. Teschemacher und eine Kanzel aus dem Jahr 1719.
Kontakt: An der Vorburg 2, 02802/4140

Museen

Haus der Veener Geschichte

Hier sind Zeugnisse der bäuerlichen Vergangenheit des Dorfes und seiner Entwicklung seit 1880 ausgestellt. Es gibt eine Hörstation mit Informationen in Deutsch und Niederländisch.
Kontakt: Haus der Veener Geschichte, Kirchstr. 16, 02802/912645 oder

947122, ✉ dorothe.keisers@alpen.de,
🌐 www.hausderveenergeschichte.de,

▸ Dorfschmiede Menzelen-Ost
In der alten Schmiede wird altes Handwerk wieder erlebbar gemacht.
Kontakt: Birtener Str. 8,
🌐 www.menzelen-geschichte.de

Freizeit und Natur

▸ Streuobstwiese „Ratsbongert" mit Spielplatz „Burg Alpen"
Im östlichen Teil der großen Streuobstwiese gibt es einen phantasievoll gestalteten Spielplatz, die „Burg Alpen".
Standort: Zwischen Mittelweg und der B58

▸ Wandern
Die Leucht, ein zauberhaftes Waldgebiet, lädt südlich von Alpen zum Wandern ein, ebenso der NiederRheinWeg mit insgesamt 132 km Länge.
🌐 www.alpen.de („Aktiv in Alpen" – „Wandern"),
🌐 www.niederrheinische-berg-und-wander freunde.de,
🌐 www.wanderwegewelt.de

▸ Freizeitsee Menzelen-Ost
Der Baggersee bietet ein Strandbad und Möglichkeiten zum Surfen, Tauchen und Angeln.
Kontakt: Gester Str. 35, Menzelen,
☏ 02802/2739
🌐 www.freizeitsee-menzelen.de/
Surfverein Alpen e.V., ☏ 0172/7913194
TCA Mobula Alpen e.V., Marktstr. 4,
☏ 02802/7098467, ✉ info@tca-mobula.net,
🌐 www.tca-mobula.net /Angelsportverein Xanten-Menzelen, ☏ 02802/7987

▸ Waldspielplatz Bönninghardt
Ein Wald- und Abenteuerspielplatz mit einem kleinen Hügel liegt nur 300 m von der Plaggenhütte entfernt.
Kontakt: Bönninghardter Str. 116,
☏ 02802/6193,
🌐 www.waldspielplatz-boenninghardt.de,

▸ Planwagenfahrten, Reitstunden und Reiterferien
Birgitt Dams, Wolfhagenstr. 48,
☏ 02802/4258, ✉ birgitt-dams@t-online.de
🌐 www.reitstall-albersdams.de

▸ „Alpentouren"
Der 37 km lange Rundweg „Alpentour am Niederrhein" „erradelt" oder „erwandert" fast 30 Sehenswürdigkeiten in allen Ortsteilen. Es gibt verschiedene geführte „Alpentouren" zu Fuß, mit dem Rad oder mit dem Segway.
Kontakt: 🌐 www.alpen.de,
🌐 www.radroutenplaner.nrw.de

Veranstaltungen und Feste

▸ Königsschießen am Schmuhlsberg
In der Schlucht an der ehemaligen Heimstatt von Alpens erster Burg findet jährlich zu Pfingsten ein Preis- und Königsschießen statt.
🌐 www.jsv-alpen1680.de

▸ Stadtlauf
Am Sportzentrum an der Fürst-Bentheim-Straße gibt es im Juli ein großes Lauf-Event mit Strecken bis 10 km Länge.
🌐 www.lg-alpen.de

▸ Herbstspektakel
Gegenüber der Motte wird jährlich im Oktober ein mittelalterliches Ritterspektakel mit Markt, Gauklern, Musik und Kämpfen geboten. Daneben gibt es am verkaufsoffenen Wochenende Oldtimer-Traktoren und einen Kunsthandwerkermarkt.
🌐 www.alpener-herbstspektakel.de

▸ Brauchtum und Märkte
Blumen- und Spargelfest, Kinder- und Familienfest, Streuobstwiesenfest, Weihnachtsmarkt und das musikalische Krippenspiel in Menzelen-Ost am Heiligen Abend bilden Höhepunkte im Jahreslauf.

Bedburg-Hau

(Kreis Kleve)

Die Gemeinde Bedburg-Hau ist ein Zusammenschluss von sieben Ortschaften mit sehr alter und sehr interessanter Geschichte inmitten von Wald, Wiesen und Wasser. Überregional bekannt ist vor allem das Schloss Moyland.

Touristinfo der Gemeinde Bedburg-Hau
am Schloss Moyland
Am Schloss 5
47551 Bedburg-Hau
02824/999970
www.bedburg-hau.de

Sehenswertes

▸ Grabmal des Fürsten Johann Moritz von Nassau-Siegen
Moritz von Nassau hat als kurbrandenburgischer Statthalter von Kleve zahllose Spuren hinterlassen, u. a. die historischen Parkanlagen und Aussichtspunkte. Das in einem Halbrund gestaltete 1678 errichtete Grabmal in Berg und Tal beherbergte in seinen Mauern etliche römische Altertümer, die inzwischen durch Nachbildungen ersetzt wurden und sich im Rheinischen Landesmuseum in Bonn befinden. Der Fürst selbst ruhte nach seinem Tod 1679 nur ein Jahr an dieser Stelle. Ein Spaziergang in dem Waldstück lohnt sich allein schon wegen der Aussicht vom Papenberg, der Riesenschaukel in der Nähe des Aussichtsplatzes und des Laubenganges zum Haus Berg und Tal – Geocachern sei der hier verborgene Schatz wärmstens empfohlen!
Standort: Uedemer Str. 23, Hau, GPS 51°46’15.72N, 6°9’56.58E

Ein idyllischer, eindrucksvoller Ort: Das Grabmal des Fürsten Johann Moritz von Nassau-Siegen.

▸ Pfarrkirche St. Markus in Schneppenbaum
Die ehemalige Klosterkirche aus dem 12. Jh. besticht durch die deutliche Kreuzform und die original erhaltenen romanischen Elemente (Turm, Ostschiff) und den etwas jüngeren gotischen Chorabschluss.

▸ Qualburg
Qualburg geht vermutlich auf das römische Kastell Quadriburgium zurück. Es wurden zudem frühmittelalterliche Gräber und Siedlungsreste des 6./7. Jhs. gefunden. Die neugotische Backsteinkirche St. Martinus, die 1890 mit einem 58 m hohen Kirchturm an alter Stelle neu errichtet wurde, enthält einen gotischen Chor aus dem 15. Jh., ein Taufbecken aus dem 14. Jh. und eine Maria-Skulptur aus dem frühen 15. Jh.

▸ Louisendorf
Louisendorf ist eine der wenigen pfälzischen Sprachinseln am Niederrhein. Die

protestantischen Pfälzer hatten ihre Heimat im Hunsrück aus wirtschaftlicher Not und wegen ihres Glaubens verlassen und befanden sich auf dem Weg nach Pennsylvania (USA), als sie an der niederländischen Grenze „hängen blieben". Dialekt und Traditionen werden in Pfalzdorf, Louisendorf, Neulouisendorf und in der Bönninghardt bei Alpen nach wie vor gepflegt. Eindrucksvoll ist die rautenförmige Anlage um die evangelische Elisabeth-Kirche, die von einem Baumring umstanden ist.
🌐 www.louisendorf.de

Museen

▸ Stiftung Museum Schloss Moyland
Das Schloss beheimatet die Kunstsammlung der Brüder van der Grinten mit Exponaten aus dem 19. und 20. Jh. mit der größte Sammlung von Werken von Joseph Beuys. Ergänzend werden international orientierte Ausstellungen und eine Sammlung

Schloss Moyland zur blauen Stunde – von allen Seiten eine Augenweide.

zur Geschichte des Schlosses sowie Führungen (auch Märchenführungen), Workshops, Museumspädagogik und Veranstaltungen geboten. Überregional bekannt sind der kunsthandwerkliche Weihnachtsmarkt, das Kräutergartenfest und das Jugendfestival Courage. Die historischen Parkanlagen im historisierenden Tudorstil vereinigen künstlerische Elemente mit Alleen, Laubengängen und einem Kräutergarten und können – ebenso wie das Café – separat besucht werden. Vom ehemaligen Bergfried bietet sich eine fantastische Aussicht.
Kontakt: Stiftung Museum Schloss Moyland, Am Schloss 4, Till-Moyland,
☎ 02824/95100, ✉ info@moyland.de,
🌐 www.moyland.de

▸ Jakob-Imig-Archiv Louisendorf
Die Sammlung über Louisendorfer, pfälzische und niederrheinische Regionalgeschichte, Kirchengeschichte, Volkskunde verwahrt zudem Gedichte und Prosa in pfälzischer Mundart.
Kontakt: Hauptstr. 47, Louisendorf,
☎ (Führungen) 02824/5660,
🌐 www.louisendorf.de

Freizeit und Natur

▸ Gerichtslinde
Vor der alten St.-Antonius-Kirche in Hau steht eine alte Gerichtslinde. Sie hat einen Umfang von 5,20 m bei einer Höhe von 9,50 m. Standort: An der Kirche 10, Hau

▸ Voltaire-Weg
Der Voltaire-Weg führt vom Schloss Moyland über den alten Postweg und den Papenberg bis zum Grabmal. Von dort lässt sich der Weg auf dem „Prinz-Moritz-Weg" an der Wetering und dem Kermisdahl bis nach Kleve fortsetzen (Gesamtstrecke 10 km).
🌐 www.bedburg-hau.de (Flyer zum Download)

Bedburger Nass
Ein familiäres Hallenbad mit zwei Becken, Elefantenrutsche, Gegenstromanlage, Wasserfall, Nacken- und Massagedüsen und einem breiten Zusatzangebot.
Kontakt: Rosendaler Weg 10a, 02821/60090, www.bedburgernass.de

Heisterfeldshof
Neben Ausflugslokal, Reitstall und einem Traber-Trainingszentrum befindet sich hier eine 997 m lange Trabrennbahn. Familientage, Renntage, Trödelmärkte und ein buntes Programm für Kindergeburtstage bieten Spaß und Spannung. **Kontakt**: Familie Uwe Zevens, Waldstr. 36 / Ecke Breite Str., 02821/897600 / 0172/9011598, mail@heisterfeldshof.de, www.heisterfeldshof.de, www.-rv-bedburg.de

Kinder- und Jugendtheater Mini-Art e.V.
Das Theater arbeitet mit und für Kinder und finanziert sich über Spenden.
Kontakt: Brückenweg 5, 02821/811570, info@mini-art.de, www.mini-art.de

Minigolfanlage in der LVR-Klinik
Die Anlage ist für Patienten, Bewohner, Angehörige, Mitarbeiter und Besucher offen.
Standort: Brückenweg / Schlägerverleih im „Café Casablanca".

Land-Golf-Club Schloss Moyland
Gastspieler mit Klubausweis eines anerkannten Verbands sind willkommen.
Kontakt: Moyländer Allee 1, 02824/4749, info@landgolfclub.de, www.landgolfclub.de

Golf International Moyland
Hier gibt es auch eine öffentliche 6-Lochanlage und eine Golfakademie.
Kontakt: Moyländer Allee 10, 02824/976680, info@golfinternationalmoyland.de, www.golfinternationalmoyland.de, www.golfacademymoyland.com

Skateboard-Anlagen
Friedensstraße in Huisberden und an der Lindenstraße in Hau.

Bogensportanlage Louisendorf
Trainingsorte: Sportplatz des SSV Louisendorf 1964 und Sporthalle der St.-Markus-Gemeinschaftsgrundschule in Schneppenbaum.
Kontakt: www.bsc-louisendorf.de

Planwagenfahrten
Schneppenbaumer Planwagenfahrten mit Oldtimer-Traktor.
Kontakt: Planwagenfahrt Niederrhein, Friedrich Lauff Wadtberg 1, 0 28 21/6 09 89, www.planwagen-fritz.de

Veranstaltungen

Jugendfestival Courage
Ein Zeichen „Für Toleranz und gegen Gewalt" setzt das stimmungsvolle Festival im Juni mit bekannten musikalischen Live-Acts auf der Festivalwiese am Schloss Moyland.
www.jugendforum-courage.de

Kunsthandwerker-Weihnachtsmarkt
Von weit her pilgern die Menschen zum Schloss Moyland, um im romantischen Ambiente handgearbeitete Unikate zu erwerben und weihnachtliche Atmosphäre zu genießen.
www.weihnachtsmarkt-moyland.de

Brüggen

(Kreis Viersen)

Die vielseitige Burggemeinde im Naturpark Schwalm-Nette lädt in vielerlei Hinsicht zum Spazieren, Speisen und Verweilen ein. Die Lage an der einzigen Furt der Schwalm ließ schon im 9. Jh. eine Siedlung entstehen, und die trutzige Burg wurde bereits im Jahr 1289 erwähnt. Ringsum befindet sich Natur pur. Interessante Geschichten gibt es genug, so wie diese: In Bracht wurden 1977 Teile des Films „Die Vorstadtkrokodile" gedreht.

Tourist-Information in der Burg Brüggen
Eingang im Burginnenhof
Burgwall 4
41379 Brüggen
02163/5701-4711
www.brueggen.de
www.npsn.de

Sehenswertes

Historisches Rathaus / Kreuzherrenkloster
Das ehemalige Kreuzherrenkonvent, das 1756 nach einem Brand des Vorgängergebäudes im spätbarocken Stil errichtet wurde, dient heute als Rathaus.

Pfarrkirche Sankt Nikolaus
Der ursprüngliche Bau stammt aus 1479–1484, wurde allerdings nach einem Brand 1756 als barocke Saalkirche neu errichtet. Standort: Klosterstr. 40 / **Kontakt**: Kath. Pfarre St. Nikolaus, Burgweiherplatz 5, 02163/6715

Altes Zollhaus / Schwalmpforte Torschänke mit Zollstation und Rentei
Das ehemalige Tor der Festung Brüggen am einzigen möglichen Übergang über die Schwalm, das 1770 die heutige Form erhielt, diente als Wehranlage und Grenzübergang in niederländisch-spanisches Gebiet und beherbergt heute ein Restaurant. **Kontakt**: Klosterstr. 11, 02163/5254, www.restaurant-torschaenke.de

Brüggener Mühle
Die bereits 1289 erwähnte pittoreske Wassermühle in Sichtweite der Burg wurde bis 1955 als Öl- und Kornmühle genutzt. Das Wasserrad ist in Betrieb, das Mahlwerk kann im Restaurant bewundert werden. Standort: Burgwall 3 / **Kontakt** Restaurant: www.altebrueggenermuehle.de

Die Brüggener Mühle an der Schwalm mit der Burg Brüggen im Hintergrund.

Kath. Kirche Sankt Mariä Himmelfahrt Bracht
Die dreischiffige Basilika mit spätbarocker Ausstattung wurde bereits 1166 urkundlich erwähnt. Der heutige Bau stammt aus 1484. **Kontakt**: Kirchplatz 10, Bracht, 02157/871974

Brachter Mühle
Die Flügel der 1855 erbauten Windmühle brachen 1925 bei einem Sturm ab. Bis 1970 wurde das Getreide fortan mit Elektroantrieb gemahlen. Hier finden heimatkundliche Ausstellungen, Trauungen, das Mühlenfest und die Mühlenweihnacht statt.

Kontakt: Brüggener Str. 13, 02163/5701-4711 und -8888, info@brachter-muehle.de, www.brachter-muehle.de

Brachter Hausgeschichten

Das ganze Dorf lässt sich anhand von Tafeln an Hausfassaden erkunden, die Geschichte(n) erzählen. Das Projekt befindet sich im Aufbau.
Kontakt: www.brueggen.de – „Tourismus & Kultur“ – „Brachter Hausgeschichten“

Pfarrkirche Sankt Peter Born

Die Kirche aus dem 12. Jh. wurde 1433/34 um einen gotischen Chor erweitert. Der Taufstein aus Namurer Blaustein stammt aus dem 13. Jh.
Kontakt: Born 51, 02163/5455

Schloss Dilborn

Das Schloss wurde 1363 erstmals erwähnt und dient heute u.a. als Kulturforum und Spielort des Niederrheintheaters. Auf der Rückseite befindet sich der Spielplatz „Dilborner Piratennest“. **Kontakt**: Kulturforum Schloss Dilborn gGmbH, Dilborner Str. 61, 02163/3409834, www.kultschloss.de
Niederrhein Theater, Verw.: Falkenweg 15, 02163/889123, www.niederrheinisches-theater.de

Weißer Stein

Der Weiße Stein an der niederländischen Grenze am Brachter Wald diente im Mittelalter als „Dingbank“ (Gerichtsstätte). Heute bieten zwei Restaurants Spiel- und Erlebnisflächen.

Führungen

Es werden spannende Themenführungen und Kinderführungen angeboten.
Kontakt: www.brueggen.de

Museen

Burg Brüggen mit Naturkundemuseum „Mensch und Jagd“ und Naturpark Schwalm-Nette Informationsstelle

Die 1289 urkundlich erwähnte mittelalterliche Burg dient heute als Tourist-Information und beherbergt die Ausstellung „Mensch und Jagd“ und ein Informationszentrum des Naturparks Schwalm-Nette. Oben im Turm gibt es zudem ein Modell der Burg und eine grandiose Aussicht. Ein Großteil des Mauerwerks am Innenhof stammt aus dem 14. Jh.
Die Ausstellung „Mensch und Jagd“ informiert anschaulich und interaktiv über Lebensräume, die Entwicklung der Menschheit und die Auswirkungen des Menschen auf die Natur. Im Untergeschoss gibt es Informationen über den Naturpark Schwalm-Nette.
Im Sommer finden im Innenhof Konzerte und Theaterveranstaltungen statt.
Kontakt: Burgwall 4 02163/5701-4711 info@naturparkschwalm-nette.de, www.menschundjagd.de, www.npsn.de

Freizeit und Natur

Natur- und Tierpark Brüggen

Hier gibt es nicht nur etwa 250 Tiere aus fünf Kontinenten zu bestaunen (Höhepunkte sind Kamele, Zebras und das Schlangenhaus), sondern auch einen großen Waldspielplatz und Erlebnispark mit Nostalgie- und modernen Spielgeräten, Sommerrodelbahn, Einschienenbahn, Kleinkinder-Riesenrad, Überschlagschaukel, Dschungelpfad, Wasserspielen und Trampolinen.
Kontakt: Brachter Str. 98, 02163/5447, www.natur-und-tierpark-brueggen.de

Der Natur- und Tierpark bietet Spaß für jede Altersklasse.

Astronomischer Lehrpfad / Planetenweg
Der astronomische Lehrpfad in den Schwalmauen „erwandert" auf 4,5 km Länge unser Sonnensystem im Verhältnis 1:1 Milliarde km. Info-Stelen geben Auskunft über die Planeten und ein Gefühl für die Distanzen im Weltraum.
Zugang: Start und Ziel am Deichweg/ Nauenweg (Nähe Bauhof/Feuerwehr), GPS 51°14'20.38"N, 6°10'49.88"E

Brachter Wald
Wild, frei lebende Pferde, Rinder und Schafe lassen sich im ehemaligen Militärgelände mit Wald- und Heidelandschaften, Aussichtspunkten und einem Holzbohlenweg leicht beobachten. Das umzäunte, 1250 ha große Gelände verfügt über sechs Zugänge und mehrere ausgewiesene Wanderwege.
Zugänge: Weißer Stein, Amersloher Weg, St.-Barbara-Str., Swalmener Str.-L373, Kahlberg'sche Heide
Kontakt: Infozentrum Krickenbecker Seen e.V., Krickenbecker Allee 36, 41334 Nettetal, 0 21 53/91 29 09, infozenturm@bsks.de, www.bsks.de, www.nrw-stiftung.de, www.npsn.de

Borner See
Der See südöstlich von Born wird durch den Kranenbach gespeist. Rund um den See führt der zwei km lange „Patschelpfad", benannt nach dem Fischotter aus dem Roman „Patschel vom Schwalmtal".
Parkgelegenheit: nahe der Borner Kirche St. Peter / Standort „WasserBlick": N51°14'30.8" E6°12'44.8",
www.npsn.de/index/lang/de/artikel/1363

Wandern
Es gibt sechs verschiedene Routen zum Download. Geocaching-Touren werden auch als kombinierte Radtour von der Tourist-Information angeboten.

Hallenbad Brüggen
Das familiäre Hallenbad verfügt über einen Teilhubboden für den Nichtschwimmerbereich, Babybecken und Rutschen. Es werden vielfältige Kurse angeboten.
Kontakt: Hochstr. 33, 02163/7444,
www.hallenbad-brueggen.de

Brüggener Klimp
Das Hotel-Restaurant im ehemaligen 1890 erbauten Bahnhof bietet Speisen im historischem Ambiente mit liebevollen Details wie einer alten Dampflok, Zugschildern und Empfangschef in Originaluniform.
Kontakt: Burgwall 15, 02163/9550,
hotel@brueggener-klimp.de,
www.brueggener-klimp.de

Bouleplätze
Am Burgwall und an der Kirche in Born.

Skaterplatz
Standort: Sportplatz „Am Vennberg 7".

Ausritte und Planwagenfahrten
Reitstall und Fahrstall Corsten, Alst 68,
0172/2782646,
www.reitundfahrstall-corsten.de

Yellow-Zug
Der Pfannkuchenbäcker mit großem Kinderbereich bietet Fun-Fit-Food-Arrangements mit Pfannkuchenessen und/oder Kaffee und Kuchen, Yellow-Zug (Kettcar-Kolonne), Bauerngolf, Fahrrädern und/oder Tierparkbesuch. **Kontakt**: Pannekoekenbakker, Klosterstr. 30, 02163/572620, brueggen@pannekoekenbakker.de, www.pannekoekenbakker-brueggen.de

Return Saunapark
Neben sechs Saunen, Dampfbad, Solegrotte, kaltem Außenpool, Eis- und Wellnessbecken und Ruhebereichen gibt es ein breites Gesundheits- und Wellness-Programm sowie einen Kinderhort (gesonderte Öffnungszeiten), der zum Sportpark gehört. **Kontakt**: Return Sport & Wellness, Boerholz 72, Boerholz, 02157/9992, www.myreturn.de

Elektro-Scooter
„Brüggen-Holland-Tour" **Kontakt**: Greenwheel Elektro-Scooter, 02163/4992999 oder 02162/450095, www.greenwheel-tours.de

Kulturhistorische Route Brüggen-Beesel
Die grenzüberschreitende Radroute verbindet historisch und kulturell interessante Punkte der beiden Gemeinden, wie Hünengräber, Flachskuhlen und historische Gebäude.

Feste und Veranstaltungen

Brüggener Burgfestival und Altstadtfest
Zu Pfingsten und Anfang August findet auf dem Burg-Innenhof und dem Kreuzherrenplatz eine große Freiluft-Party mit Kunsthandwerkermarkt, Musik und Frühschoppen statt. Außerdem werden der Burgi-Spargelmarkt mit Weinfest und die Weihnachtsmärkte angeboten.
www.lebendiges-brueggen.de

Brachter Dohlenfest
Anfang Juli feiert ganz Bracht Open Air mit Livemusik, Showacts, Autoshow und Kindertrödelmarkt.
www.unser-bracht.de

Kinderferienstart
Kreuzherren- und Nikolausplatz verwandeln sich nach Schulschluss in eine bunte Spielwiese.

Niederrheinische Theaterfestspiele
In den Sommerferien wird der Burginnenhof zum Freilichttheater mit buntem Programm für Groß und Klein. Bei schlechtem Wetter wird im Burgsaal gespielt.
www.niederrheinisches-theater.de

Brüggen Klassik
Ende August bieten namhafte Künstler Pop und Rock der Extraklasse an der Burg.
www.bureggen-klassik.com

Dinslaken

(Kreis Wesel)

Dinslaken nennt sich selbst „Das Grüne Tor zum Ruhrgebiet" und vereinbart das Beste aus Niederrhein und Naturpark Hohe Mark-Westmünsterland mit der Industriekultur des „Ruhrpotts". Schon im 12. Jh. hatte sich rund um die Burgmotte eine Ansiedlung gebildet, die 1273 die Stadtrechte erhielt und der im 15. Jh. die Produktion und der Verkauf von Tuch und Leinen zu größerer Blüte verhalf. Heute hat die Stadt viele Gesichter: Altstadt, Industriekultur und ein grünes Freizeitparadies mit viel Platz für Wanderer, Radler und Reiter.

Stadtinformation Dinslaken
Ritterstr. 1
46535 Dinslaken
02064/66222
stadtinformation@dinslaken.de
www.dinslaken.de

Sehenswertes

Burg Dinslaken mit Burgtheater
Seit jeher das Herz der Stadt, beherbergen Reste der mittelalterlichen Burg heute das Rathaus. Auf der Freiluftbühne des Burgtheaters findet Sommertheater vor den eindrucksvollen alten Mauern statt.
Standort: Platz d'Agen 1, 46535 DIN

Ein eindrucksvolles historisches Gebäude: Die Burg Dinslaken.

Rittertor mit Pförtnerhaus
Das Rittertor ist das einzige noch erhaltene Stadttor. Im ehemaligen Pförtnerhäuschen ist heute die Stadtinformation untergebracht. Weitere Abschnitte der alten Mauer sind entlang des Rotbachs zu finden.
Standort: Rittergasse 1, 46535 Dinslaken

Bollwerkskathe
Diese ehemalige Schmiede „lehnt" an einem Rest der alten Stadtmauer. Wie ein Kontrapunkt befindet sich gegenüber eine Lore aus der ehemaligen Steinkohlezeche Lohberg/Osterfeld.
Standort: frei zugänglich im Garten des Museums Voswinckelshof (s.u.)

Historischer Stadtrundgang
Der historische Stadtrundgang verbindet alle Sehenswürdigkeiten der Altstadt und ihrer Umgebung.

Fördergerüst der ehem. Steinkohlezeche Lohberg, Gartenstadtsiedlung und Bergpark Oberlohberg
Von den beiden Fördergerüsten aus den Jahren 1910 und 1955/56 ist noch eines erhalten. Die 1907 gegründete Zechensiedlung ist mit wenigen Straßen und großen Gärten halbkreisförmig angelegt. Auf der Halde wurde ein Bergpark angelegt, der eine Parklandschaft mit künstlerischen Elementen und Spiel- und Erholungsgelegenheiten kombiniert.
Standort: Hünxer Str., Einmündung Lohbergstr., 46537 Dinslaken (Navi: Hünxer Str. 375)

Evangelische Kirche Hiesfeld
Die Kirche wurde vermutlich bereits im 10. Jh. gegründet. Der Westturm stammt aus dem späten 12. Jh., das Langhaus aus dem 15. Jh.
Kontakt: Kirchstr. 15, 46539 Dinslaken-Hiesfeld, 02064/47760,
www.evkg-hiesfeld.ekir.de

Färbergärten
Färbergärten gibt es im Museum Voswinckelshof, in der Villa Kunterbunt, im Färbergarten Rheinaue, in der Stadtbibliothek, in der Gartenschule und im Hof Emschermündung.

Stadtführungen
Es gibt eine Vielzahl an Themenführungen, geführte Radtouren sowie Segway-Touren und Planwagenfahrten.

Museen

Stadthistorisches Museum Voswinckelshof
Das Museum im ehemaligen Adelssitz, der bereits im 13. Jh. existierte, befasst sich mit stadthistorischen Themen und bietet verschiedenen Ausstellungen und Veranstaltungen Raum. **Kontakt**: Elmar-Sierp-Platz 6, 02064/2449

Mühlenmuseum Hiesfeld
Die Wassermühle am Rotbach in Fachwerk-Bauweise mit mittelschlächtigem Wasserrad stammt aus 1692/93. Die Turmwindmühle von 1822 diente dem Mahlen von Korn und Lohe. Beide Mühlen können besichtigt werden. Das Museum mit mehr als 60 Modellen verschiedenster Mühlentypen aus aller Welt und Ausstellungen u.a. zur Hiesfelder Geschichte befindet sich an der Wassermühle.
Kontakt: Am Freibad 5, 46539 Dinslaken-Hiesfeld, 02064/94188, www.muehlenmuseum-dinslaken-hiesfeld.de / Windmühle: Sterkrader Str. 212

Freizeit und Natur

Naturschutzgebiete
Typisch niederrheinisch mit Kopfweiden, Hecken und Deich erstreckt sich das Naherholungsgebiet Rheinauen von Duisburg-Walsum bis zur Emschermündung. Der Hiesfelder Wald ist bereits Teil des Naturparks Hohe Mark-Westmünsterland und dehnt sich in Richtung Münsterland, Schermbeck und Hünxe aus.
Parkmöglichkeiten: Franzosenstr., Sträterei, Rotbachsee (Hiesfeld)
Kontakt: www.natur-erleben-nrw.de, www.hohemark-westmünsterland.de

Rotbachweg
Der 20 km lange Rotbach-Weg für Wanderer und Radfahrer beginnt bei der Grafenmühle/Bottrop und endet an der Mündung des Rotbachs in den Rhein bei Voerde-Götterswickerham. Besonders malerisch und ursprünglich ist das Rotbachtal zwischen Grafenmühle und der Sträterei, wo der Schwarzbach (aus moorigen Ursprungsgebieten) in den Rotbach (mit hohem Eisengehalt) mündet. **Kontakt** für Informationen: Lippeverband, Kronprinzenstr. 24, 45128 Essen, 0201/104-0, www.eglv.de / GPS: Schwarzbachmündung: 51°34'49.40"N, 6°50'4.15"E, GPS-Tracks-Download: Rotbach-Weg.gpx

Idyllisch: Der Rotbach in der Nähe der Schwarzbachmündung.

Wohnungswald
Der Wohnungswald zwischen Dinslaken und Voerde lockt Jogger und Walker mit unterschiedlichen, beschilderten Laufstrecken. Parkgelegenheit: Voerder Str., kurz hinter der Einmündung Eppinghovener Str.

Hof Emschermündung
Das Informations- und Bildungszentrum bietet Färbergärten, Obstgärten und ökologische Sukzessionsflächen sowie ein

Café, Picknickplätze, Kinderspielplatz und Barfußpfad. Es finden Seminare und Workshops statt.
Kontakt: Am Hagelkreuz 20, 46535 Dinslaken,
www.hof-emschermuendung.de

Eissporthalle
Die Eissporthalle bietet neben Eishockey-Training und öffentlichen Laufzeiten zahlreiche Events, z.B. Eisdiscos oder das Eismärchen der Eistheaterschule Dinslaken.
Kontakt: Am Stadtbad 1, 46537 Dinslaken,
02064/70003,
www.eishalle-dinslaken.de

DINamare – das Stadtwerkebad
Das Hallenbad mit Cabriodach verfügt über mehrere Becken, Sprunganlage und Spielgrotte mit Wärmebänken und eine 60-m-Röhrenrutsche.
Kontakt: Am Stadtbad 7-9. 46537 Dinslaken, 02064/605-470,
www.dinamare-dinslaken.de

Freibad Hiesfeld
Kontakt: Am Freibad 2, 46539 Dinslaken, 02064/90457 oder 0151/46331411,
www.freibad-hiesfeld-ev.de

Trabrennbahn
Die einzige deutsche Halbmeilen-Trabrennbahn aus dem Jahr 1954 bietet mehrmals jährlich Wett- und Rennspektakel. **Kontakt**: Bärenkampallee 24, 46535 Dinslaken,
02064/4180, www.dintrab.net

Lichtburg Dinslaken – das Kinoerlebnis
Kontakt: Am Neutor 24, 46535 Dinslaken,
02064/2463, www.kino-dinslaken.de

Reiten
Nichts könnte besser zum Reiten geeignet sein als der Hiesfelder Wald mit unzähligen Reitwegen und ebenso vielen Reitställen. Eine Übersicht über 1300 km Reitwege am Niederrhein bietet der „Reitatlas".
Kontakt: grenzenlos-reiten@online.de,
www.grenzenlos-reiten.de

Burghofbühne Dinslaken
Das kleinste Landestheater in NRW bietet ein breites Repertoire, ein Schwerpunkt liegt auf Stücken für Kinder und Jugendliche. Daneben machen die Gastspiele in ganz NRW einen Hauptteil der Arbeit aus. Burghofbühne Dinslaken, Gerhard-Malina-Str. 108, 46537 Dinslaken,
02064/41100,
www.burghofbuehne-dinslaken.de

Feste und Veranstaltungen

DIN-Tage
Zwischen Altmarkt, Burgtheater und Neutorplatz finden bei dem Stadtfest im August internationale Live-Musik, Shows und Mitmach-Aktionen ihren Platz.

Martinikirmes
Im November findet auf der Trabrennbahn die letzte große Familienkirmes im Jahreslauf am Niederrhein statt. Das Volksfest mit seiner jahrhundertealten Tradition zählt zu den großen Volksfesten in Deutschland.

FANTASTIVAL
Das Open-Air-Festival bietet im Juli an zehn Tagen ein hochklassiges Programm mit bekannten Größen aus den Bereichen Rock, Pop, Musical, Klassik, Kindertheater und Kabarett.
www.fantastival.de

PDS-Jam
Jugendliche messen im Juli ihr Können beim Skateboard vs BMX Contest.

▸ Internationaler Club-Day der Porschefreunde
Auf der Trabrennbahn gibt es im Mai beim größten Porschetreffen in Europa Traktoren, Oldtimer und Neufahrzeuge zu sehen.

Dormagen

(Rhein-Kreis Neuss)

Die Stadt Dormagen liegt im Süden des Rhein-Kreis-Neuss direkt am Rhein und blickt auf eine lange Historie und Besiedelungsspuren aus der Mittelsteinzeit zurück. Vor den Römern haben bereits die Eburonen hier gelebt. Auch die Zollfeste Zons existiert bereits seit dem Mittelalter und lässt uns – ebenso wie das Kloster Knechtsteden – heute noch das Mittelalter live erleben.

Tourist Information Zons
Schloßstr. 2-4,
41541 Dormagen (Zons),
02133/257-647,
tourismus@swd-dormagen.de,
www.dormagen.de,
www.swd-dormagen.de
www.hvv-zons.de
www.kultohr-rkn.de

Sehenswertes

▸ Zollfeste Zons
Die verkehrsberuhigte Altstadt der Zollfeste Zons lässt den Besucher tief in alte Zeiten eintauchen. Die kleinen Läden und Restaurants sind auch sonntags geöffnet. Direkt am Schlosstor (Südtor) liegt die Zonser Freilichtbühne. Das Areal der ehemaligen kurkölnischen Landesburg mit dem Park Friedestrom gibt den Blick frei auf den Juddeturm mit vier Pechnasen und Verlies. Pechnasen befinden sich auch am prachtvollen Torturm („Schlossturm"), dessen Mauern bis zu 1,7 m dick sind. An der westlichen Stadtmauer (Richtung Rheinwiesen) sind noch zwei Türmchen erhalten: die südliche „Pfefferbüchse" mit Hochwassermarken, in der noch Anfang des 20. Jhs. Gefangene festgehalten wurden, und ein nahezu identischer Turm kurz vor dem Rheintor.
Der Rheinturm (auch Zoll- oder St.-Peters-Turm) wurde 1388 erbaut, das benachbarte Zollhaus 1760. Die schmale Mauerstraße führt zum Krötschenturm, in dem Gefangene gehalten und möglicherweise auch Pestkranke isoliert wurden. Im Südwesten der Altstadt befindet sich die Zonser Windmühle mit Mühlenmuseum und gut erhaltenem Mahlwerk, die bereits im 15. Jh. bestand und Anfang des 19. Jhs. zur Holländerwindmühle mit drehbarer Flügelkappe umgebaut wurde. Heute kann der neugierige Betrachter über einen 50ct-Münzeinwurf dafür sorgen, dass sich die Flügel drehen. Vor den Resten des Feldtores erzählt der Schweinebrunnen die Geschichte der „Schweinefehde" im Jahr 1577, als die Zonser Schweineherde geraubt wurde.
www.zons-geschichte.de,
www.hvv-zons.de

Wie ein Tor in eine andere Welt: der Torturm („Schlossturm") vom Park aus gesehen.

Die Zonser Windmühle ist Bestandteil der alten Stadtbefestigung.

▸ Kloster Knechtsteden

Die Geschichte der ehemaligen Prämonstratenser-Abtei beginnt 1130. Die romanische Basilika mit den prächtigen Türmen wurde 1138–1181 erbaut. Die ganze Anlage wurde nach Zerstörungen und Bränden immer wieder instand gesetzt und ausgebaut. Heute beherbergt sie einen Kunstverein, eine biologische Station, einen Kräuter- und Obstsortengarten, eine Kindertagesstätte und einen Spielplatz und bietet Raum für verschiedenste Veranstaltungen. Im Klosterhof befindet sich eine Gastronomie, die auch Ritteressen anbietet.
Kontakt: Missionshaus Knechtsteden, 41540 Dormagen, 02133/8690,
mh.knechtsteden@spiritaner.de,
www.kloster-knechtsteden.de
www.foerderverein-knechtsteden.de
www.klosterhof-knechtsteden.de
www.kulturhof-knechtsteden.de
www.kunstverein-dormagen.de
www.biostation-neuss.de

▸ Historisches Rathaus Dormagen

Das Gebäude mit den Kopfbauten aus dem Ende des 19. Jhs. ist vor allem für Trauungen sehr beliebt. Hier war zur Römerzeit das Auxiliarkastell (Reiterlager).
Kontakt: Paul-Wierich-Platz 1, 41539 Dormagen, 02133/2570

Museen

▸ Kreismuseum für angewandte Kunst

Das Museum im sogenannten Herrenhaus aus der Barockzeit zeigt neben der größten Jugendstil-Zinnsammlung Europas auch Wandbehänge und textile Arbeiten von Prof. Helmut Hahn und eine Madonna aus dem Schlosstor aus dem Jahr 1400. Es gibt Gruppenangebote und einen Museumsbus.
Kontakt: Schloßstr. 1, 41541 Dormagen, 02133/53020r

▸ Archiv im Rhein-Kreis Neuss und Internationales Mundart-Archiv Ludwig Soumagne

Hier finden sich geschichtliche Dokumente des Kreises, der Stadt Dormagen und der Gemeinde Rommerskirchen. Das Mundartarchiv ist Sammelstelle und Plattform für deutschsprachige Dialektliteratur und -kultur.
Kontakt: Schloßstr. 1, 41541 Dormagen (Zons), 02133/530210

▸ Schlossdestille Zons

Die Privatsammlung zeigt mittelalterliche Exponate, Waffen, Tonzeug und die Nachbildung eines mittelalterlichen Verlieses. Die Erlebnis-Gastronomie bietet neben Ritter- und Geistermahl und Hausbränden einen Besuch in den Katakomben an.
Kontakt: Mauerstr. 26a, Tel. 02133/47658,
www.schlossdestille.de

▸ Römerkeller Gemeindezentrum St. Michael

In dem Erdkeller aus römischer Zeit sind Fein- und Gebrauchskeramiken, Weihestei-

ne und andere Fundstücke der römischen Besiedelung ausgestellt.
Kontakt: Kölner Str. 36, 02133/42190, www.geschichtsverein-dormagen.de/römerkeller/

Internationales Phono- und Radiomuseum Dormagen am Rhein e.V.
Die Ausstellung zeigt die Entwicklung vom Phonografen zur Schallplatte sowie Radio- und Tonbandgeräte und bietet Literatur und Bedienungsanleitungen.
Kontakt: Bahnhofstr. 4, 41539 Dormagen, 02133/80848 + 02162/45128, www.grammofon.de/museum

Freizeit und Natur

Tannenbusch in Delhoven
Neben dem Waldcafé gibt es ein Wildfreigehege, Spielplatz, Geopark, Naturerlebnispfad und Trimmdichpfad.
Kontakt: Im Tannenbusch 1, 41540 Dormagen, 02133/257476 oder 02133/80718, www.sdw-dormagen.de, www.svgd.de

Wanderwege
Zum Wandern laden die Zonser Heide, Mühlenbusch, Chorbusch, der Knechtstedener Wald, Rheinauen und Rheinwiesen (Altrheinschlinge Zons und Zonser Grind) und der Zonser Denkmalspaziergang (Altstadt) ein. Am Kloster Knechtsteden gibt es einen Obstwanderweg mit drei Routenlängen.

Römertherme
Das ganzjährig geöffnete beheizte Freibad bietet ein 50-m-Becken, Massagedüsen, Luftsprudelsitze, ein Kinderbecken und eine baumbestandene Liegewiese.
Kontakt: An der Römerziegelei, 41539 Dormagen, 02133/515600, www.tsv-bayer-dormagen.de

Straberg-Nievenheimer See „Strabi"
Der See bietet eine Wakeboard- und Wasserski-Anlage, Gelegenheit zum Baden und Stand-Up-Paddling sowie zum Rudern, Angeln und Segeln. Bemerkung am Rande: Im Juli 1994 schwamm hier der kleine Kaiman Sammy tagelang herum.
Kontakt: Am Straberger See, 41542 Dormagen, 02182/1705-70, www.kw-gv.de www.wakebeach.de, 0151/ 23591081 www.drg-bayer.de, www.sav-bayer-dormagen.de, www.ycbl.de

Sammys Stadtbad Dormagen
Das 2017 eröffnete Bad enthält ein 25-m-Sportbecken, ein Variobecken mit Hubboden, Sprunganlage und Kinderplanschbecken.
Kontakt: Willy-Brandt-Platz 1, 41539 Dormagen, 02133/272625, www.svgd.de

Goldberger See
Der See bietet Möglichkeiten zum Surfen, Tauchen und Angeln.
www.surfclub-dormagen.de / Angelsport: www.asvdelrath.de / Tauchen: www.site.pulchra-amphora.de/gewaesser/goldberger-see/

Theater
Theaterfreunde kommen bei den Aufführungen des Kammertheaters Dormagen auf ihre Kosten.
www.kammertheater-dormagen.de

Auto- und Personenfähre „Rheinfähre" Zons – Düsseldorf-Urdenbach
April-Sept.: Mo-Fr 6.15-21 Uhr, Sa+So+Feiertage 9-21 Uhr / Okt.-März: Mo-Fr 6.15-20 Uhr, Sa+So+Feiertage 10-19 Uhr, www.faehre-zons.de

Radwandern
Dormagen trägt die Auszeichnung „fahrradfreundliche Stadt". Der Rhein-Kreis-Neuss bietet mit „Quo Radis" einen

mobilen Radreiseführer an. Am Willy-Brandt-Platz 1 befindet sich eine Caritas-Radstation (www.caritasradstation.de). Es gibt Themenrouten wie „Historische Anekdoten“ oder „Aktiv unterwegs im Grünen“. Die Kulturroute Zons-Stevensweert (NL) verbindet Schlösser und Sehenswürdigkeiten beider Orte.

Feste und Veranstaltungen

Zum traditionellen Schützenfest präsentiert sich die Rheinstraße in Zons festlich geschmückt.

▸ **Festival Alte Musik**
Die Klosterbasilika Knechtsteden bietet im September den festlichen Rahmen für alte Musik verschiedener Kulturräume.
🌐 www.knechtsteden.com

▸ **„Sturm auf Zons“**
Die Feste Zons ist der authentische Ort für das Mittelalterspektakel „Sturm auf Zons“ Ende Mai.
🌐 www.sturm-auf-zons.de

▸ **Matthäusmarkt Zons**
Der mittelalterliche Handwerker- und Kunsthandwerkermarkt mit Spielmannsmusik, Gaukelei für Kinder und Erwachsene und Ritterturnier geht auf die Erteilung des Marktrechts im Jahr 1373 zurück.

▸ **Märchenspiele**
Auf der Freilichtbühne Zons wird jährlich von Juni bis September ein neues Märchen aufgeführt.
🌐 www.märchenspiele-zons.de
🌐 www.freilichtbuehne-zons.de

▸ **Lebende Krippe**
Auf der Freilichtbühne in Zons wird die Weihnachtsgeschichte mit realen Darstellern nachgestellt.
🌐 www.khf-zons.de

Emmerich am Rhein

(Kreis Kleve)

Seit 2001 trägt die Hansestadt stolz den Zusatz „am Rhein“ in ihrem Namen. Sie liegt auf der rechten Rheinseite und hat etwa 31 000 Einwohner. Ihre Entwicklung ist bis heute eng verknüpft mit dem Rhein und der Schifffahrt.

Tourist-Information
infoCenterEmmerich,
Rheinpromenade 27,
46446 Emmerich am Rhein,
☎ 02822/9310-40,
📠 02822/9310-20,
✉ infocenter@stadt-emmerich.de,
🌐 www.emmerich.de

Sehenswertes

▸ Emmericher Rheinbrücke

Die Anwohner lieben ihre nachts rot beleuchtete 803 m lange „Golden Gate Bridge“. Tatsächlich ist das 1965 freigegebene Bauwerk die längste Hängebrücke Deutschlands. Das Hauptfeld weist eine Stützweite von 500 m auf, was deutschlandweit einmalig ist.
Standort: B220 zwischen Kleve-Warbeyen und Emmerich

Imposant und weithin sichtbar erhebt sich die Emmericher Rheinbrücke über den breiten Strom.

▸ Rheinpromenade

Auf der breit ausgebauten Flaniermeile mit Bänken, Strandkörben und reichlich Gastronomie gibt es immer Gelegenheit zum Schiffe beobachten und entspannen.

▸ Hochelten

Der Erholungsort Hochelten geht auf ein Stift auf dem 82 m hohen Eltenberg zurück. Blickfang ist die romanische Kirche St. Vitus aus dem Jahr 967. Der aktuelle Bau wurde 1129 geweiht. Der 57 m tiefe Drususbrunnen versorgte bereits 967 die Burg mit Wasser, was bis 1931 andauerte und nach dem Zweiten Weltkrieg noch einmal notwendig wurde. An der Südseite des Eltenbergs befinden sich grandiose Ausblicke über den Niederrhein und ein Stein Tor als Markierung der Sichtachse zu den Klever Parkanlagen.
Standort: Freiheit, Hochelten

Seit mehr als 1000 Jahren steht die Kirche St. Vitus auf dem Eltenberg.

▸ Mühle am Möllenbölt

Die 1846 erbaute Bergholländer-Windmühle mit Steinrumpf beherbergt ein Mühlencafé. Mühlenworkshops und Führungen werden angeboten. **Kontakt**: Stokkumer Str. 27, Elten, ✆ 02822/931040,
🌐 www.emmerich.de

Museen

▸ ☺ Rheinmuseum

Das Museum zeigt über 140 Schiffsmodelle und Zubehör, Modelle der Stadt und des Rheins und vergangener Hafen- und Befestigungsanlagen, Kommunikationsmittel und Ausrüstungsgegenstände, ein U-Boot, Präparationen von im Rhein heimischen Fischen und vieles mehr. **Kontakt**: Martinikirchgang 2, ✆ 02822/751900,
✉ rheinmuseum@stadt-emmerich.de,
🌐 www.facebook.com/Rheinmuseum

▸ Museum für Kaffeetechnik

Auf mehr als 600 m² befinden sich etwa 1000 historische Ausstellungsstücke und Nostalgisches rund um den Kaffee.

Kontakt: Tina von Gimborn-Abbing, Reeser Str. 94, 02822/912200, info@museumfuerkaffeetechnik.de, www.museumfuerkaffeetechnik.de

Niederrhein Destille
Deutschlands kleinste Obstverschlussbrennerei bietet Destillierseminare und Events rund um die Herstellung von hochprozentigen Obstbränden und einen Shop. **Kontakt**: Dorfstr. 59, Dornick, 02822/4627, www.niederrhein-destille.de

Schlösschen Borghees
Das alte Herrenhaus dient als Kulturzentrum mit Ausstellungen und Konzerten junger Künstler. **Kontakt**: Hüthumer Str. 180, 02822/93990

Freizeit und Natur

Barfußpfad Elten in Hochelten
Auf 1,8 km befinden sich 20 Stationen mit 12 verschiedenen Untergründen und einem Kneipp-Becken. **Kontakt**: Trimm-Dich-Platz, Luitgardisstr. gegenüber Hausnr. 10, 02822/931030, www.kneippverein-elten.de

Wanderwege
Ideal zum Spazieren sind die Waldgebiete in Hochelten und rund um Borghees, der Weg über den Deich nach Rees oder der Jakobsweg. 18 Wanderrouten rund um Eltenberg und Bergherbos finden sich in der Wanderkarte „Montferland Toppen Wandelroute“. www.wanderwege-nrw.de, www.jakobus-camino-emmerich.de

Freizeit- und Sportbad Embricana / Sauna Embricana
Die Badelandschaft bietet ein Sportbecken mit Sprungturm, Thermal- und Erlebnisbecken mit Grotte, Sprudelpilzen, Breitrutsche (außen) und Strömungskanal (außen), eine 86 m lange „Black-Hole“-Röhrenrutsche, einen Whirlpool, ein großes Kleinkinderbecken und einen Dschungelpool im ganzjährig geöffneten Außenbereich. Die Saunalandschaft umfasst sechs verschiedene Saunen innen und außen.
Kontakt: Nollenburger Weg 34, 028/22 /914120, www.embricana.de

Eltense Bürgerbad
Das Kleinschwimmbad ist zu bestimmten Zeiten mit unterschiedlichen Wassertiefen für verschiedene Gruppen geöffnet. **Kontakt**: Seminarstr. 21, Elten, 02828/9028917, www.buergerbad.com

PAN kunstforum
Neben Ausstellungen werden unter dem Namen KiP Kinotage für Kinder durchgeführt. **Kontakt**: Agnetenstr. 2, 02822/53701-10, www.pan-forum.de

TIK Figuren- und Marionettentheater
Das TIK bietet theaterpädagogische Angebote, Kindergarten- und Schulprojekte und Aufführungen im Schlösschen Borghees. www.tik-emmerich.de

Golf
Der Klub mit 18-Loch-Platz, 5-Loch Kurzplatz, Driving-Range und Golf-Akademie bietet „Nachbarn“ ein Kennenlernprogramm. **Kontakt**: Golfclub Borghees e.V., Abergsweg 30, 02822/92710, info@golfclub-borghees.de, www.golfclub-borghees.de

Minigolf in Hoch-Elten
Kontakt: H.Thomassen, Lindenallee 26, Hochelten, 02828/7273, www.minigolf-hochelten.de

Bootsverleih
Tretboot und Ruderboot fahren auf der Wild Kontakt: Campingplatz Gisela Phili-

poom-Conze, Wildweg 50, Elten, 02828/2524

Reiten
In Hüthum liegt ein Reiterhof für Kinder ab 7 Jahren. Er bietet Unterkünfte für Wanderreiter, Reiterferien und Angebote für Klassenfahrten. **Kontakt**: Eltener Str. 355, 02822/45343, info@ortscherhof.de, www.ortscherhof.de

Fahrrad-Tachomessstrecke
Eine 1 km lange Tachomessstrecke beginnt am D'Wahlacker in Praest nördlich der B8.

Feste und Veranstaltungen

Festival der Straßenmusik
An mehreren „Ecken" und Gastronomiebetrieben Emmerichs wird im Juni hochwertige handgemachte Musik geboten. Die Künstler wechseln dabei im Stundentakt.

Emmerich im Lichterglanz
Auf der Rheinpromenade gibt es im Juli ein buntes Unterhaltungsprogramm. Das musikbegleitete Höhenfeuerwerk ist besonders vom Schiffskonvoi aus ein unvergessliches Erlebnis.

Novemberleuchten
Mit einem Kunsthandwerkermarkt und Feuerwerk wird Ende Oktober an der Mühle Elten die Lichterzeit begrüßt.

Weihnachtsmarkt am Schlösschen Borghees
In romantischem Ambiente wird Kunsthandwerk und ein besinnliches Programm zugunsten sozialer Projekte geboten. www.weihnachtsmarkt-borghees.de

Erkelenz

(Kreis Heinsberg)

Bereits 5300 bis 4900 v. Chr. siedelten auf dem Gebiet der 966 erstmals urkundlich erwähnten Stadt Erkelenz Menschen der Bandkeramik-Kultur. Spektakulärster Fund war ein Brunnen aus dem Jahr 5090 v. Chr. – das älteste erhalten gebliebene Holzbauwerk der Welt! Zudem gibt es Spuren der Römer und aus der karolingischen Zeit. Heute führt der Braunkohletagebau zu Umsiedelungen ganzer Dörfer.

**Stadtverwaltung Erkelenz,
Johannismarkt 17,
41812 Erkelenz,
02431/85-0,
info@erkelenz.de,
www.erkelenz.de,
www.heinsberger-land.de,
www.heimatverein-erkelenz.de,
www.natoura-heinsberg.de**

Vor der Umsiedelung durch den Braunkohletagebau wies dieses Schild den Weg nach Borschemich (Alt).

Sehenswertes

▸ Geldrische Burg mit historischer Stadtmauer

Die Burg wird 1349 erstmals erwähnt. Es sind Teile der Stadtmauer (Wallstr.) und mehrere Türme erhalten. Der 23 m hohe Burgfried („Hexenturm“) besitzt ein Untergeschoss, das als Folterkeller gedient haben könnte. Der benachbarte Wolfsturm war als Gefängnis nur durch ein kleines Loch von oben zugänglich. An der Burgmauer ist ein überdachter Wehrgang mit Arkaden vorhanden. **Kontakt**: Freunde der Burg Erkelenz e.V., ☏ 02431/5158,
🌐 www.burgerkelenz.de

▸ Historische Innenstadt

Weithin sichtbar ist der 83 m hohe Turm der Pfarrkirche St. Lambertus im Stil flandrischer oder brabanter Türme aus dem Jahr 1458. Am Markt befindet sich das prachtvolle Alte Rathaus aus 1546 im spätgotischen Stil mit gotischen Spitzbögen über der alten Markthalle. An der Kirche und am Franziskanerplatz sind viele schön restaurierte historische Gebäude zu bewundern wie das spätbarocke Haus Spiess aus 1806. Brunnen, Pumpen, Kunst und Gastronomie runden das Straßenbild ab. An der um 1400 errichteten Leonhardskapelle befindet sich ein historischer Brunnen aus dem Jahr 1637.

▸ Haus Hohenbusch

Das ehemalige Mönchskloster beherbergt heute eine Ausstellung zur eigenen Geschichte, ein Klostercafé und Restaurant und ist ein vielseitiger Veranstaltungsort. Die Zehntscheune wird als Reithalle genutzt. Es gibt ein Atelier, einen Picknickplatz, ein Grabdenkmal und einen Kräutergarten. **Kontakt**: Klostercafé Haus Hohenbusch, Müller-Platz Objekt- & Eventmanagement GmbH, Hetzerath,

Das Gardehaus der Prinzengarde an der Ecke Wallstraße/Im Pangel ist nur ein Beispiel für die liebevoll restaurierten Häuser in der historischen Innenstadt.

☏ 02431/9449894,
✉ info@mueller-platz.com,
🌐 www.klostercafe-hohenbusch.de
Führungen: ☏ 0 24 31/55 36,
✉ info-hohenbusch@gmx.de

Museen

▸ ☺ Rheinisches Feuerwehr-Museum Lövenich

Das Museum zeigt eine bunte Sammlung von Feuerwehroldtimern, Handdruckspritzen, Drehleitern, Uniformen, Ausrüstungsgegenständen und Zubehör aus der Zeit seit dem 16. Jh. Für Kinder gibt es eine Spielecke und ein Holzfeuerwehrauto. Kontakt: Hauptstr. 23, Tel. 02435/3971,
🌐 www.rheinisches-feuerwehrmuseum.de

Freizeit und Natur

Ziegelweiherpark
Nördlich der Burg befindet sich der Ziegelweiherpark im Stil eines Englischen Gartens.

ERKA-Bad Erkelenz
Das Kombibad verfügt über 1170 m² Wasserfläche. Es gibt 25-m-Bahnen und Freizeitbereiche, einen Sprungturm, eine 65-m-Rutsche, Schaukelgrotte, Strömungskanal, Kleinkindbecken und einen Wasserspielplatz. **Kontakt**: Krefelder Str. 1b, 41812 Erkelenz, 02431/942845, www.erka-bad.der

Hallenbad Erkelenz-Gerderath
Das Hallenbad hat ein 8 x 20 m großes Schwimmer- und ein Lehrschwimmbecken mit Hubboden.
Kontakt: Hermann-Josef-Str., 41812 Erkelenz-Gerderath, 02432/6428

Ultra-Leicht-Fluggelände bei Kückhoven
Auf dem größten reinen Ultraleichtflugplatz Deutschlands sind ganzjährig Rund-, Foto- und Schnupperflüge sowie ein Fluglizenzerwerb möglich. **Kontakt**: ULG Erkelenz e.V., Kölner Str. 200, 41812 Erkelenz-Kückhoven, 02431/74014, office@flugplatz-erkelenz.de, www.ulerk.de
MG flyers, 02161/5763883 (Luftfahrschule) oder 02431/9436663 (UL-Flugschule), www.mgflyers.de

Alte Senfmühle Terhorst
Die 1929 gegründete Mostertmühle mit drei Senfmahlgängen ist zu besichtigen.
Kontakt: Richard-Lucas-Str. 10a, 41812 Erkelenz, 02431/786160,
www.terhorst-gewuerze.de

Ballon fahren
Startplätze in Mönchengladbach (2x), Erkelenz, Jüchen, Viersen, Wegberg, Willich
www.skytours-ballooning.de
0221/355560

Radwandern
Erkelenz trägt die Auszeichnung „fahrradfreundliche Stadt“. Im Kreis Heinsberg wurde das Knotenpunktsystem umgesetzt und in die Radwanderkarte „Freizeit-Region-Heinsberg“ implementiert. Informationen zu möglichen Routen:
www.radroutenplaner.nrw.de / GPS-Tracks www.heinsberger-land.de / ADFC. Von April bis Anfang November ist der Fahrradbus der Region Heinsberg (West Verkehr) mit Anschluss an das Schienennetz in Geilenkirchen, Heinsberg und Erkelenz eine gute Möglichkeit, Strecken mit dem Fahrrad zu überbrücken (Anmeldung: MultiBus-Hotline 02431-88-6688, buchbar an Sa, So und Feiertagen, individuell mietbar von Mo-Fr).
Auf der Internetseite gibt es mehrere Radrouten zum Download.

Historische Stadtrundgänge
Der Heimatverein führt historische Stadtrundgänge durch 02431/85-208.

Feste und Veranstaltungen

Electrisize Festival
Am „Powerweekend“ im August steht die Elite der EDM auf der Bühne am Haus Hohenbusch.
www.electrisize.de

Lambertusmarkt
Ab Fronleichnam werden an fünf Tagen eine Kirmes und ein historischer Jahrmarkt mit großem Bühnenprogramm geboten.

Bierbörse
Im Juli dreht sich im Ziegelweiherpark drei Tage lang alles um heimische und exotische Biersorten.
www.bierboerse.com

„NEW Citylauf"
Die 10-km-Laufserie macht jedes Jahr im Juli u. a. am Lambertusturm Station.
www.new.de/laufserie

Mittelalterlicher Adventsmarkt
Rund um die Burg findet am ersten Adventswochenende ein mittelalterlich-winterliches Spektakel statt.
www.mittelalter-marktplatz.de

Gangelt

(Kreis Heinsberg)

Gangelt liegt im Südwesten des Kreises Heinsberg in der Region Selfkant an der Grenze zu den Niederlanden, wurde 828 erstmals erwähnt und 1301 als Städtchen bezeichnet. Zu dieser Zeit war der Ort ein Königsgut. Heute noch sind viele mittelalterliche Mauern, Tore und Gassen erhalten.

Rathaus,
Burgstr. 10,
52538 Gangelt,
02454/5880,
02454/2852,
info@gangelt.de,
www.gangelt.de
www.heinsberger-land.de
www.derselfkant.de
www.westblicke.de
www.natoura-heinsberg.de

Sehenswertes

Bergfried der Burg Gangelt, Stadttore und Stadtmauer
Von der um 1364 entstandenen Burg Gangelt ist der Bergfried erhalten, ebenso zwei Stadttore und Teile der Stadtmauer. Sie verleihen dem Städtchen mittelalterliches Flair. **Standort** Bergfried: Zwischen Burgstr., Frankenstr. und Am Bongert, GPS 50°59'30,5"N, 5°59'54"E.

Mittelalterliche Kirche St. Nikolaus
Der viergeschossige Turm aus dem 14. Jh., Langhaus (1. Hälfte 15. Jh.), Westwerk (Anf. 16. Jh.) und die Kreuzigungsgruppe unter dem Triumphbogen (um 1500) sind gut erhalten.
Standort: zwischen Burgstr., Freihof und Kirchstr., GPS 50°59'32"N, 5°59'48"E

Breberener Windmühle
Im voll funktionstüchtigen Erd-Holländer aus 1842 mit Dreh- und Heckventikantenflügeln (System Bilau) wird eine Ausbildung zum freiwilligen Mühlenhelfer angeboten. **Kontakt**: Waldfeuchter Str ., Breberen, 02431/971865 oder 02455/39933,
www.muehlenverein-selfkant.de

Etzenrather Mühle
Die Wassermühle am Rodebach mit unterschlächtigem Wasserrad dient heute als Ausflugslokal. **Kontakt**: Schinvelder Str., Mindergangelt, 02454/2200

Mercatordenkmal
Am Schnittpunkt des 6. östlichen Längengrades mit dem 51. nördlichen Breitengrad wurde dem berühmten Kartografen Gerardus Mercator (1512–1594), der in Gangelt seine Kindheit verbrachte, ein Denkmal gesetzt.

Museen

▸ ☺ Kleinbahnmuseum Bahnhof Schierwaldenrath – Selfkantbahn

Von Mitte April bis Mitte September dampft es sonntags in der Region Selfkant: Der Nostalgiezug ist unterwegs! Der reguläre Fahrplan der meist dampfbetriebenen Schmalspurbahn wird ergänzt durch verschiedenste Veranstaltungen. Beim Wochenendprogramm „Einmal Lokführer sein" kann man Ehrenlokführer werden. Am Bahnhof Schierwaldenrath werden Führungen angeboten. **Kontakt**: Am Bahnhof 13a, Schierwaldenrath, ☏ 02454/6699 und 0241/82369, 🌐 www.selfkantbahn.de

▸ Dorf- und Feuerwehrmuseum Birgden

Das Dorf- und Feuerwehrmuseum zeigt auf 100 m² u. a. einen alten Webstuhl, einen TSF Baujahr 1963, historische Uniformen und einen alten Handkarren. **Kontakt**:
☏ 02454/8958 oder 7079,
🌐 www.feuerwehr-gangelt.de/Birgden

Freizeit und Natur

▸ ☺ Wildpark Gangelt

Höhepunkt des weitläufigen Rundgangs sind die Falknerei mit Greifvogel-Freiflugschauen, das Bärengehege, Wisente, Elche, Füchse, Luchse, Wölfe und weiße Dam- und Rothirsche. Für Kinder gibt es einen Spielplatz, einen Kinderzoo und eine Wildparkrallye. Die Imkerei bietet separate Führungen an. **Kontakt**: Schinvelder Str., Mindergangelt, ☏ 02454/2459,
🌐 www.wildpark-gangelt.com

▸ Natur- und Landschaftspark Rodebachtal

Der 750 ha große grenzüberschreitende Natur- und Landschaftspark Rodebach / Roode Beek (Heidenaturpark) mit frei laufenden schottischen Hochlandrindern bietet Naturfreunden eine vielfältige Tier- und

Eindrucksvoll: Ein weißer Hirsch im Wildpark Gangelt.

Pflanzenwelt. **Kontakt**: Infocenter Gangelt, Am Freibad 13, ☏ 02454/936341
🌐 www.heidenaturpark.de,
🌐 www.gangelt.de

▸ Naturschutzgebiet Teverener Heide

Weiter südlich befindet sich das Naturschutz- und Naherholungsgebiet Teverener Heide. Für Wanderer werden vier Rundwanderwege vorgeschlagen (5,8–9,4 km), für Reiter gibt es eine Karte mit Reitwegen. An zwei Punkten befinden sich rot leuchtende „Heidemänner" (interaktive Informationssäulen mit „Hut" und Pfiff). **Kontakt**:
☏ 02452/130,www.heidenaturpark.de,
🌐 www.teverenerheide.de oder Infocenter Gangelt, Am Freibad 13, ☏ 02454/936341 / Startpunkt: Wanderparkplatz Hohenbusch / Führungen:
✉ kroening@nabu-naturpunkt.de
✉ wolfgang.vonderheiden @ wald-und-holz.nrw.de

Freibad und Freizeitzentrum Gangelt
Hier befinden sich das Freibad (solarbeheiztes Schwimmbecken, Planschbecken, Sprungtürme, Riesenrutsche, Liegewiese und Beachvolleyballfelder), eine Minigolfanlage und die Möglichkeit zum Angeln und zum Rudern auf dem Gangelter Kahnweiher. **Kontakt**: Am Freibad, 02454/1848 / Angelverein Gangelt, 02454/936341 (auch Tagesscheine für den Altarm Rur)

Modelleisenbahn
Der Klub ist offen für Besucher. Am 1. Adventswochenende finden Modellbautage in der Gesamtschule statt. **Kontakt**: Modell-Eisenbahn-Freunde Gangelt, Mittelstr.11, 02452/8580 oder 0172/9170577, www.mef-gangelt.de

Planwagenfahrten
Planwagenfahrten mit dem Trecker. **Kontakt**: Alexander Laven, 0 24 54/17 12

Feste und Veranstaltungen

Veranstaltungen an der Selfkantbahn
Der historische Schienenverkehr lockt mit „Frühstücksfahrten" und „Spargelfahrten", Pfingstdampf auf Schiene und Straße (Oldtimer), Kinderfest im Juli, Teddybärentag und Herbstfest und den beliebten Nikolausfahrten.

Gangelter Musiknacht
Bei dem Open-Air-Spektakel im August wird für den guten Zweck „gerockt".

Ritterfest
Die Schildwächter zu Gangelt veranstalten jährlich im September ein kostenfreies Ritterfest mit Kämpfen, Bogenschießen, Axtwerfen, mittelalterlicher Musik, Speis und Trank.

Geilenkirchen

(Kreis Heinsberg)

Die Stadt mit etwa 29 000 Einwohnern befindet sich im äußersten Süden des Niederrheins im Tal der Wurm. Es geht auf eine schon in der Römerzeit genutzte Furt zurück. Funde aus dem 6. und 7. Jh. sprechen für eine Besiedelung bereits im frühen Mittelalter. Nachgewiesen ist der Ort seit 1170. Der Name geht möglicherweise auf den freien Franken Gelo zurück, der hier einst Burg und Eigenkirche errichtete: „Gelekirke".

Stadt Geilenkirchen,
Markt 9,
52511 Geilenkirchen,
02451/6290, 02451/629200,
stadt@geilenkirchen.de,
www.geilenkirchen.de
www.heinsberger-land.de
www.gruenmetropole.eu
www.westblicke.de

Sehenswertes

Haus Basten
Das Barockhaus aus dem 18. Jh. wird als öffentliche Begegnungsstätte genutzt. Halle und angrenzende Zimmer sind entsprechend der Wohnkultur vom Barock bis zu Gründerzeit eingerichtet. **Kontakt**: Konrad-Adenauer-Str. 118, 02451/629293

Schlösser und Burgen
Die noch erhaltenen Reste der ehemaligen Wasserburg Geilenkirchen aus dem 12. Jh. sind heute Bestandteil des Bischöflichen Gymnasiums St. Ursula. Wasserburg Trips im Wurmtal dient aktuell als Senioren-Wohnheim.

Kirchen
Die um 1500 erbaute Kirche Heilig Kreuz in Süggerath ist eine dreischiffige Backstein-Pseudobasilika mit kreuzrippengewölbten Jochen und dreigeschossigem Turm, einem flandrischen Schnitzaltar aus dem 16. Jh. und Glocken aus 1477 und 1478 sowie einem Taufstein aus Blaustein mit Messingdeckel aus 1790. Die 1851 geweihte klassizistische Backsteinkirche St. Mariä Himmelfahrt enthält Glocken aus dem 16./17. Jh. sowie Altargemälde aus dem 17 Jh.

Museen

Historische Dampfeisenbahn Selfkantbahn
Von Ostern bis Ende September verkehrt die Schmalspur-Museumseisenbahn jeden Sonntag nach Fahrplan zwischen den Endbahnhöfen Schierwaldenrath und Geilenkirchen-Gillrath. www.selfkantbahn.de

Eine Dampflok der Selfkantbahn beim Rangieren am Bahnhof Gillrath.

Historisches Klassenzimmer
Die Sammlung in der alten Schulstube umfasst alte Schulmöbel, Schiefertafeln, Landkarten und Schulbücher sowie Zeugnisse, Urkunden und Klassenfotos. Es werden historische Schulstunden angeboten.
Kontakt: Immendorf, 02451/4090996, Schulklassenführungen 02451/4098618, www.info-immendorf.de/histklassenzimmer/

Freizeit und Natur

Teverener Heide
Im Westen von Geilenkirchen befindet sich das Naturschutz- und Naherholungsgebiet Teverener Heide (s. Gangelt). Wanderparkplatz: Grotenrath

Wurmtal
Die Wurm führt vorbei an Wasserburgen, Mühlen und Schlossruinen. An ihr entlang führen Wander- und Radwege und Skaterrouten (www.wanderninsuedlimburg.de). Dabei lässt es sich gut nach dem sagenumwobenen Hakenmann Ausschau halten, der im Fluss sein Unwesen treiben und Frauen und Kinder ins Wasser ziehen soll.

Wurmauenpark
Im Zentrum von Geilenkirchen lockt der Wurmauenpark mit Spielplatz, Rasenflächen und Teich.

GELOBAD
2017 wurde das neue Hallenbad mit Sportbecken, Nichtschwimmer- und Kleinkinderbereich und Liegewiese eröffnet. Auf dem Vorplatz befinden sich zwei Boule-Bahnen. **Kontakt**: Pestalozzistr. 31, 02451/616870, www.geilenkirchen.de

Dirtbikeanlage, Skatepark und Streetballfeld im Wurmauenpark
Die Anlage für Mountainbikes und Dirt-Bikes bietet zwei „Tablelines“ und eine „Funride“. Nebenan gibt es einen Skatepark mit Half Pipe und Funbox und ein Streetballfeld.
Standort: nördlich des Theodor-Heuss Rings, Parkgelegenheit: Beamtenweg.

Freizeitanlage Müllendorf

Der kleine Park lockt mit Abenteuerspielplatz und Picknickplatz, Ponyhof mit geführten Ponytouren und einem Gasthof.

Sport- und Golfpark Loherhof

Das ehemalige Missionshaus bietet ein Restaurant und eine öffentliche 9-Loch-Anlage mit Golfschule, Driving Range, Putting/Pitching und Chipping Greens sowie einen Sportpark und Kinderbetreuung. Zudem gibt es einen Kinderspielplatz, eine Kletter- und Hüpfburg und eine Indoor-Spielecke, Räumlichkeiten für Feste, Führungen und Events. **Kontakt**: Pater-Briers-Weg 85, 02451/1234, info@loherhof, www.loherhof.de

Kutsch- und Planwagenfahrten

Kontakt: Pferdebetrieb Birmanns, Prof.-Mendel-Str. 2, Hatterath, 02451/7948, webmaster@birmanns.com, www.birmanns.com

Theater

In der Aula der Realschule finden u.a. Theateraufführungen statt. In der Region gibt es eine Initiative für Kinder-Theateraufführungen. www.grenzlandtheater.de, www.theaterstarter.de

Feste und Veranstaltungen

Höhepunkte im Jahreslauf sind der Pfingstmarkt mit Krammarkt, im Juni das Gourmetfest Culinara und der Kunsthandwerkermarkt im Wurmauenpark sowie das Weinfest im September.

Geldern

(Kreis Kleve)

Ihren Namen bekam die Stadt mit 34 000 Einwohnern, die 1229 die Stadtrechte erhielt, einer Sage nach von einem Drachen im Jahre 879. Als Wichard und Lupold, zwei Söhne des Grafen von Pont, den Unhold erschlugen, schrie er „Gelre, Gelre, Gelre!“ Daraus wurde im Laufe der Zeit an dieser Stelle die „LandLebenStadt“ Geldern.

Stadtmarketing und Kulturbüro,
Issumer Tor 36,
47608 Geldern,
02831/398-555,
02831/398-130,
tourismus@geldern.de,
www.geldern.de,
www.niederrhein-tourismus.de

Sehenswertes

Innenstadt

Einzig erhaltener Teil der ehemaligen Stadtbefestigung ist der Mühlenturm mit bis zu 2,45 m dicken Wänden, dessen Untergeschosse wohl als Geschützturm 1546 erbaut wurden. Sehenswert sind der Drachenbrunnen mit dem Gelderner Löwen auf seiner Säule, die Pfarrkirche St. Maria-Magdalena, die auf die erste Hälfte des 14. Jhs. zurückgeht und Reliquien der Stadtpatrone Galenus und Valenus enthält, die Heilig-Geist-Kirche aus dem „Preussischen Barock“, das Pastorat in der Karmeliterstraße aus dem 16./17. Jh., der jüdische Friedhof und die neugotische 1862/63 erbaute Villa von Eerde, das heutige Rathaus.

Wallfahrtskapelle in Aengenesch
Der einschiffige Backsteinbau aus 1431 enthält eine spätgotische Madonna aus der Zeit um 1480 und Kunstschätze aus dem 15. und 16. Jh.

Museen

Steprather Mühle
Die älteste voll funktionierende Windmühle Deutschlands wurde 1452 erbaut. Heute bietet sie eine kleine Gastronomie und den Verkauf von hauseigenen Backwaren. **Kontakt**: Schmalkuhler Weg 5, 02831/98558, info@muehle-walbeck.de, www.muehle-walbeck.de

Die Steprather Mühle gilt als älteste voll funktionierende Windmühle Deutschlands.

KUHnst-Turm Niederrhein e. V.
Das Kunstlabor im Wasserturm bietet Ausstellungen und Veranstaltungen. **Kontakt**: Karmeliterstr. 9, 02831/1563 und 88188, buschp@t-online.de, www.wasserturm-geldern.de

PR8 Atelier & Galerie
Die Galerie mit Skulpturengarten präsentiert wechselnde Ausstellungen. **Kontakt**: Schulstr. 8, 02831/7234 02831/7234, info@galeriepr8.de, www.galeriepr8.de

Freizeit und Natur

Naturschutzzentrum Gelderland
Die Einrichtung des NABU bietet umweltpädagogische Angebote, Vorträge und Exkursionen. **Kontakt**: Naturschutzzentrum Gelderland, Kapellener Markt 2, Kapellen, 02838/96544
NZ-Gelderland@NABU-KLEVE.de,
www.nz-gelderland.de,
www.NABU-Kleve.de

Fleckies Waldklassenzimmer e. V.
In der Steprather Heide können Kinder auf einer Waldlichtung alles über die Natur lernen: mit Werkstation, Kräuter-Hochbeet, Fühlkasten und vielem mehr. **Kontakt**: Am Broeckelken 35, 02831/1344842, www.fleckieswaldklassenzimmerev.chanys.net

Reubaho – naturpädagogischer Bauernhof
Bauernhofpädagogik für Gruppen, auch als Bauernhoftag für alle, Ponykurs, Jahreskurs oder für Kindergeburtstage. **Kontakt**: Meiersteg 17, 02831/972222, kontakt@reubaho.de, www.reubaho.de

Bauernhof Maas
Der Bauernhof bietet Kindergeburtstage, Schlafen im Heu, Räumlichkeiten zum Feiern, Spielkreise, Freizeiten, Unterkunft für Klassenfahrten und einen Zeltplatz. **Kontakt**: Vernumer Str. 220, Vernum, 02831/5548,
info@bauernhof-maas.de,
www.bauernhof-maas.de

▸ Wandern mit GPS-Daten
Es gibt einen beliebten Wander- und Radweg entlang der ehemaligen Fossa Eugeniana (s. Kamp-Lintfort) sowie „Digitales Wandern ohne Grenzen" (Geldern – Nettetal – Straelen – Venlo) mit grenzüberschreitenden Verbindungen. www.2-Land-Reisen.de

▸ Schloss Walbeck und Tipidorf
Das auf das 14. Jh. zurückgehende Schloss bietet Hotel- und Jugendherbergszimmer, Veranstaltungsräume und ein Café mit Biergarten. Hinter dem Schloss „versteckt" sich das Tipidorf Walbeck zum Übernachten „wie ein Indianer" mit Angeboten für Gruppen und Events. **Kontakt**: Am Schloss Walbeck 31, 02831/1327743, info@schloss-walbeck.de, www.schloss-walbeck.de, www.tipidorf-walbeck.de

▸ Waldfreibad Walbeck
Das Freibad bietet mehrere Becken, eine Wellenrutsche und Wasserspielgeräte. Die weitläufige Liege- und Spielwiese mit Hüpfkissen und Spielplatz ist von einem Wald umgeben. **Kontakt**: Am Freibad 24, 02831/4964, info@waldfreibad-walbeck.de, www.waldfreibad-walbeck.de

▸ Parkbad Gelderland
Es gibt ein 25 m langes Mehrzweckbecken mit Nichtschwimmerbereich, Gegenstromanlage, Wasserfall, 50 m Wasserrutsche, Baby- und Kinderbecken und Sonnenwiese sowie eine Sauna. **Kontakt**: Friedrich-Spee-Str., 02831/3752, www.parkbad-gelderland.de

▸ See Park SPA im See Park Janssen
Das Hotel verfügt über sieben Saunen mit Panorama-Pool. Daneben gibt es Beauty-, Massage- und Fitnessbereiche.
Kontakt: Danziger Str. 5, 02831/929288, spa@seepark.de, www.seepark.de

▸ Schloss Haag
Das Wasserschloss Haag wurde 1337 erstmals geschichtlich erwähnt. Heute beherbergt es Gästezimmer im alten Wehrturm, ein Restaurant und eine Golfsportanlage mit 18-Loch-Platz, einen 6-Löcher-Kurzplatz, eine Golfschule und eine Indooranlage. **Kontakt**: Bartelter Weg 8, 02831/5550 (Gutsverw.) oder 924420 (Gästezimmer) oder 924425 (Restaurant), info@schloss-haag-geldern.de, www.schloss-haag-geldern.de, golf-geldern@t-online.de, www.gc-schloss-haag.de

▸ Minigolf im Landschaftspark St. Bernardin
Der barrierefreie Park mit 12 Bahnen befindet sich an der Ortsgrenze zwischen Sonsbeck und Geldern. **Kontakt**: St.-Bernardin-Str. 65, 47665 Sonsbeck

▸ Bowling/Kegeln
Freizeit Center Janssen, Dieselstr. 3, 02831/86868, www.freizeit-center-janssen

▸ Paddeln auf der Niers
Öffentliche Anlegestellen befinden sich in Geldern (Am Goltenhof) und in Pont (Möhlendyk).

▸ Geocaching
300 Caches in allen Schwierigkeitsgraden, auch per Segway oder Drive-In erreichbar.

▸ Inline-Skater- und Nordic-Walkingrouten
www.geldern.de, www.straelen.de, www.liefdevoorlimburg.nl

▸ Radwandern
Die Stadt Geldern gibt kostenlose Routenkarten für Radtouren rund um Geldern heraus.

Feste und Veranstaltungen

▸ Drachen- und Feuerfest
Am Sonntag nach Neujahr erwacht der Drache auf dem Gelderner Markt. Schwertkämpfer, Spielleute und Feuerkünstler verzaubern ihr Publikum bei einem Umzug durch die ganze Stadt.

▸ Spargel- und Dorffest Walbeck
Zusätzlich zum Spargel- und Handwerkermarkt im April mit Umzug der Spargelprinzessin wird in ungeraden Jahren ein Schmugglerspektakel in Form einer Zeitreise ins Jahr 1920 mit historischen Gewändern geboten.
www.musikverein-walbeck.de

▸ Tolkien-Tag
Am Wochenende nach Pfingsten pilgern Elben, Orks und viele andere Bewohner Mittelerdes und ganz normale Erdenmenschen mit der ganzen Familie nach Pont.
www.tolkientag.de

▸ Mittelaltermarkt am Schloss Walbeck
Schwertkämpfe, eine ritterliche Pferdeshow, Handwerker, Gaukler, Musiker und Feuerkünstler entführen ihr Publikum im Juli/August an zwei Wochenenden in alte Zeiten.
www.schloss-walbeck.de

▸ geldernsein Festival
Am Holländer See wird im September ehrliche Livemusik geboten.
www.geldernsein-festival.de

▸ Internationaler Straßenmal- und Straßenmusikwettbewerb
Mehr als 400 Straßenkünstler bieten im August Malerei, Musik und Kunsthandwerk.
www.werbering-geldern.de

▸ Straßenparty
Beim wohl größten Stadtfest am Niederrhein verwandelt sich die Innenstadt im Juni drei Tage lang in eine Open-Air-Partyzone mit Livemusik und Trödelmeile.

▸ „Gelderner Drachenschuss"
In Zusammenarbeit mit der St. Antonius Schützenbruderschaft Hartefeld wird ein spannender und unterhaltsamer Wettbewerb geboten. Den Termin erfahren sie in der Dorfschmiede. **Kontakt**: Hartefelder Dorfstr. 96, 02831/3073,
www.dorfschmiede-hartefeld.de

▸ „Geldern – Heiß auf Eis"
Auf dem Markt wird im November eine große Eisbahn aufgebaut.

▸ Weitere Feste
Spätestens im April beginnt mit der Fahrradbörse und dem Reisemobilfest der Frühling in Geldern. Weiter geht es mit der Pfingstkirmes. Der LandLebenMarkt (September) und der Herbst- und Kartoffelmarkt in Pont (Oktober) bieten ein abwechslungsreiches Programm.

Goch

(Kreis Kleve)

Die Stadt an der Niers mit etwa 35 000 Einwohnern wurde 1261 erstmals urkundlich als Stadt erwähnt. Eng verbunden mit

Goch ist die Geschichte der Pfälzer, die um 1741 auf dem Weg nach Amerika im heutigen Pfalzdorf „strandeten" und dort eine pfälzische Sprachinsel bilden. Nierswalde wurde 1950 als Teilrodung des Reichswaldes angelegt, um Vertriebene aus dem Osten aufzunehmen. Seit 2005 ist Goch aufgrund der Verehrung des heiliggesprochenen Arnold Janssen ein Wallfahrtsort. Kulinarisch führt kein Weg am Spargeldorf Kessel vorbei.

Tourist Info,
Rathaus, Markt 2,
47574 Goch,
02823/320-148,
02823/320-748,
tourist-info@goch.de,
www.goch.de

Sehenswertes

▸ Wallfahrt

Für Pilger interessant ist die Arnold-Janssen-Pfarrei mit der 1323 geweihten gotischen Taufkirche St.-Maria-Magdalena. Sie enthält einen Taufstein aus dem Jahr 1516 und das Bild „Madonna mit dem Kinde" aus dem 14. Jh. In der Nacht zum 24. Mai 1993 stürzte um 2.27 Uhr der alte Kirchturm ohne erkennbare Ursache ein. Arnold Janssen (geb. 5.11.1837 in Goch, gest. 15.01.1909 in Steyl,NL) wurde am 18. Mai 2005 heiliggesprochen. Das Geburtshaus des Gründers des Steyler Missionswerks befindet sich in der Frauenstraße 8 (s Museum). www.pater-arnold-janssen.de www.steyler.eu

▸ Historische Innenstadt

Ein Rundgang durch die historische Innenstadt ist ausgeschildert. Ein besonderes Schmuckstück ist das Steintor aus dem 14. Jh. Direkt an der Niers liegt eine Wassermühle aus dem 18. Jh. – die Susmühle. Unweit des Marktplatzes liegt das Patrizierhaus „Zu den fünf Ringen" (Steinstr. 1) aus dem Jahr 1550.

Eindrucksvolles Wahrzeichen Gochs – das Steintor aus dem 14. Jh.

▸ Kloster Graefenthal

Mit mittelalterlichem Ambiente, historischen Gebäuden und einem natürlichen Umfeld mit Hochlandrindern hat sich das 1248 gegründete ehemalige Zisterzienserinnenkloster an der Niers als Café und Ausrichter von Veranstaltungen und Mittelalterfesten etabliert. In der Klosterkirche befindet sich das Hochgrab des Gocher Stadtgründers Otto II von Geldern.
Kontakt: Maasstr. 48-50, Asperden,
02823/9288780,
info@kloster-graefenthal.de,
www.kloster-graefenthal.de

Goli-Theater
Die 1913 eröffneten „Gocher Lichtspiele“ schlossen 1995 ihre Pforten. Heute gibt es Programmkino und Veranstaltungen in kultigem Ambiente.
Kontakt: Brückenstr. 39, 0173/8559217, info@golitheater.de, www.golitheater.de

Museen

Museum Goch
Im ehemaligen Amtsgericht präsentiert das Museum 600 Jahre Kunstgeschichte. Es gibt Aktionen für Schulklassen und Workshops. Angeschlossen sind das Arnold-Janssen-Geburtshaus (Frauenstr. 8) und das Königshaus (Königstr. 6), in dem Kreativkurse angeboten werden.
Kontakt: Kastellstr. 9, 02823/970811, museum@goch.de, www.museum-goch.de

Karnevalsmuseum
Im historischen Steintor befindet sich eine heimatkundlich-karnevalistische Sammlung. **Kontakt**: Steintorstr. 20, 02823/88626, hans.gruentjens@rzk-goch.de

Viller Mühle
Unter dem Motto „Alte Zeiten erleben“ findet sich beim „wahnsinnigen Puppenspieler“ Heinz Bömler ein Sammelsurium an Kuriositäten und geliebten Andenken an alte Zeiten. Es gibt verschiedene Programme für alle Altersklassen, Kleinkunst-Veranstaltungen und Räumlichkeiten für private Feiern. **Kontakt**: Viller 27, Kessel, 02827/925580, service@viller-muehle.de, www.viller-muehle.de

Freizeit und Natur

Der Eselbauer
Mit dem Esel als Weggefährten führt eine Wanderung durch die Natur zur Entschleunigung im Eseltempo. Es gibt verschiedene Arrangements – auch für Menschen mit Handicap. **Kontakt**: Der Eselbauer Frank Noppert, Zum Horn 30, Kessel, 0157/87377908, derEselbauer@yahoo.de, www.derEselbauer.de

Unterwegs mit Esel Sokrates auf dem Nierswanderweg bei Kessel.

Waldläuferbande
Natur-und Wildnispädagogik.
www.naturabenteuer-niederrhein.de

Wanderwege
Der Nierswanderweg begleitet die Niers von der Quelle bis zur Mündung. In Goch sollte ein Stopp im Stadtpark und bei den Nierswellen mit Spielplatz und Fitnesspark eingeplant werden.
Im Winterhalbjahr werden „Sonntagstouren“ angeboten (Anmeldung 0176/43554360). Am ersten Mittwoch im Monat findet ohne Anmeldung das Mittwochswandern statt (13 Uhr ab Kastell).

Freizeitbad Goch Ness
Das Bad bietet ein Naturfreibad und eine große Wasserlandschaft mit Innen- und

Außenbecken, Röhrenrutsche, Kletterwand, Strömungskanal, Regengrotte, Whirlliegen, Beckensprudlern, Kleinkinderbereich und großem Sauna- und Wellnessbereich. **Kontakt**: Kranenburger Str. 20, Kessel, 02827/9200-10, gochness@gochness.de, www.gochness.de

Flugplatz Asperden

Auf dem Flugplatz findet sowohl Segelflugbetrieb als auch Motorsegel-, Motor- und Ultraleichtflug statt. Rundflüge und Fallschirmspringen/Tandemsprung können vereinbart werden. **Kontakt**: Luftsportverein Goch e.V., Am Segelflugplatz 11, 02823/4962, Rundflüge 0157/51838532, mitfliegen@lsv-goch.de, www.lsv-goch.de / Fallschirmspringen 02874/9022980, info@my-skyconcept.de, www.my-skyconcept.de

Volkssternwarte Niederrhein e.V.

2016 wurde die Volkssternwarte auf dem Gelände des Tennisclubs Kessel wieder eröffnet. **Standort**: Scharsenweg, Kessel Volkssternwarte Niederrhein, Eichenstr. 31, 02823/9288090 o. 0157/32052798, mail@volkssternwarte-niederrhien.de, www.volkssternwarte-niederrhein.de

Tauchen am GochNess

Kontakt: SAMsDIVING, Maasstr. 78, 0173/5357768, info@samsdiving.com, www.samsdiving.com

Reiten / Reiterferien

Reiturlaub für Gruppen, Kinderreitferien, Reitkindergarten und -schule, Ausritte Kindergeburtstage, Spielplatz, Spielscheune und Planwagenfahrten. **Kontakt**: Reithof Hüsch, Asperberg 89, 02823/4701, www.reithofhuesch.de

Bauernhofurlaub, Reiterferien, Gruppen, Kindergeburtstage, Reitunterricht (auch mit Behinderung), Ausritte, Kutsch- und Planwagenfahrten und Streichelzoo. **Kontakt**: Reichswaldhof Nicole und Klemens Terhoeven-Urselmans, Berliner Str. 83, 02823/5053, info@reichswaldhof.de, www.reichswaldhof.de

Bauernhofpädagogik

Bauernhofführungen für Gruppen und Schulklassen sowie Kindergeburtstage. **Kontakt**: Nierswalder Kuhhof Annette und Reiner Hans, Triftr. 311, 02823/4365

Kutschen- und Planwagenfahrten

Der Schleswiger-Kaltblut-Züchter bietet Fahrten mit unterschiedlichen Kutschen und Planwagen. **Kontakt**: Hassumer Str. 188, 47574 Goch, 02823/86469, UBrand05@t-online.de, http://kaltblutpferde-goch.mooo.com

Angeln

Angeln an der Niers **Kontakt**: Angelsportverein „Petri Heil" e.V. 1936 Goch, 02823/3233302

Paddeln auf der Niers

In Goch gibt es öffentliche Ein- und Ausstiege am Stadtpark (Mühlenstraße) und in Kessel (Bogenstraße).
Kesseler Bootsverleih, Inh.: Daniel van Bonn, Hochstr. 19, 47608 Geldern-Walbeck, : 02831/1344849, www.kesseler-bootsverleih.de
Gocher Nierstouren / Freizeitteam Niers / Bootsverleih Schoofs, Vossheider Str. 55 / 57, 02823/86407, Mobil: 0170/9300906, info@gocher-nierstouren.de, info@freizeitteam-niers.de, www.gocher-nierstouren.de, www.freizeitteam-niers.de

Ballonfahren

Kontakt: Clemens van den Höövel, 02823/877790

▸ Radwandern
Auf dem Arnold-Janssen-Weg stehen grenzüberschreitend der heilige Arnold Janssen und das Naturerlebnis im Vordergrund. Sonntags-Radtouren werden unter www.radfahren-am-niederrhein.de angeboten, Mittwochstouren starten Mai-Sept. ab 10 Uhr am Kastell.

Feste und Veranstaltungen

▸ Brauchtum und Märkte
Höhepunkte im Jahreslauf sind Karneval (Prinzenkür, Prinzentreffen, Rathaussturm, Rosenmontagszug), das Frühlingsfest im März, das Mai- und Brunnenfest und der Weihnachtsmarkt.

▸ Stringtime Niederrhein
Junge Streichertalente aus drei Nationen beweisen jährlich zu Ostern im Rahmen einer Streicher-Akademie im Kultur- und Kongresszentrum KASTELL ihr Können.
🌐 www.stringtime-niederrhein.de

▸ Flachsmarkt und Herbstkirmes
Es gibt den 1. und den 2. Flachsmarkt, nämlich am letzten Dienstag im Oktober und am letzten Dienstag im November, mit an die 250 fliegenden Händlern, die (fast) alles haben, was in Kaufhäusern nicht mehr zu kaufen ist. Die Herbstkirmes findet unmittelbar vor dem 1. Flachsmarkt statt.

▸ Veranstaltungen im Kloster Graefenthal
Das Kloster Graefenthal bildet den Rahmen für das Oldtimer Treckertreffen zu Pfingsten, Mittelalterfeste (Ostern + Sept.), Chor Event (Juni), das Niederrheinische Weinfest (August), US-Car-Treffen (Oktober), Halloweenpartys, Gregorianische Adventskonzerte, Weihnachtsmarkt und Silvesterparty.
🌐 www.kloster-graefenthal.de

Historische Kulisse und Kanonendonner: Ritter ziehen in die Schlacht um das Kloster Graefenthal.

Grefrath

(Kreis Viersen)

Die Sport- und Freizeitgemeinde Grefrath bietet ihren etwa 15 000 Einwohnern durch die Eissporthalle mit vielen Veranstaltungen und das Freilichtmuseum ein umfangreiches Angebot an Aktivitäten.

Gemeinde Grefrath,
Rathausplatz 3,
47929 Grefrath,
☏ 02158/4080-0,
📠 02158/4080-888,
✉ info@grefrath.de,
🌐 www.grefrath.de

Sehenswertes

▸ Burgturm der Burg Uda
Der „Rapunzel-Turm“ an der Niers ist ein Überbleibsel der 1313 erstmals urkundlich erwähnten Burg Uda. 123 Stufen sind der Preis für einen weiten Blick über das Land. Im Turm befinden sich eine Ausstellung

zur Umgebung mit Ausgrabungsfunden. **Kontakt**: Zur Burg Uda, Oedt, Führungen 02158/6315 o. 5273, Grillhütte 02158/951274 oder 5290, www.burguda.de

Sakralbauten

Sehenswert sind die dreischiffige gotische Laurentiuskirche mit romanischem Turm, die Benediktinerinnen-Abtei Mariendonk mit Gästezimmern, die Josefskirche in Vinkrath mit einer großen Rosette über dem Hauptportal, die neugotische Vituskirche in Oedt und die Heinrichskirche in Mülhausen, vor der sich die Skulptur eines Müllers mit seinem Esel befindet.

Museen

Niederrheinisches Freilichtmuseum

Rund um die Dorenburg aus dem Jahr 1326 liegen meist vollständig eingerichtete alte Hofanlagen und Werkstätten, ein Tante-Emma-Laden, eine Bügelbahn, Pfannkuchenhaus und Museumsgaststätte und ein Spielzeugmuseum mit Ausstellungsstücken aus 150 Jahren und Modelleisenbahn. **Kontakt**: Am Freilichtmuseum 1 (Navi Stadionstr. 145), 02158/9173-0,

Die Wasserburg Dorenburg im Niederrheinischen Freilichtmuseum.

freilichtmuseum@kreis-viersen.de, www.niederrheinisches-freilichtmuseum.de

Heimatmuseum Oedt

Im Keller des Rathauses befindet sich ein Heimatmuseum. **Kontakt**: Johannes-Girmes-Str. 21, Oedt, 02158/6315, heimatverein-oedt@t-online.de, www.heimatverein-oedt.de

Freizeit und Natur

Landschafts- und Naturschutzgebiete / Wandern

Der Nierswanderweg sowie Heide-, Bruch und Niederungsgebiete bieten einzigartige Naturerlebnisse. www.nabu-grefrath.de

Grefrather EisSport- und EventPark

Auf drei Flächen wird viel Platz zum Eislaufen geboten. Es gibt regelmäßig Eis-Disco und andere Events, Konzerte, Shows, Messen, Partys, Musicals und Holiday On Ice. **Kontakt**: Stadionstr. 161, 02158/9189-0, Gastronomie: -29, Kartenvorverkauf -31, Schlittschuhverleih: -47, info@eisstadion.de, www.eisstadion.de

Hallenbad Grefrath

Es gibt mehrere Becken und eine Sprunganlage. **Kontakt**: Stadionstr. 69a, 02158/692028, www.baeder-grefrath.de

Freibad Dorenburg

Es gibt ein 50-m- und ein Nichtschwimmerbecken, einen Sprungturm und einen Kleinkinderbereich mit Rutschen und Matschgarten. **Kontakt**: Stadionstr. 145, 02158/400494 www.baeder-grefrath.de

Bowling-Bahn

Kontakt: Cosmic Bowling, Am Waldrand 7, 02158/801263, CBowlingGrefrath@aol.com, www.cosmic-grefrath.de

Skateboardbahn
An der Grundschule Oedt.

Flugplatz Niershorst
Zwei Luftsportvereine, drei Flugschulen und ein Fallschirmsprungbetrieb mit Ultraleicht- Sport- und Segelflugzeugen und auch Ballons nutzen diesen Flugplatz. Rundflüge werden angeboten. **Kontakt**: Flugplatzgemeinschaft Grenzland e.v., Flugplatz Niershorst, 02158/3364, Gkrueg@t-online.de, www.niershorst.de

Paddeln auf der Niers
In Grefrath-Oedt (Mühlengasse) und an der Langendonker Mühle befinden sich Anleger.

Skooter-Touren
Mit dem Skooter geht es zur Grefrather Burgentour. www.greenwheel-tours.de

Kultur und Theater
Aus einer Theater-AG entstand eine Initiative für Kinder- und Jugendtheater. Die Kulturinitiative Grefrath bietet Angebote für alle Altersklassen. www.theater-in-grefrath.de, www.king-ev.de

Feste und Veranstaltungen

Veranstaltungen im Freilichtmuseum
Neben vielen anderen Führungen und Veranstaltungen finden hier Bügelmeisterschaften, Nachtwanderungen, ein Mittelaltermarkt und ein romantischer Weihnachtsmarkt statt.
www.museumsverein-dorenburg.de

Holiday On Ice
Höhepunkt im umfangreichen Veranstaltungskalender des Grefrather EisSport & EventParks ist jedes Jahr im Dezember die Premiere der neuen Holiday On Ice Show.

Festivals
Alle zwei Jahre im Wechsel finden das Schwingbodenfestival und ein Straßenmusikfestival statt. www.king-ev.de

Grevenbroich

(Rhein-Kreis Neuss)

Die „Schlossstadt" an der Erft ist von Parks und Grünanlagen durchzogen. Im Norden spielt Energiegewinnung (Braunkohle, Windkraft) eine große Rolle – Gürath war 1900 das erste Dorf, das dem Braunkohletagebau weichen musste – während die südlichen Teile der 63 000-Seelen-Stadt historische Ausflugsziele bieten.

Tourist Information im FIRST Reisebüro, Am Markt 14, 41515 Grevenbroich
Verkehrsverein Grevenbroich e.V., Am Markt 2, 41515 Grevenbroich,
info@vv-grevenbroich.de,
www.vv-grevenbroich.de
Stadtmarketing/Tourismus,
02181/608-243,
02181/608-8243,
robert.jordan@grevenbroich.de,
www.grevenbroich.de

Sehenswertes

Altes Schloss, Nebengebäude und Erckensinsel
Das Alte Schloss aus dem 13. Jh. beherrscht die Innenstadt. Am Torbogen befindet sich das ehemalige Kellnereigebäude Haus Hartmann aus dem Jahr 1724, in dem Trauungen durchgeführt werden, und ein öffentlicher Garten mit Weiher. Im Park liegt die „Villa Krüppel", auf der anderen Seite der Innenstadt die Erckensinsel mit

Maschinenhalle, Versandhalle und Waagehaus der Spinnerei. **Kontakt**: Schloßstr. 13, 41515 Grevenbroich, Tel. 02181/608495, www.grevenbroich.de

Historisches mitten in der Stadt: der Torbogen zum Schlosshof.

Hülchrath

Im historischen Ortskern sind zu besichtigen eine ehemalige Synagoge (Broichstr. 16), das „Hülchrather Knusperhäuschen" als erlebbares Denkmal, eine neuromanische Basilika und das mittelalterliche Schloss Hülchrath. **Kontakt**: Schloss Hülchrath, 41516 Grevenbroich, 02182/824448, www.schlosshuelchrath.com, www.schloss-stadt-huelchrath.de

Kloster Langwaden

Das Kloster in Wevelinghoven bietet Gästezimmer, ein Restaurant mit Biergarten sowie Räumlichkeiten für Events und Veranstaltungen. **Kontakt**: Schloss Langwaden 1, 41516 Grevenbroich, 02182/88020, www.klosterlangwaden.de

Museen

Museum Villa Erckens

Die klassizistische Industriellenvilla im Stadtpark beherbergt das „Museum der niederrheinischen Seele", das Mentalitäten und Lebenswelten auf den Grund geht, sowie Stadt- und Regionalgeschichte und archäologische Ausgrabungsexponate. **Kontakt**: Am Stadtpark, 02181/608656, kontakt@museum-villa-erckens.de, www.museum-villa-erckens.de, www.museum-niederrheiniche-seele.de

Freizeit und Natur

Wildfreigehege

Im Wildgehege im Stadtwald leben Sika-, Dam-, Muffel- und Schwarzwild, Moor- und Heidschnucken und viele weitere Tiere. Kinder freuen sich über einen Streichelzoo mit Spielplatz. In der Nähe ist ein „grünes Klassenzimmer".
Standort: Zufahrt über „Am Sodbach" / „Am Flutgraben" / „Am Ständehaus" / „Am Busch" oder „Waldweg", GPS 51° 4'51"N, 6°35'16"E, frei zugänglich

Gartenschau-Gelände

Das Gelände der Landesgartenschau 1995 ist das Grün mitten in der Stadt, angereichert mit Kunstwerken im „Ian-Hamilton-Finley-Park", dem „Ettlrad" (Schaufelrad von Georg Ettl), „Permanent Lightning", dem „Kanzlerdenkmal" von Yastrebenetskiy und einer „Spielspinne" für Kinder.

Energiepfad

Der Wander- oder Radweg ist über 20 km als Rundweg angelegt mit Attraktionen zum Thema Energiegewinnung. Er ist Bestandteil des Projekts „Rheinische Straße der Braunkohle".

Kinderfreizeitpark Bobbolandia
Der Kinderspielpark bietet auf 60 000 m^2 eine Ritterburg, einen Spieldrachen, Baumhäuser, Trampoline, eine Tretkartbahn, einen Wasserspielplatz und vieles mehr. **Kontakt**: Viktoriastr. 51-53, 41517 Grevenbroich, 02181/2141233,
www.bobbolandia-grevenbroich.de

Schlossbad
Das Bad wird 2018 eröffnet und umfasst ein 25-m-Sportbecken mit Sprunganlage, Lehr-, Freizeit-, Kleinkind- und ein Außenbecken sowie eine Liegewiese mit Beachvolleyball- und Beachsoccerfeld und Matschplatz. **Kontakt**: Schlossstr. 9, 41515 Grevenbroich, 02181/659568, oder 2132388041
www.schlossbad.de,
www.gwg-grevenbroich.de

Bikepark
Hinter der „Spielspinne" liegt eine BMX- und Mountainbike-Bahn mit Dirtjump, Dirtlines und Dirtkicker. **Kontakt**: Am Flutgraben (hinter Evita Beach)

Stadtstrand „Evita Beach"
Die „Strand-Location" präsentiert von Mai bis Mitte August Musik, Bars, Events und Freizeitmöglichkeiten. **Kontakt**: Am Flutgraben, 0170/9660933, info@evita-beach.de, www.evita-beach.de

ADAC Fahrsicherheitszentrum
Es werden Einzeltrainings und Kurse vom Mountainbike bis zum LKW angeboten. **Kontakt**: Elfgener Dorfstr. 1, 41515 Grevenbroich, 02181/7570222, info@fsz-grevenbroich.de, www.fsz-grevenbroich.de

Motocross-Anlage
Das Gelände am Tagebau Garzweiler verfügt über Trainingsbahnen für alle Ansprüche und veranstaltet Rennen. **Kontakt**: Morkenerstr. 113 (ab da ausgeschildert),
info@msc-grevenbroich.eu,
www.msc-grevenbroich.eu,
GPS 51°3'31"N, 6°32'26"E

Skateranlage
Standort: Graf-Kessel-Str. 30

Golf
Es gibt einen 18-Loch-PGA-Mastercourse, Driving Range, Golfschule und Restaurant. Schnupperkurse und Golferlebnistage werden angeboten. **Kontakt**: Golfclub Erftaue e.V., Zur Mühlenerft 1, 41517 Grevenbroich, 02181/280637, gc.erftaue@t-online.de,
www.golf-erftaue.de

Segel- und Modellflugplatz Gustorf
Auf der Gustorfer Höhe findet jährlich ein Flugplatzfest mit Motor- und Segelkunstflugprogramm, Modellflugvorführungen, Rundflügen und Kinderprogramm statt. Gastflüge sind möglich, Besucher willkommen. **Kontakt**: Elfgener Dorfstr.1,
02181/479998 (WE) oder 470601 (Modellflug),
www.aero-club-grevenbroich-neuss.de,
www.modellflug-grevenbroich.de

Barrensteiner Whiskybar
Die Bar bietet schottische Abende mit Verkostung, Live-Dudelsackmusik und Whiskybrennen. Buchung empfohlen! **Kontakt**: Wevelinghovener Str. 12, 41515 Grevenbroich-Barrenstein, 02181/7575725,
info@bwyb.de,
www.barrensteiner-whiskybar.de

Paddeln auf der Erft
Beim Kanu-Club am Wildwasserkanal gibt's Kanukurse, Wandertouren, Kanuslalom und Wildwasserrennsport. **Kontakt**: Kanu-Club Grevenbroich 1953 e.V., hinter dem Schlossstadion, Stadtmitte, Tel. Bootshaus 02181/9739 (Postfach 100403, 41488 Grevenbroich), www.erftkanu.de

▸ Radwandern
Die Caritas unterhält eine Radstation auf dem Bahnhofsvorplatz 23, ✆ 02181/162685 ✉ radstation@caritas-neuss.de
🌐 www.caritasradstation.de
„Quo Radis": s. Dormagen.

Feste und Veranstaltungen

▸ Veranstaltungen auf Schloss Hülchrath
Auf eine Reise in andere Kulturen oder alte Zeiten begeben sich Besucher des Afrikamarkts (Mai) und des Mittelaltermarkts (Juli). Auch musikalische und brauchtumsbezogene Veranstaltungen werden geboten. 🌐 www.schlosshuelchrath.com

▸ Kultus Open Air
Das Musikfestival findet zum Sommerferienstart auf dem Marktplatz statt.

▸ Citylauf
Im Juni heißt es „Alles läuft in Grevenbroich" auf Strecken zwischen 700 m und 10 km, begleitet von einem bunten Unterhaltungsprogramm.
🌐 www.citylauf-grevenbroich.de

▸ CityFrühling
Am letzten Aprilwochenende mit verkaufsoffenem Sonntag und Programm.

▸ MaiMarkt (Wevelinghoven)
Fast 23 000 Menschen besuchten 2017 den traditionellen MaiMarkt, einen Familienmarkt.

▸ CityHerbst
Im Oktober locken ein abwechslungsreiches Programm und der verkaufsoffene Sonntag die Menschen in die Innenstadt.

▸ Weihnachtsmarkt und Adventszauber
Der Grevenbroicher Weihnachtsmarkt und der Adventszauber bieten ein buntes Programm.

Hamminkeln

(Kreis Wesel)

Die Stadt Hamminkeln mit rund 28 000 Einwohnern liegt rechtsrheinisch im Norden des Kreises Wesel an der Grenze zum Münsterland. Sie ist die jüngste und flächengrößte Stadt des Kreises Wesel. Die Landschaft wird bestimmt von der Rheinterrasse mit der Isselaue und der höher gelegenen Ebene. Der Naturpark Hohe Mark-Westmünsterland und das Naturschutzgebiet Dingdener Heide bilden erlebnisreiche Erholungsräume.

Stadt Hamminkeln,
Brüner Str. 9,
46499 Hamminkeln,
✆ 02852/88-0,
✉ info@hamminkeln.de,
🌐 www.hamminkeln.de

Sehenswertes

▸ Schloss Ringenberg
Die dreiflügelige Wasserschlossanlage wurde als Wasserburg um 1220 erbaut. Das aktuelle Gebäude wurde 1661 fertiggestellt. Heute dient es als Künstleratelier und öffnet für Veranstaltungen und Hochzeiten seine Türen. Es beherbergt das Standesamt der Stadt und ein Restaurant im Gewölbekeller. **Kontakt**: Derik-Baegert-Gesellschaft, Schlossstr. 8, ✆ 02852/9229

▸ Ringenberg
Die Siedlung entstand durch Trockenlegung des Isselsumpfes durch holländische Kolonisten. Die burgähnliche christozentrische katholische Kirche stammt aus den 1930er-Jahren, während die evangelische Kirche aus dem Jahr 1754 im Stil des niederländischen Barocks gestaltet ist.

Kontakt: Heimatverein Ringenberg, 02852/6364

Klosterdorf Marienthal
Der anerkannte Erholungsort blickt auf eine 750-jährige Geschichte zurück und bietet mit Dorfplatz und Remise, der alten Molkerei mit ihren Läden und der Passage, der 1345 erbauten Klosterkirche und dem alten Friedhof eine Zeitreise der besonderen Art.
www.marienthal.de

Turmwindmühle/Ehrenmal „Königsmühle"
Die konische Turmwindmühle mit Pyramidendach wurde 1852 erbaut und dient heute als Ehrenmal.
Standort: Nordbrocker Str., Dingden

Roßmühle
Die Turmwindmühle mit bis zu 2,60 m dicken Wänden und der eingravierten Jahreszahl 1618 im Obergeschoss geht möglicherweise auf einen mittelalterlichen Wehrturm zurück.
Standort: Bislicher Str. / Ecke Roßmühle, Hamminkeln

Windmühle Weßling
Das Wahrzeichen Hamminkelns mit dem „Knick" wurde 1840 erbaut.
Standort: An der Windmühle / Ecke Dohlenstr., Hamminkeln

Turmwindmühle Nordbrock
Die um 1844 mit drehbarer Haube erbaute Turmwindmühle dient heute als Museum einer voll funktionsfähigen Turmwindmühle. **Kontakt**: Borkener Str. / Melkweg, östl. von Dingden, 02852/9589093

Evangelische Kirche Hamminkeln
Die romanisch und gotisch geprägte 1154 urkundlich erwähnte Kirche wurde möglicherweise im 10. Jh. gegründet. Sie enthält ein Christopherus-Fresko aus der Zeit um 1450 und eine Orgel aus dem Jahr 1774.
Standort: Marktstr.

Evangelische Kirche Wertherbruch
In der spätgotischen Backsteinkirche befinden sich romanische und jüngere Fresken, die zum Teil noch nicht wieder freigelegt wurden. **Standort**: Provinzialstr. 63, Wertherbruch

Museen

Heimathaus Dingden
Das um 1690 erbaute Gebäude enthält eine Sammlung zur Kultur- und Handwerksgeschichte, landwirtschaftliche Geräte, Gegenstände des alltäglichen Lebens und geologische Funde. **Kontakt**: Hohe Str. 1 (Ziegelgebäude), Führungen
02852/9656831 oder 9589093,
info@heimatverein-dingden.de

Humberghaus
Die Ausstellung vermittelt Wissenswertes zum Leben und Schicksal der jüdischen Familie Humberg. Das Haus enthält eine Mikwe. **Kontakt**: Hohe Str. 1, Führungen 02852/9656831 oder 9589093,
www.humberghaus.de

Freizeit und Natur

Naturschutzgebiet Dingdener Heide
Um 1540 entstand durch Abholzung, Beweidung und Nutzung der Bodenplaggen aus einem „Hudewald" eine Heidelandschaft mit moorigen Teilflächen. Ein Flächenbrand in den 1920er-Jahren führte zur Kultivierung und landwirtschaftlichen Nutzung, bevor das Gebiet 1987 unter Naturschutz gestellt wurde. Nun ist es eines der größten Feuchtwiesenbiotope in NRW. Ein 6 km langer Rundweg bietet eine Zeitreise durch die Geschichte.
www.dingdener-heide.com

Start Rundweg in Dingden, Wanderparkplatz Krechtinger Str./Ecke Bußter Weg

Marienthaler Wanderwege
Rund um das Isseldorf wurden verschiedene Themenwege ausgearbeitet, zu denen Flyer und Downloads verfügbar sind: Ein historischer Rundweg wird ebenso geboten wie ein Kinderweg, der „Weg der Poesie“ oder ein „Reinhard-Mey-Balladenweg“.

An der Klosterkirche starten gleich mehrere der Marienthaler Wanderwege.

Wandern
Rund um Hamminkeln sind 160 km als X- und A-Wanderwege vom Sauerländischen Gebirgsverein ausgezeichnet. In den NRW-Wanderkarten W1 „Kalkar-Xanten-Hamminkeln“ und W2 „Wesel mit Region Lippe-Issel“ sind Rund- und Fernwanderwege eingezeichnet. Örtliche Rundwanderrouten stehen zum Download bereit.

Freibad Dingden
Schwimmer-, Nichtschwimmer-, Plansch-, Erlebnis- und Aktionsbecken und Liegewiese, Spielplatz, Tischtennisplatten und Beachvolleyballfeld sorgen für Badevergnügen. **Kontakt**: Krechtinger Str. 30, 02852/6034, www.freibad-dingden.de

Hallenbad
Das Bad verfügt über ein 25-m-Becken mit Hubboden. **Kontakt**: Diersfordter Str. 34, 02852/72142, www.hamminkeln.de

Nordic Walking
Über 100 km sind in drei Routensysteme mit jeweils drei unterschiedlich langen Strecken aufgeteilt.

Reiten / Pferdesport
Hamminkeln wurde als „pferdefreundliche Gemeinde“ ausgezeichnet. Es gibt unzählige Betriebe und Reithallen. Die Olympiasieger Ahlerich, Alabaster, Amon und Rembrandt stammen von hier.

Kutsch- und Planwagenfahrten
Kontakt: Heiligenpahl, Rohstr. 58, 02856/1455
Kutsch- u. Planwagenfahrten Hülsmann, Alter Rheder Weg 1, 02856/1471
Hotel Hecheltjen's Hof, Isseltalweg 11, 02856/2822, www.hecheltjens-hof.de
Reit- und Fahrschule Gervershof, Gerwersweg 1, 02852/4474, www.gervershof.net

„Alpakas am Schloss“
Die Alpaka-Zucht bietet neben einer Naturmode-Boutique nach Terminabsprache Alpakaführungen an. **Kontakt**: Schlossstr. 5, 02852/507128, info@alpakas-am-schloss.de, www.alpakas-am-schloss.de

Schnapsbrennerei
Führungen durch Museum und Produktionsstätte der 1750 gegründeten Brennerei sind möglich, auch mit Wein- oder Schnapsverkostung. **Kontakt**: Brennerei Bovenkerck, Hauptstr. 31, Stadtteil Ringenberg,
02852/2115 info@bovenkerck.de
www.bovenkerck.de

Weingut
Das Weingut Kloster Kraul bietet ein Wein-Freilichtmuseum (nach Anmeldung), Verkauf und Weinseminare an. **Kontakt**: Weingut Kloster Kraul, Hölzerweg 5,
02873/919444, www.kloster-kraul.de

Feste und Veranstaltungen

Marienthaler Abende
Mit den Marienthaler Abenden findet Weltstadt-Kultur den Weg ins Dorf.
www.marienthaler-abende.de

Rheinischer Bauernmarkt
Auf dem Dorfplatz Loikum werden jeden Freitagnachmittag regionale Erzeugnisse und selbst gebackener Landfrauen-Kuchen in dörflicher Atmosphäre verkauft.

Heinsberg

(Kreis Heinsberg)

Weithin sichtbar thront der Selfkant-Dom über der Stadt, eingerahmt von Ruinen der Befestigungsanlagen und begleitet von der Burgruine auf dem benachbarten Burgberg. Zu Füßen liegt die sehenswerte Altstadt. Einen Meter unter dem Belag der Hochstraße befindet sich eine alte Römerstraße, und Grabfunde unter der Probsteikirche weisen auf eine Besiedelung in vorfränkischer Zeit hin. Damit noch nicht genug: Heinsberg ist die westlichste Kreisstadt Deutschlands, und Eugen Verpoorten erfand 1876 in der Hochstraße den Eierlikör.

WFG Heinsberger Land,
Klostergasse 17,
52525 Heinsberg,
02452/131415,
02452/131419,
info@heinsberger-land.de,
www.heinsberger-land.de
www.heinsberg.de
www.westblicke.de
www.natoura-heinsberg.de

Sehenswertes

Propsteikirche/Stiftskirche St. Gangolfus („Selfkantdom") auf dem Kirchberg
Beim Aufstieg auf den Kirchberg bieten sich eindrucksvolle Aussichten auf den Selfkantdom aus dem 15. Jh. und die Reste der Befestigungsanlagen. An der Kirche befinden sich Gräber bedeutender Bürger und die Lourdes-Grotte mit einer Madonnen-Statue. In der Krypta wird die Reliquie

Der Aufstieg auf den Kirchberg ist auch wegen der Aussicht auf den stolzen Selfkantdom und die Ruinen der Stadtbefestigung atemberaubend.

der heiligen Hedwig aufbewahrt. Unterhalb des Kirchbergs befinden sich Kasematten. Standort: Kirchberg 8 / **Kontakt**: Propsteigemeinde St. Gangolf Heinsberg, Hochstr. 20, 02452/22034, www.st-gangolf-heinsberg.kibac.de

Burgberg mit Freilichttheater
Umgeben von Ruinen der Burg und der Befestigungsanlagen liegt eine große Wiese mit Aussichtsterrasse, die gleichzeitig als Freilichtbühne dient. Burg- und Kirchberg bilden die größte noch erhaltene Fliehburg/ Motte des Rheinlandes.

Lümbacher Windmühle „Clarissa"
Die Mühle aus dem Jahr 1882 kann nach Absprache besichtigt werden.
Kontakt: Kirchhoven, Zur Kornmühle 7, 01577/1904402
www.muehlenverein-selfkant.de

„Schlangenkapellchen"
Die kleine barocke Klosterkapelle stammt aus dem 17. oder 18. Jh. und ist von einem Lindenhain umgeben.
Standort: Kapellenweg/Klosterhof

Museen

BEGAS HAUS
Carl Joseph Begas wurde 1794 in Heinsberg (Randerath) geboren, war ein deutscher Maler und Stammvater einer Künstlerdynastie. Das Ensemble Probstei, Lennartzsches Haus aus dem 15. Jh. und Torbogenhaus aus dem 16. Jh beherbergt das barrierefreie Museum für Kunst und Regionalgeschichte Heinsberg, in dem die Werke der Künstlerfamilie gesammelt sind. Darüber hinaus werden archäologische Funde, regionalgeschichtliche Dokumente, christliche Schatzkunst und Mobiliar aus verschiedenen Epochen ausgestellt. Im Foyer sind Prospekte und Broschüren zum Heinsberger Land erhältlich.
Kontakt: Hochstr. 21, 02452/977690, www.begas-haus.de

Von außen genauso sehenswert wie von innen: das BEGAS HAUS.

Freizeit und Natur

Freizeit- und Naherholungsgebiet Lago Laprello
Das Gelände bietet einen Reisemobilstellplatz, Bootsverleih (Tretboot, Ruderboot, Kanu, Spezialtretboot für Rollstuhlfahrer), Gastronomie, Seepromenade und eine Badestelle. Der Weg um den See ist ideal zum Walken und Joggen. Im Juni findet der TriLAGOn (Triathlon) statt.
Kontakt Bootshaus: Fritz-Bauer-Str., 02452/950960, www.prospex.de

Hallenbad Heinsberg
Das Hallenbad verfügt über ein Schwimmer- und Nichtschwimmerbecken und Sprungtürme. **Kontakt**: Schafhausener Str. 39, 02452/2778,
www.stadtwerke heinsberg.de

Freibad Heinsberg-Kirchhoven
Es gibt ein Schwimmer- und Springerbecken, einen Sprungturm, ein Kinderplanschbecken und eine Liegewiese.
Kontakt: Schwimmbadstr. 57, Kirchhoven, 02452/7595 www.stadtwerke-heinsberg.de, www.freibadkirchhoven.de

Ultraleichtflugklub Heinsberg-Selfkant e.V. mit Flugschule
Auf Deutschlands westlichstem Flugplatz können Rund-, Foto- und Schnupperflüge gebucht und die Fluglizenz für Dreiachser und motorisierte Gleitschirme erworben werden. **Kontakt**: Braunsrath, Landstr., 02452/22323 und 02453/470, www.ul-hs.de / Flugschule: 01512/1131005, www.ul-flugschule-heinsberg.de

Tauchen
TUS Diver, Martinusstr. 27, Kirchhoven

Kutsch- und Planwagenfahrten
Kontakt: Alois Büsdorff, Oberstr. 39, Kempen, 0 24 52/98 03 11

Theater und Musical
www.junges-musical-theater.de
www.theaterstarter.de

Feste und Veranstaltungen

Burgbergfestival
Open-Air-Livemusik findet im Juli auf der Festwiese zwischen den Ruinen einen stimmungsvollen Rahmen.

TriLAGOn
Jedes Jahr im Juni messen sich Sportler beim Jugend- und Volkstriathlon am Lago Laprello.

Stadtfest
Hoch her geht's beim Stadtfest im September.

Weihnachtsmarkt
Besonders schön ist der Weihnachts- und Wintermarkt & Heinsberg on Ice mit einer großen Eisbahn auf dem Markt.
www.gv-heinsberg.de

Hückelhoven

(Kreis Heinsberg)

Die Stadt Hückelhoven mit rund 40 000 Einwohnern liegt in der Rurniederung im Süden des Niederrheins und vereinigt die Lage im Grünen mit alter Bergbautradition.

Stadtverwaltung Hückelhoven, Rathausplatz 1, 41836 Hückelhoven, 02433/82-0, Fax -265, www.hueckelhoven.de
WFG für den Kreis Heinsberg mbH Heinsberger Land, Klostergasse 17, 52525 Heinsberg, 02452/131415, 02452/131419, info@heinsberger-land.de, www.heinsberger-land.de, www.heinslive.blog

Sehenswertes

Bergarbeitersiedlungen Hückelhoven und Schaufenberg
Um 1920 wurde die Siedlung „Auf dem Hansberg" für Bergleute erbaut. Weithin sichtbar ist der Wasserturm „Auf dem Wadenberg" (1925).
Standort: Friedrichplatz/Sophiastr. bis Gladbacher Str. und in Schaufenberg

Haus Hückelhoven
Die ehemalige Wasserburg geht auf das 14. Jh. zurück und dient als Pfarrzentrum der Kirchengemeinde St. Lambertus.

Kirchen
Sehenswert sind die evangelische Pfarrkirche Hückelhoven, eine neugotische

Backstein-Hallenkirche aus 1890/91 mit Orgelprospekt aus der 1. Hälfte des 18. Jhs., und die katholische Pfarrkirche St. Dionysius in Doveren von 1771 mit Westturm aus dem 15. Jh., in der sich ein romanischer Taufstein aus dem 12./13. Jh. aus Namurer-Blaustein befindet und die von denkmalgeschützten Fachwerkhäusern umgeben ist.

Museen

Besucherbergwerk „Schacht 3"
Das Steinkohlebergwerk „Sophia Jacoba" gab den Menschen in der Region 1908–1997 Arbeit und Brot. Schachtgerüst, Maschinenhaus, Schachthalle und Zechenplatz sind erhalten und bieten als Besucherbergwerk im Barbarastollen 70m Kopf- und Bandstrecken und ein 23m langes Streb mit Kohlenhobel, Kettenförderer und Lokomotive. **Kontakt**: Förderverein „Schacht 3" Hückelhoven e.V., Sophiastr. 30, 02433/442681, www.schacht-3.de

Förderturm der ehemaligen Zeche „Sophia Jacoba".

Mineralien- und Bergbaumuseum in der Stadt Hückelhoven
Die Sammlung zeigt Mineralien aus aller Welt, versteinerte Pflanzen und Muscheln, Bergbauzubehör, Grubenlampen, ein Steinbearbeitungszentrum und ein Modell mit Szenen aus dem Bergbau. Mittwochs findet ein Mikroskopabend für Kinder und Jugendliche statt, einmal im Jahr ein Kinder- und Jugendfest. **Kontakt**: Mineralien- und Bergbaufreunde e.V., Ludovicistr. 1, 02433/2627, Führungen: 2303 oder 1741, www.museum-hueckelhoven.de

Korbmachermuseum
Die Ausstellung beschäftigt sich mit Korbwaren, Gerätschaften zu deren Herstellung sowie Tradition und Geschichte des Handwerks. Im Mai findet das Weidenschälfest statt. Anfang Dezember gibt es einen „Chresskenkesmaat". **Kontakt**: Museum der Rurtal-Korbmacher e.V., Nohlmannstr. 22, Hilfarth, 02433/912985, Kindergr./Schulkl. 02431/5783, Flechtkurse 02452/13-4027, www.rurtal-korbmacher.de

Automobilmuseum
Im privaten Museum sind über 50 Jahre alte Opel-Oldtimer zu bewundern. **Kontakt**: Am Lieberg 9 / Helmut Zurkaulen, Am Lieberg 13, 02433/911183 oder 0172/2662888, 02433/911184

Lanz-Bulldog-Museum Kühlerhof
Der LBVW richtet jährlich ein Erntefest mit landwirtschaftlichen Maschinen aus. Die vereinseigene Sammlung befindet sich im Kühlerhof. **Kontakt**: Lanz-Bulldog-Verein West e.V., Kühlerhof, 02462/2064663, www.lanzbulldog.de

Freizeit und Natur

Adolfosee
Der Baggersee in Ratheim wird u. a. zum Angeln genutzt und ist ein Quartier für Fische, Amphibien und Zugvögel. Der Rur-Ufer-Radweg führt direkt am See vorbei.

„Wald der blauen Blumen"
Im Wald „hinter dem Berg" zwischen Doveren und Baal wächst eine große Population der seltenen Hasenglöckchen. Weitere Vorkommen liegen in Richtung Doverheide/Großkünkel sowie im Gillenbusch bei Glimbach. Die Blütezeit ist etwa Mitte April bis Mitte Mai.
Standorte: oberhalb L117 (Übergang Provinzialstr./Bahnstr., zu Fuß über Sandstr.) / Dieselstr.

Millicher Halde
Eine „Himmelstreppe" mit 406 Stufen führt auf die 70 m hohe Halde. Die Aussichtsplattform liegt 11 m über dem Plateau. **Einstieg**: L117, Roermonder Str. (Zufahrt Parkplatz westlich des Kreisverkehrs), GPS 51.053599, 6.213982 / L117, Gronewaldstr. Ortseingang Millich (Sportplatz), GPS 51.054708,6.204022

☺ Indoor-Spielpark Fridolino
Das Indoor-Spiel- und Abenteuerland bietet auf 3500 m² eine Spielburg, ein Piratenschiff, Rollenrutsche, Vulkan, Trampoline, Frosch Teufelsrad, Fahrsimulator und Autoskooter sowie einen Kleinkinderbereich, ein Nostalgie-Karussell, ein Fußballfeld, Fahrzeuge und eine Partyecke. **Kontakt**: Linnicher Str. 40, Brachelen, ☎ 02462/2069601, ✉ info@fridolino.de, 🌐 www.fridolino.de

☺ Freizeitbad Hückelhoven
Neben der 67 m langen Röhrenrutsche gibt es ein Schwimmerbecken mit Sprungturm, Lehrschwimmbecken und einen Eltern-Kind-Bereich. **Kontakt**: Martin-Luther-Str. 22, ☎ 02433/2256, 🌐 www.hueckelhoven.de

☺ Naturfreibad im Naturseebad Kapbusch
Der See verfügt über ein 14 000 m² großes Schwimmareal mit Nichtschwimmerbereich, Sandstrand und Liegewiese, Slackline, Rutschen, Klettergerüst, Wasserinsel, Beachvolleyballfeld, Kinderspielplatz und Kiosk. **Kontakt**: Kapbuschstr. (L364 Hilfarth – Brachelen), ☎ 02433/524886 (Bandansage), 🌐 www.hueckelhoven.de

Angeln
Kontakt: Angelsportverein 1934 e.V. Ratheim, ☎ 02433/60363, 🌐 www.asvratheim.de

☺ Skateanlage
Hier finden auch Wettbewerbe statt. **Kontakt**: Am Landabsatz 10, 🌐 www.facebook.com/skatehh/

Tauchen
Kontakt: Sporttauchverein Hückelhoven e.V., Herr Ewen, ☎ 0157/87646723, ✉ info@tauchverein-hueckelhoven.de, 🌐 www.tauchverein-hueckelhoven.de

Segeln
Kontakt: Ratheimer Segelclub e.V., Im Wiesengrund 25, ✉ info@ratheimer-segelclub.de, 🌐 www.ratheimer-segelclub.de

Bodyflying
„Fliegen" im Windkanal ist vor Ort und mithilfe einer mobilen Einheit möglich. **Kontakt**: Air-Power-Arena, Rheinstr. 6a, ☎ 02433/938655, ✉ info@air-power-arena.com, 🌐 www.air-power-arena.de

Feste und Veranstaltungen

▸ Hückelhoven Karibisch
Rund um das Rathaus wird an einem Sommerferien-Wochenende ein Strandparadies zum Entspannen und Verweilen mit Unterhaltungsprogramm geschaffen.

▸ Autokinonacht
Fast wie früher: Auf einer 264 m^2 großen Freiluftwand werden an einem Septemberwochenende am Förderturm Blockbuster in digitaler Qualität präsentiert. Eine Veranstaltung mit Tradition, die 2017 ihr 10-jähriges Jubiläum feierte.

▸ CityFest „Hückelhoven brummt"
Das Fest im September zieht auch Menschen von außerhalb an. Zum Fest gehört u. a. eine Kunsthandwerkermeile.

▸ Weihnachtsmarkt
Es gibt ein breites Sortiment und im Rathaus ein Café.

Hünxe

(Kreis Wesel)

Die Gemeinde mit knapp 14 000 Einwohnern liegt auf der rechten Rheinseite im unteren Lippetal und am Wesel-Datteln-Kanal im äußersten Osten des Niederrheins. Große Gemeindeteile liegen im Naturpark Hohe Mark-Westmünsterland.

Tourist-Information,
Dorstener Str. 24, 46569 Hünxe,
☏ 02858/69210,
🌐 www.huenxe.de,
🌐 www.lippe-issel-niederrhein.de,
🌐 www.heimatverein-huenxe.de,
🌐 www.niederrhein-guides.de

Sehenswertes

▸ Treidelschifferdorf Krudenburg
Der historische Dorfkern steht vollständig unter Denkmalschutz und ist geprägt durch seine Vergangenheit als Fischerdorf und Heimat der Treidelschiffer. Der erhaltene Turm der Burg Krudenburg zeugt von der Geschichte als ehemaliger Rittersitz.

▸ Haus Schwarzenstein
Der ehemalige Herrensitz aus dem 14. Jh. und heutige Sitz des Rheinisch-Westfälischen Schleppjagdvereins hat eine wechselvolle Geschichte. Im Zweiten Weltkrieg wurde das Haus geplündert und der Besitzer ermordet. Spannend ist eine Wanderung zu dem Friedhof („Totenkeller"), 300 m vor dem Gut im Wald, und zum benachbarten Torfsee „altes Venn".
Kontakt: Schwarzensteiner Weg 73, Drevenack,
🌐 www.rwsev.de,
GPS 51°38'57"N, 6°43'28"E

▸ Wasserschloss Gartrop
Das 1675 erbaute Wasserschloss beherbergt ein Hotel-Restaurant mit Biergarten und bietet Raum für Veranstaltungen, Hochzeiten und Führungen.
Kontakt: Schlossallee 4, Gartrop-Bühl,
☏. 02858/91757-0,
✉ rezeption@schlosshotel-gartrop.de,
🌐 www.schlosshotel-gartrop.de

▸ Schleuse Hünxe am Wesel-Datteln-Kanal
Die Schleusengruppe mit einer Fallhöhe von 5,50 m besteht aus zwei Becken, von denen das größere 222 m lang ist. Etwa 80 m oberhalb liegt der Wasserwanderrastplatz Hünxe.
Standort: An der Schleuse, GPS 51°38'53.85"N, 6°46'28.33"E

Evangelische Kirche in Drevenack
Der romanische Steinturm stammt aus dem 12. Jh., die hölzerne Kanzel aus dem Jahr 1674, und der Taufstein aus Baumberger Kalksandstein wird auf 1717 datiert. Außen liegen zwei sogenannte Teufelssteine (s. Schermbeck).
Standort: Am Kirchplatz, Drevenack

Museen

Heimatmuseum „Alte Bergschule"
Die Ausstellung zeigt einen bäuerlichen Haushalt, Handwerk, eine Schulklasse und die Lehrerschlafkammer der Landschule/Bergschule im Jahr 1900. Funde aus Karbon, Jura und Eisenzeit ergänzen die Zeitreise, deren Herzstück ein Mammutschädel ist. **Kontakt**: Friedrich-Endemann-Str. 4, 02858/7372 (Herr Rühl) oder 02858/69200 (Kulturamt), www.heimatverein-huenxe.de

Otto-Pankok-Museum
In seinem Altersruhesitz finden sich Werke des Malers und Bildhauers Otto Pankok. **Kontakt**: Otto-Pankok-Weg 4, Drevenack, 02856/754, www.pankok-museum-esselt.de

Mühlenmuseum Gartrop
Die unterschlächtige Wassermühle an der Zufahrt zum Schloss Gartrop dient als Museum. Sie zeigt die Funktions- und Arbeitsweise, ihre Geschichte und den Weg vom Korn zum Brot. **Kontakt**: Schlossallee, 02858/7372 oder 02858/69200, www.heimatverein-huenxe.de

Freizeit und Natur

Teufelssteine und Kürbaum im Hünxer Wald
Beim Kürbaum (Naturdenkmal) handelt es sich um Reste einer uralten Eiche, die mit einer Buche zusammengewachsen war und als Kult- und Versammlungsstätte der Germanen diente. Sie stellt sich heute als eingezäunter Baumstumpf dar. Ganz in der Nähe liegen vier „Teufelssteine" im Wald. Die Tertiärquarze sind vor Ort durch Verkiesung des Sandbodens entstanden und ca. 10 Millionen Jahre alt.
Wanderparkplätze: Wilhelmstr./ Hoher Wardweg und Bergerstr. (Dinsl.)
GPS Kürbaum 51.615765° N, 6.815965° E

Kaninchenberge / Speller Heide
Ein 1,5 km langer Rundweg führt durch die auf Binnendünen gelegene Heidelandschaft. Startpunkt: Hans-Richter-Str.

Ehem. Munitionsdepot „Schwarze Heide"
Das Gelände des ehemaligen Munitionsdepots wurde bereits von der Natur zurückerobert. Nun werden die Renaturierung und der Ausbau als Naherholungsgebiet gefördert. **Standort**: Langer Weg, www.metropoleruhr.de/regionalverband-ruhr.html

Wandern
37 Wanderwege führen auf 187 km Strecke durch das Gemeindegebiet, teilweise im Naturpark „Hohe-Mark" und der Kirchheller Heide.

Hallenbad
Das Hallenbad verfügt über einen Kleinkinderbereich, ein Nichtschwimmer- und ein Schwimmerbecken, eine finnische und eine Dampfsauna und Ruhezonen innen und außen. **Kontakt**: In den Elsen 26, 02858/6560, www.schwimmfreunde-huenxe.de

Verkehrslandeplatz Schwarze Heide
„Über den Wolken ..." könnte an diesem Ort geschrieben worden sein. Hier haben Flugsport, Geschäftsreiseverkehr und Besucher

ihren Platz. **Kontakt**: Flugplatzgesellschaft Schwarze Heide, Schwarze Heide 35, 02858/390, flugplatz@schwarze-heide.com, www.schwarze-heide.com

Modellfliegen
Kontakt: Modellflugverein MFSC-Testerberge e.V., www.mfsc-testerberge.de

Golf
Golfplatz Hünxer Wald (18-Loch-Platz), Schwarzer Drecksweg 9, 02858/6480, www.gc-huenxerwald.de
Bruckmann's Golfanlage (9-Loch-Platz), An den Höfen 7, 02064/33043, www.gcbruckmannshof.de

Skateranlage
Standort: Kost-Im-Busch-Weg

Reiten, Kutsch- und Planwagenfahrten
Es werden Kutsch- und Planwagenfahrten, Reiterferien, Reitstunden oder Ausritte (Stunden- oder Tagesritte) für erfahrenere Reiter sowie ein Spielplatz, Streichelzoo, Ferienwohnungen und Kindergeburtstage angeboten. **Kontakt**: Reiterhof Reßing, Hoher Wardweg 12a, 02858/2139, ferienbetrieb@t-online.de, www.ferienbetrieb.de

Ballon fahren
Zwei verschiedene Ballone starten in Hünxe, Voerde, Wesel, Xanten, Hamminkeln, Bocholt, Rees oder Isselburg. **Kontakt**: Ballonteam Hagdorn, Dinslakener Str. 138, 02064/30114 oder 0172/2501604, www.ballonteam-hagdorn.de

Kanutouren auf der Lippe
Es werden Kanutouren (Kleinboote, Kajaks, Kanadier, Schlauchboote) und Rafting angeboten. Grillplätze stehen zur Verfügung.
Kontakt: Lippeweg 17, Krudenburg, 0170/3466047, info@paddelstation.de, www.paddelstation.de

Treiben in beschaulicher Ruhe oder Spaß auf dem Boot: Lippepaddeln bei Krudenburg.

Radwandern
10 beschilderte Radrundtouren von 20–42 km Länge in Form von Radwandersets.

Feste und Veranstaltungen

Römerlager an der Lippewiese
Fast echte Römer bieten im August in Krudenburg einen Einblick ins römische Lagerleben, Gladiatorenkämpfe und altes Handwerk.

Pfingstkonzert in Drevenack
Ansässige Chöre und Instrumentalgruppen spielen am Pfingstmontag.

Honigkirmes
Das beliebte Volksfest für die ganze Familie findet im Oktober in Hünxe statt.

Weihnachtsmarkt Krudenburg
Am Samstag vor dem 1. Advent wird auf der historischen Dorfstraße Selbstgemachtes aus dem Fenster heraus verkauft.
www.krudenburg.info

Isselburg

(Kreis Borken)

Isselburg liegt im westlichsten Zipfel des Kreises Borken – fast vollständig umschlossen von den Niederlanden, dem Kreis Kleve und dem Kreis Wesel – und gehört damit sowohl zum Münsterland als auch zum Niederrhein. Die Geschichte der Stadt an der Issel mit knapp 11 000 Einwohnern ist eng mit den Herren von Anholt und der gleichnamigen Wasserburg verknüpft.

Tourist-Info,
Markt 9,
46419 Isselburg-Anholt,
02874/9423-44,
www.isselburg.de

Sehenswertes

Stadtturm Isselburg
Der 15 m hohe mittelalterliche Stadtturm mit bis zu 1,75 m dicken Mauern stammt aus dem 15. Jh. Der Heimatkreis Isselburg bietet Führungen an.
Standort: Drengfurter Str.

Anholt
Ein wahrer Blickfang sind das 1567 im flämisch-niederländischen Renaissancestil erbaute historische Rathaus und die fürstliche Gruftkapelle aus dem Jahr 1570 (Regniet 8). Der Eiskeller im Stadtwall (Schneidkuhle 9) wurde um 1500 erbaut und diente als Fundament eines Wachturms. Sehenswert sind die neoromanische St.-Pankratius-Pfarrkirche aus dem 19. Jh. mit Wand- und Deckenmalereien (Kirchberg) und die Anholter Windmühle von 1747 (Mühlenberg).

Werth
Das mittelalterliche Rathaus wurde vermutlich im 16. Jh. als zweigeschossiges Torhaus erbaut. Die Galerie-Holländer-Turmwindmühle war um 1420 Teil der Stadtbefestigung.

Museen

Wasserburg Anholt
Die prachtvolle Wasserburg beherbergt ein Museum mit Porzellan- und Gemäldesammlung in historisch möblierten Räumen. Eine Hauptattraktion ist Rembrandts „Das Bad der Diana mit Aktäon und Kallisto". Im „dicken Turm" aus dem 12. Jh. befinden sich eine Waffen- und Münzsammlung und ein Kerker, im alten Keller Küche und Wirtschaftsräume. Die barocken Gärten wurden um 1705 angelegt. Der weitläufige Park bietet u.a. einen Rosengarten, einen Irrgarten und eine Wildblumenwiese. **Kontakt**: Schloss 1, 02874/45353, www.wasserburg-anholt.de

Eine Schönheit von innen und von außen: die Wasserburg Anholt.

Heimathaus Werth
Das ehemalige Armenhaus enthält eine Sammlung zur heimatkundlichen Alltagsgeschichte. Es finden Lesungen, Lieder- und Bastelabende statt. **Kontakt**: Teppelweg/Zitadelle, Werth, 02873/217 oder 896

Heimathaus Anholt
Das Haus enthält eine Sammlung zur Anholter Geschichte, u.a. ein Modell Anholts im 16. Jh., Töpferwerk, eine Schuhmacherwerkstatt und Veranstaltungsräume. **Kontakt**: Haus Lange, Hohe Str. 10, ☏ 02874/9269, 🌐 www.anholt-heimatverein.de

Freizeit und Natur

☺ Biotopwildpark Anholter Schweiz mit Bärenwald
Fürst Leopold zu Salm-Salm errichtete 1893 eine Nachbildung des Vierwaldstätter Sees mit „Schweizer Häuschen" und Felsenlandschaft. Heute beherbergt das Areal einen Biotopwildpark mit über 50 Tierarten. Im Bärenwald leben Braunbären und Kragenbären in einem 2,5 ha großen Waldstück. **Kontakt**: Pferderhorster Str. 1, Vehlingen, ☏ 02874/45355, ✉ info@schweizer-haeuschen.de, ✉ info@anholter-baerenwald.de, 🌐 www.anholter-Schweiz.de, 🌐 www.anholter-baerenwald.de

Auf Tuchfühlung mit einem Esel auf der Streichelwiese des Biotopwildparks.

Dicke Eiche
Das 1540 gepflanzte Naturdenkmal hat einen Stammumfang von 6,15 m und ist etwa 20 m hoch.
Standort: Adolf-Donders-Allee, Anholt

☺ Ponyhof Leiting
Zwischen Obstwiesen, Hügeln und Picknickplätzen gibt es Spielgeräte, eine Strohburg, Trampoline, Hüpfkissen, Rutschen, eine Seilbahn, einen Autoskooter, Tiergehege und eine Ponyreitbahn. Regelmäßig lädt der Westernexpress zu einer abenteuerlichen Fahrt. **Kontakt**: Alte Bundesstr. 3, ☏ 02873/757, ✉ info@ponyhof-leiting.de, 🌐 www.ponyhof-leiting.de

Golfplatz an der Wasserburg Anholt
Die Platzanlage an der Wasserburg bietet 18 Spielbahnen, Driving Range und Pitchinggrün. **Kontakt**: Golfclub Wasserburg Anholt, Schloss 3, ☏ 02874/915120, ✉ sekretariat@golfclub-anholt.de, 🌐 www.golfclub-anholt.de

Kanutouren
Die Touren auf der Bocholter Aa, Issel und Lippe sind kombinierbar mit Fahrradtransport, Planwagen, Riesentandem, Barbecue und Teamtraining. **Kontakt**: My Kanutours, ☏ 02801/9844058, ✉ info@my-kanutours.de, 🌐 www.my-kanutours.de / Kanuverleih Ole Tuente, ☏ 0173/4608812, ✉ info@kanu-bocholt.de, 🌐 www.kanu-bocholt.de

Boulebahn
Hinter dem Rathaus Anholt.

Radwandern
Routen „Rund um Isselburg" und zum „Radweg Bocholter Aa" gibt es zum Download auf der Homepage.

Feste und Veranstaltungen

‣ Anholter Adventsmarkt
Rund um das historische Rathaus findet am 1. Advent ein stimmungsvoller Adventsmarkt statt.

Issum

(Kreis Kleve)

Das Fähnchen auf dem Dach des His-Törchen trägt die Jahreszahl 1338 – zu diesem Zeitpunkt wurde Issum erstmals erwähnt. Es gab jedoch schon eine Besiedelung 600 Jahre v. Chr., und in Sevelen, dem anderen Hauptort der 12 000-Seelen-Gemeinde, wurden eine Scheibenfibel und eine Gürtelschnalle aus dem frühen 7. Jh. gefunden. Issum ist umgeben von Äckern, Weiden, Seen und Wäldern. Besonders reizvoll ist die Niederung an der Fleuth. Überregional bekannt ist das vor Ort gebraute Bier: Diebels Alt.

Gemeinde Issum – His-Törchen,
Herrlichkeit 7-9,
47661 Issum,
☏ 02835/10-24,
✉ touristik@issum.de,
🌐 www.issum.de

Sehenswertes

‣ Baudenkmäler
Das katholische Pfarrhaus Issum ist mit neoromanischen Schmuckblenden versehen. Ebenfalls ein Blickfang sind zwei spätklassizistische Villen an der Weseler Str., der alte Adelssitz Haus Steeg und Haus Haal, ein spätbarockes Backsteinhaus. Haus Bosch in Sevelen aus dem Jahr 1735 gilt als eines der ältesten Häuser im Ort.

‣ Skulpturen
Die in den Orten aufgestellten Skulpturen stellen traditionelle Berufe und Tätigkeiten dar.

Museen

‣ His-Törchen
Die Vorburg des in der 2. Hälfte des 16. Jhs. erbauten Wasserschlosses Haus Issum beherbergt das Heimatmuseum His-Törchen. Bilder, Gegenstände, Gerätschaften und traditionelle Handwerkskunst dokumentieren die Issumer Geschichte. Im Herrenhaus befinden sich Sitzungssaal und Trauzimmer. In der spätbarocken Parkanlage lockt ein 80 m langer Laubengang aus Hainbuchen. Nebenan auf einer Insel befindet sich das neue Rathaus auf den Mauerresten einer Hügelburg.
Kontakt: Herrlichkeit 7, ☏ 02835/1024,

‣ Weißes Häuschen
Das 1700 errichtete Weiße Häuschen wird heute als kulturelle Begegnungsstätte genutzt, z. B. für Märchen- und Erzählabende und Workshops. **Kontakt**: Neustr. 28,
✉ weisses-haeuschen@email.de,
🌐 www.weisses-haeuschen.de,
🌐 www.maerchengold-niederrhein.de

‣ Herrlichkeitsmühle in Issum
Die 1768 mit Holzschindeln gedeckte Durchfahrholländermühle aus Eichholz mahlt Vollkorn- und Dinkelmehl. Das Mühlencafé ist barrierefrei. **Kontakt**: Förderverein Herrlichkeitsmühle Issum e.V., Mühlenstr. 10, ☏ 02835/445060 oder 790227,
✉ info@herrlichkeitsmuehle.de,
🌐 www.herrlichkeitsmuehle.de

‣ Dahlenmühle in Sevelen
Die 1868 erbaute steinerne Holländer Turmwindmühle war die erste privatwirtschaftliche Öl- und Früchtemühle in Sevelen. **Kontakt**: Museumsverein Dahlenmühle e. V., www.dahlen.org

‣ Bürgerbegegnungsstätte Oermterberg
Hier befindet sich die Dauerausstellung „Wald und Wild am Niederrhein" (s. „Rheurdt"). **Kontakt**: Rheurdter Str. 214a, Oermten, 02835/1024

‣ Ehemaliges Jüdisches Zentrum mit Synagoge
In der Synagoge befinden sich eine „Mikwe" (kultisches Reinigungsbad), ein Klassenraum und die ehemalige Lehrerwohnung. Der jüdische Friedhof liegt zwei km östlich im Wald. Vor vier Issumer Wohnhäusern erinnern „Stolpersteine" an das Schicksal der jüdischen Bewohner. **Kontakt**: Kapellener Str. 30a – 02835/1024

Freizeit und Natur

‣ Kamelfarm am Niederrhein
Die Kamelfarm beherbergt ein gutes Dutzend Kamele und zwei Esel. Angeboten werden Hofführungen, Schnupperstunden, Trekking, tierische Begegnungen, Eseltrail, Therapiebegleitung, Gruppenevents und Kamele „als Deko" bei Veranstaltungen. **Kontakt**: Anja Peters, Nordring 155, 0163/5997401, Fax 02835/445863 info@kamelfarm-am-niederrhein.de, www.kamelfarm-am-niederrhein.de

Erstes „Beschnuppern" mit den sanften Riesen auf der Kamelfarm.

‣ Wandern
Issum ist Station des NiederrheinWegs und des Mutter-Josepha-Wegs (Fahrrad-, Wander und Meditationsweg).

‣ Spaßbad Hexenland Sevelen
Das Freibad bietet einen fantasievollen Kleinkinderbereich, Erlebnisbecken, Wellen- und Elefantenrutsche, Wasserpilz, Luftbrodelberg, Sportbecken und Sprunganlage sowie eine weitläufige Liegewiese mit Kinderspielplatz. **Kontakt**: Scheepersdyck 1, Sevelen, 02835/5800 oder 02835/1051, www.issum.de

Wasserspiele für Klein und Groß im Spaßbad Hexenland.

‣ Golf
In der 18-Loch-Golfanlage werden Schnupperkurse angeboten. **Kontakt**: Golfclub Issum Niederrhein e.V., Pauenweg 68, 02835/92310, www.golfclub-issum.de

‣ Skateboardanlagen
Rampenanlage Issum, Vogt-von-Belle-Platz Funbox Sevelen, Koetherdyck.

Freizeitgelände Koetherdyck
Zwischen Wald, Spielplatz, Skateanlage und Sportplatz kann ein Grillplatz mit Schutzhütte angemietet werden.
Standort: Koetherdyck, Sevelen / **Kontakt**: 02835/10-13

Reiten
Leucht, Vluyner Busch, Sevelener Heide und Schaephuyser Höhen laden zum Reiten ein. Durch die Gegend führt das Euregio-Reitwegenetz.
Reitunterricht nicht nur für Kinder, Reiterferien, Ausritte und Kindergeburtstage gehören zum Angebot der Double-L-Ranch.
Kontakt: Hamsfeld 23, 0176/47699062, www.double-l-ranch.de
Bei „Hippolino Pony-Kids" dreht sich alles um Reitunterricht für Kinder, Ausritte für Feriengäste, Programme für Gruppen, Ferienspaß und Kindergeburtstage.
Kontakt: Langendonker Weg 128, 0172/7404744, www.pony-kids.de

Radwandern
Issum ist Station der NiederRheinRoute, der Herrensitzroute und der Radwanderwege R1 und R2. Es gibt 40 Leihfahrräder und eine kostenlose Radwanderkarte an der Tourist Information.

Feste und Veranstaltungen

Schiebkarrenrennen in Sevelen
Jährlich an Rosenmontag werden bei dem bunten Spektakel die schönsten Kostüme, die besten Ideen und die schönste Karre mit nur einem Rad prämiert.

Ostermarkt Issum
Vier Wochen vor Ostern findet dieser Markt mit ca. 30 Ausstellern statt.

Rüseldensdagszug in Issum
Karnevalsumzug am Faschingsdienstag.

Kirmes
Fahrgeschäfte und Kirmes-Köstlichkeiten im Juni für alle.

Dorffest mit Töpfermarkt in Sevelen
Im Oktober erinnert der Töpfermarkt an die alte Geschichte des Dorfes Sevelen. Der Markt ist überaus beliebt.

Hubertusmarkt Issum
Im November präsentiert sich Issum mit einem vielseitigen Programm. Zahlreiche traditionelle Handwerke zeigen ihr Können.

Weihnachtsmarkt im Rathauspark
Am zweiten Adventswochenende gibt's den Weihnachtsmarkt rund um Haus Issum und in der ehemaligen Ritterburg „Haus Issum".

Jüchen

(Rhein-Kreis Neuss)

Das Gemeindegebiet war schon während der Stein-, Eisen- und Römerzeit besiedelt. Auch die Franken waren vor Ort, und Jüchen wurde bereits 866 erstmals erwähnt. Heute ist zum einen das Schloss Dyck Wahrzeichen der Gemeinde mit über 23 000 Einwohnern, zum anderen der Braunkohletagebau. Sieben Ortschaften wurden bereits umgesiedelt. Vom Skywalk aus bietet sich ein grandioser Blick über das „Loch".

Gemeinde Jüchen,
Am Rathaus 5, 41363 Jüchen,
02165/915-0,
gemeinde@juechen.de,
www.juechen.de,
www.rhein-kreis-neuss.de,
www.suedlicher-niederrhein.de

Sehenswertes

▸ Haus Katz
Das 1706 errichtete Herrenhaus dient als Ratssaal, Standesamt, Ausstellungsraum und Ort der Begegnung. In der Nähe befinden sich die neugotische katholische Kirche St. Jakobus d.Ä. und die evangelische Hofkirche.

▸ Nikolauskloster
Das Kloster wurde 1403 gegründet. Heute beherbergt es den Orden der „Oblaten der Makellosen Jungfrau Maria“. Klostergarten und Café sind ebenso öffentlich wie Workshops, Exerzitien, Andachten und Ferienkurse. **Kontakt**: Nikolauskloster, ☏ 02182/82996-0, ✉ nikolauskloster@oblaten.de, 🌐 www.nikolauskloster.de

▸ Kirchen und Sakralgebäude
Die überwiegend barocke katholische Kirche St. Martinus in Bedburdyck besitzt einen romanischen Turm aus dem 12. Jh. Auf dem Friedhof wurden eine römische Herkulesstatue und ein Sandsteinsarkophag entdeckt. Schöne Beispiele für eine gelungene Umsiedlung ist die Loretto-Kapelle in Holz und das 2009 errichtete Friedenskapellchen im Schleider Grund.

▸ Aussichtspunkte Braunkohletagebau Garzweiler II
Der Skywalk ist ein imposanter Steg, der 14 m in das riesige „Loch“ des Braunkohletagebaus Garzweiler II hineinreicht und über der Grube „schwebt“. Der Aussichtspunkt Hochneukirch befindet sich am nördlichen Rand der Grube. **Standorte**: Skywalk A61, Ausfahrt Jackerath, GPS 51°02’44”N, 6°27’52”E / Hochneukirch ausgeschildert ab Ausfahrt MG-Wanlo, GPS 51°5’35”N, 6°26’51”E

Frei schwebend über dem „Loch“: der Skywalk am Braunkohletagebau Garzweiler II.

Museen

▸ ☺ Stiftung SchlossDyck
Das Wasserschloss mit dem englischen Landschaftsgarten geht mindestens auf das Jahr 1094 zurück. Die heutigen Bauten stammen aus dem 17. Jh. Parks und Gärten bieten auf mehr als 70 ha Gartenkunst in allen Facetten inklusive Bambusgarten, Labyrinth und Spielplatz. Das Schloss beherbergt ein Hotel und Veranstaltungsräume. Zu festen Terminen werden offene Führungen angeboten. Es gibt ein breites Angebot zum Thema „Kulturpädagogik“, ein grünes Klassenzimmer, einen Klettergarten und Kindergeburtstagsfeiern mit Schatzsuche oder Harry-Potter-Rallye. **Kontakt**: Schloss Dyck (bei Damm), ☏ 02182/8240, ✉ info@stiftung-schloss-dyck.de, 🌐 www.stiftung-schloss-dyck.de

Freizeit und Natur

▸ Natur-Route Jüchen und NATURKUNSTNATUR
In den „Familien Freizeit Tipps“ findet sich eine Natur-Route – u. a. durch den RIGA-Wald, der zum Gedenken an die zur NS-Zeit ermordeten Juden angelegt wurde. Die Kunstinstallation NATURKUNSTNATUR wurde vom BUND Jüchen und den BUNDSpechten mit der Künstlergruppe „Judith DieLämmer“ errichtet. **Kontakt**: Ecke Konrad-Duden-Allee/Stadionstr., 🌐 www.bund-juechen.de

‣ Wandern
Auch zum (Rad-)Wandern sind die „FamilienFreizeitTipps“ mit kostenlosen Aktionen unter freiem Himmel hervorragend geeignet. Hinzu kommt eine Familienrallye rund um das Nikolauskloster. 🌐 www.rhein-kreis-neuss.de/familienrallye-juechen

‣ Hallenbad Jüchen
Es gibt eine Vielzahl von Kursangeboten für alle Altersklassen. **Kontakt**: Stadionstr., ☏ 02165/8793999, 🌐 www.tvjuechen.de

‣ Hallenbad Hochneukirch
Auch hier gibt es ein breites Sport- und Spaßangebot. **Kontakt**: Gartenstr. 13, ☏ 02164/700152, 🌐 www.hochneukirch.dlrg.de

‣ ☺ Skateranlage
Standort: Konrad-Duden-Allee

‣ ☺ Beachvolleyballfeld und Bolzplatz
Standort: Hochneukirch, Feldstr.

‣ Boule-Platz
Standort: Priesterath – Glockenturm (am Spielplatz)

‣ ☺ Geocaching
Der „Jugendring Jüchen“ bietet Geocaching mit QR-Code an. 🌐 www.rhein-kreis-neuss.de, 🌐 www.hallo-juechen.de

Feste und Veranstaltungen

‣ Familienfest
Am dritten Septemberwochenende findet auf dem Dycker Feld ein großes Familienfest statt.

‣ Veranstaltungen am und im Schloss Dyck
‣ Niederrhein-Musikfestival
Im August wird Schloss Dyk zum Teil der gemeindeübergreifenden Konzertreihe.

‣ Oldtimer-Show Classic Days
Die Orangerie-Halbinsel mit seltener Fahrzeugkunst und ein Klassikerrennwagen locken die Menschen im August in den Park.

‣ Lichtspektakel Parknächte
Im September verzaubert dieses Lichtspektakel.

‣ Schlossweihnacht
Vom ersten bis dritten Adventswochenende präsentiert sich Schlossweihnacht in den Remisen als ein Fest für alle Sinne.

‣ Veranstaltungen am Haus Katz
Das Sommernachtskonzert im Juni und der Weihnachtsmarkt finden am Haus Katz einen stimmungsvollen Rahmen.

Kaarst

(Rhein-Kreis Neuss)

Die etwa 43 000 Einwohner leben in einer Stadt, in der Altes auf Moderne trifft. Bereits im 1. Jh. v. Chr. siedelten Menschen bei Büttgen, das im Jahr 793 erstmals schriftlich erwähnt wurde. Kaarst selbst soll als „Karlesforst“ auf Karl den Großen zurückzuführen sein. Heute liegt Kaarst am Verkehrsknotenpunkt zwischen Neuss, Krefeld und Mönchengladbach und bringt moderne Kultur und steinerne Zeitzeugen miteinander in Einklang.

Stadtverwaltung Kaarst,
Am Neumarkt 2, 41564 Kaarst,
☏ 02131/9870,
✉ stadtmarketing@kaarst.de,
🌐 www.kaarst.de

Sehenswertes

▸ Das Alte Dorf
Das „Alte Dorf" mit der kleinen dreischiffigen romanischen Basilika aus dem 12. Jh. versprüht mittelalterlichen Charme. Die Bronzeglocke vor der Kirche wurde im späten 15. Jh. gegossen. **Standort**: Kirchstr. 5

Die romanische Martinuskirche im Alten Dorf Kaarst.

▸ Pfarrkirche St. Aldegundis Büttgen
Die dreischiffige romanische Basilika mit Deckenmalereien stammt aus dem 12. Jh. Der gotische Chor wurde später errichtet. **Standort**: Pampusstr.

▸ Kunst
Vor, im und am „gläsernen Rathaus" befinden sich Werke wie das „Bürgerschwalbennest". Im Skulpturenpark ist Kunst „zur Mitte hin" konzeptioniert. Der Martinus-Kunstweg, die Figurengruppe an der Erftstraße und die Kunstinstallation „Brücken über den Nordkanal" setzen Akzente. **Standort**: Am Neumarkt / Kaiser-Karl-Platz / Erftstr. / Nordkanal

Museen

▸ ☺ Museum Tuppenhof
In der Vierkant-Hofanlage mit Gebäudeteilen aus 1705/1709 werden bäuerliche Kultur und landwirtschaftliche Geräte ausgestellt. Es gibt einen Lehrgarten und ein vielfältiges Programm. **Kontakt**: Rottes 27, Vorst, ☏ 02131/511427, 🌐 www.tuppenhof.de

▸ BraunsMühle Büttgen
Die 1756 erbaute BraunsMühle beherbergt eine Getreidemühle mit 80 m^2 Segelfläche, eine Mühlenausstellung und ein Café. **Kontakt**: An der Braunsmühle 2, ☏ 02131/1249698, Führungen 518787, 🌐 www.braunsmuehle.de

▸ Städtische Galerie Kaarst
Schwerpunkt sind die Förderung zeitgenössischer junger Kunst und die Kommunikation über Kunst. **Kontakt**: Rathausplatz 23, Büttgen, ☏ 02131/987301, 🌐 www.kaarst.de

Freizeit und Natur

▸ Wandern
Kaarster See, Nordkanal, Büttger Wald, „Broicherseite" und das Naturschutzgebiet „Pferdsbroich" laden zum Wandern ein.

▸ ☺ Naherholungsgebiet Kaarster See
Der Badesee mit zwei Sandstränden wird ausschließlich als Freibad genutzt. Im Sportsee kann man angeln, tauchen, windsurfen und segeln.
Kontakt: Am Kaarster See, ☏ 02182/170570, 🌐 www.kw-gv.de

▸ ☺ Hallenbad Büttgen
Es gibt ein 25-m-Sport- und ein Nichtschwimmerbecken, einen Sprungturm

und einen Eltern-Kind-Bereich. **Kontakt**: Olympiastr. 1, 02131/408295, www.vfs-buettgen.de

Algarve Sauna Bad
Das Bad bietet mehrere Saunen, Dampfbad, Innen- und Außenschwimmbad mit Whirlpool, Massage, Sonnenbänke, Garten und Wintergarten. **Kontakt**: An der Gümpgesbrücke 32, 02131/96850, www.algarve-bad.de

Kartbahn
Im Angebot sind Trainingsfahrten, Rennen, Team-Challenges und Events für alle Altersklassen ab 12 Jahren/145 cm. **Kontakt**: RS Speedworld Indoor-Karting GmbH, Friedrich-Krupp-Str. 10, 02131/660700, info@kartevent.de, www.kartevent.de

Fahrsicherheitstraining und Verkehrsübungsplatz
Neben Training für alle Fahrzeuge vom Mountainbike bis zum LKW gibt es einen Übungsplatz für Fahranfänger. **Kontakt**: Broicherseite 7a, 02131/1245748, Übungsplatz 541210, info@fsz-grevenbroich.de, www.fsz-grevenbroich.de

I.S.A. International Sport Arena
Die Halle bietet bis zu 2500 Sitzplätze für Radsport, Inline-Skaterhockey-Bundesliga, Indoor-Soccer und Events. **Kontakt**: August-Thyssen-Str. 13-15, 02131/298520, www.internationalsportarena.de

Boule
Kontakt: TC Vorster Wald e.V., Am Holzbüttger Haus 2, Vorst, 02131/67799 und 7723190, www.tc-vorster-wald.de, www.boule.tcvw.de

Skateranlage
Standort: Pestalozzistr.

Minigolfplatz Büttgen
Kontakt: Olympiastr. (zw. Schwimmbad und Radrennbahn), www.hmcbuettgen.de

Radwandern
Eine Kunst- und Denkmalroute führt durch das Stadtgebiet. www.kunst-kaarst.de

Kabarett
Im Albert-Einstein-Forum finden Kabarettveranstaltungen statt.
www.facebook.com/kabarettkaarst

Feste und Veranstaltungen

„Spurt in den Mai“
Wenn andere tanzen, vollbringen Radsportler bei Bahn- und Straßenrennen in Büttgen Höchstleistungen. Auch für Speedskater wird ein Wettbewerb ausgetragen.
www.spurt-in-den-mai.de

Kaarst Autal
Ende Mai dreht sich am Rathaus Büttgen alles um die Faszination Automobil und die neuesten Modelle. www.kaarst-autal.de

Kaarst Total
Auf drei Großbühnen, einer Sportbühne und weiteren Action Points wird ein gigantisches Stadtfest geboten.
www.kaarst-total.de

Rosenmontagszug Büttgen
Bei dem kleinen, aber feinen Karnevalszug feiern ortsansässige Vereine, das „Königshaus“, das Kinderprinzenpaar und die Schützen ausgelassen auf der Straße.
www.bkg-5aape-buettgen.de

Ostermärkte in Büttgen und Kaarst
Ein bunter Markt, auf dem sich in Büttgen auch das örtliche Handwerk seine Produkte und Dienstleistungen präsentiert. In Kaarst selbst bietet der Ostermarkt ein Mitmach-

programm für Kinder und u.a. Kunsthandwerkliches.

▸ Maimarkt in der Innenstadt
Zu dieser Veranstaltung organisieren die Einzelhändler ein breitgefächertes Programm.

▸ Brunnenfest Büttgen
Im Juni wird einen Tag in der Brunnenlandschaft vor dem Rathaus gefeiert.

▸ Kaarster Nachtbummel
Zum gemütlichen Bummeln laden im Juni die Einzelhändler ein. Es gibt verschiedene Aktionen und natürlich Leckereien.

▸ „Büttgen kulinarisch"
Zu den festlichen Höhepunkten gehört die Gourmetmeile, die im August zum internationalen Schmausen einlädt.

▸ Kindertrödelmarkt in Büttgen
Auf Schatzsuche begeben sich die Familien im August. Es gibt einen eigenen Bereich für Kinder, in dem sie ihren Trödel anbieten können, ohne Stände, nur auf Decken, aber kostenlos.

▸ Drehorgelfest Büttgen
Am zweiten Sonntag im Oktober lassen sich die Besucher von verschiedenen Orgeln unterhalten. Für das leibliche Wohlergehen ist gesorgt.

▸ Spekulatiusmarkt Büttgen
Spekulatius, Glühwein, Bratwurst und vieles mehr bietet der Weihnachtsmarkt im Orteil Büttgen an einem Dezemberwochenende.

▸ Kaarster Sternstunden
Weihnachtsmarkt vor dem Kaarster Rathaus und im Maubiscenter.
🌐 www.sternstunden-kaarst.de

Kalkar

(Kreis Kleve)

Kalkar wurde auf einer ovalen Sandbank (Ward) reißbrettartig angelegt, erhielt 1242 die Stadtrechte und erlebte seine Blüte als Hansestadt um 1500. Das römische Hilfstruppenkastell Burginatium am Monreberg war Teil des Limes. Das Stadtgebiet erstreckt sich vom niederrheinischen Höhenzug bis zum Rhein. Zweifelhafte Berühmtheit erlangte die Stadt mit fast 14 000 Einwohnern, als in den 1970er-Jahren der „Schnelle Brüter" errichtet wurde, ein Atomkraftwerk, das nie ans Netz ging und heute das „Wunderland Kalkar" beheimatet.

Tourist-Information Kalkar, Grabenstr. 66, 47546 Kalkar,
☏ 02824/13-120 oder -240,
📠 02824/13-234,
✉ tik@kalkar.de,
🌐 www.kalkar.de

Sehenswertes

▸ Mittelalterlicher Stadtkern
Das Herz der Stadt schlägt auf dem Marktplatz, der fast ausschließlich von mittelalterlichen Giebelhäusern umstanden ist, von denen das älteste bereits 1369 urkundlich belegt ist (Markt 27). An der Häuserbreite ließ sich der Wohlstand ablesen: der Preis hing von dem Platz ab, den das Haus an der Straße einnahm. Die Gerichtslinde im Zentrum stammt aus dem Jahr 1545. Das gotische Rathaus wurde 1445 fertiggestellt und ist damit das älteste Rathaus im weiten Umkreis. Das „Ulft'sche Huis" („De Gildenkamer") am Kirchplatz wurde um 1350 erbaut und besitzt gotische Wand- und Deckenmalereien. Der Beginenhof in der

Kesselstraße 20 wurde ebenso wie das Städtische Museum hinter dem Rathaus um 1500 errichtet. Über allem thront der über 70 m hohe Turm der Stadtpfarrkirche St. Nicolai. Die dreischiffige gotische Hallenkirche wurde 1450 geweiht, wobei noch Reste des Vorgängerbaus erkennbar sind. Sie ist berühmt für ihre neun (!) Schnitzaltäre aus dem 15. und 16. Jh. und die Gemälde von Jan Joest. Reiche Bürger Kalkars ließen sich gegen Spenden auf den Altarbildern verewigen. In der Kesselstraße befindet sich die 1697 geweihte barocke evangelische Kirche. Die Kalkarer Mühle beherbergt heute ein Brauhaus mit Gastronomie. Die ehemalige Lohwindmühle ist ohne Flügel 27 m hoch und damit die höchste Windmühle des ganzen Niederrheins. Am nördlichen Kesseltor befinden sich Reste der Stadtmauer aus dem 14. Jh mit dem Taubenturm, der bis 1446 als Gefängnis diente. **Kontakt**: Führungen St. Nicolai: 02824/976510 / Brauhaus Kalkarer Mühle, Mühlenstege 8, Tel. 02824/93230, www.kalkarermuehle.de / Standort Taubenturm: GPS 51°44'35"N 6°17'35"E

Das gotische Rathaus mit der Gerichtslinde.

Haus Horst

In einer idyllischen Parkanlage liegt die Seniorenresidenz Haus Horst mit öffentlichem Café. Der historische Rittersitz ist seit 1795 unverändert. www.altenheime-keller.de

Wissel

Die Pfarrkirche St. Clemens, eine romanische Kreuzbasilika mit zwei Chorwinkeltürmen, wurde im 12. Jh. erbaut und überstand die Weltkriege ohne Schaden. An der Dorfstraße liegen der private Herrensitz Kemnade und die Wisseler Mühle aus dem Jahr 1873. www.duenendorf-wissel.de

Grieth

Im kleinen Dorf am Rhein beeindrucken das Deichtor mit Flutmarken und das Schifferdenkmal auf dem Deich. Die Pfarrkirche St. Peter und Paul aus dem 15. Jh. ist eine dreischiffige kreuzrippengewölbte Backsteinbasilika. www.grieth-am-rhein.de

Burg Boetzelaer

Die restaurierte Wasserburg mit Ursprüngen im 13. Jh. bietet heute Gästezimmer, Suiten und Räumlichkeiten für Ritteressen, Krimi-Dinner, Konzerte, Events, Tagungen und Trauungen. **Kontakt**: Burg Boetzelaer e.V., Reeser Str. 247, Appeldorn, 02824/977990, info@burgboetzelaer.de, www.burgboetzelaer.de

Museen

Städtisches Museum Kalkar

In den historischen Räumen des Stufengiebelhauses aus dem Jahr 1500 werden eine heimatkundliche Sammlung, Kostbarkeiten aus der Stadtgeschichte und Kunstwerke präsentiert. Ein Höhepunkt ist das Modell der Stadt von 1575. Das Stadtarchiv gilt als eines der bedeutendsten im Rheinland. **Kontakt**: Städtisches Museum, Grabenstr. 66, 02824/13118, www.freunde-kalkars.de, www.kalkar.der

Stiftsmuseum Wissel

Das Privatarchiv in der Alten Kaplanei enthält eine heimatkundliche Sammlung,

Werke regionaler Künstler und einen Verkaufsladen aus der Vorkriegszeit. **Kontakt**: Köstersdick 22, Wissel, 0 28 24/6562 (nach 18 Uhr), www.stiftsmuseum-wissel.de, www.duenendorf-wissel.de

Griether Heimatmuseum
Das kleine Museum zeigt historische Karten, Modelle, Ausstellungsstücke und Dokumente zu Schiffahrt, Fischfang und Korbflechterei. **Kontakt**: Griether Markt 26, Grieth, 02824/7126, WLuemmen@aol.com, www.grieth.eu, www.heimatmuseum-grieth.de

Brütermuseum
In Kernie's Familienpark (s. u.) befindet sich eine Ausstellung zum Atomkraftwerk, das nie ans Netz ging.

Freizeit und Natur

Stadtpark und Grüngürtel
Bis heute wird der mittelalterliche Stadtkern von Ley und Stadtgraben „umschlungen", begleitet von einem schönen Spazierweg, der im Westen den Stadtpark und zwei Spielplätze durchquert. Im Norden, in der Nähe des Taubenturms, beginnt ein 1,5 km langer Wanderweg nach Wissel.

Naturschutzgebiet Wisseler Dünen
Östlich von Wissel erheben sich mager bewachsene Flusssanddünen; vermutlich im Mittelalter angeschwemmte und durch den Wind aufgetürmte Ablagerungen.

Rheinaue erleben
Hier gibt es Informationen zur Natur bei Kalkar, Rees und Emmerich und einen Planer für Wander- und Radtouren. www.rheinaue-erleben.de

Wunderland Kalkar / Kernie's Familienpark
In den 70er-Jahren am Rhein als Kernkraftwerk errichtet (das nie ans Netz ging), bietet das Wunderland Kalkar heute Business- und Eventcenter, ein Hotel mit All-Inclusive-Arrangements und Kneipenstraße und einen Familienpark mit Bahnen und Fahrgeschäften, Kartbahn, Klettern, Riesenrad auf dem Dach und einem „All-you-can-eat"-Angebot. **Kontakt**: Wunderland Kalkar, Griether Str. 110-120, 02824/9100, info@wunderlandkalkar.eu, www.wunderlandkalkar.eu

Im und am weithin sichtbaren Kühlturm sind heute vier Attraktionen des Familienparks untergebracht.

Freizeitpark Wisseler See
Das Freizeitzentrum bietet ein Naturbad mit Sandstrand, Camping, Surfen, Rudern, Tretboot fahren, Tauchen, eine Sporthalle, Bowling- und Kegelbahnen und Gastronomie. Jährlich finden eine Drachenbootregatta und ein Triathlon statt. **Kontakt**: Zum Wisseler See 15, 02824/9631-0, info@wisseler-see.de, www.wisseler-see.de

Freier Golfplatz Mühlenhof
Neben der 18-Loch-Anlage für jedermann an der Düffelsmühle gibt es eine Golfschule, Turniere, Ferienhäuser und Gastronomie. **Kontakt**: Greilack 29, Niedermörmter, 02824/924092, info@muehlenhof.net, www.muehlenhof.net

Segelfliegen
Ab 2018 werden die Segelflieger in der Deichstraße in Emmerich abheben. **Kontakt**: AeroClub Kalkar-Wissel e.V., Hellendornstr./Michelsdick, 47546 Kalkar-Wissel / Deichstr., 46446 Emmerich (Postf. 1106, 47511 Kleve), www.ac-kalkar-wissel.de

Rheinfähren
„Rääße Pöntje“ (Rees – Reeserschanz) und „Inseltreue“ (Grietherort-Grieth) transportieren Ausflügler mit und ohne Fahrrad (keine Autos) über den Rhein. **Kontakt**: Barkassen- und Fährbetrieb Heinz Hell, Fischerwall 11, 47546 Kalkar-Grieth, 02824/6171, info@niederrhein faehre.de, www.niederrheinfaehre.de

Gesundheitsparcours
Vor dem Altenheim St. Nikolaus an der Mühle stehen Fitnessgeräte für jedermann.

Radwandern
Über die Touristik-Information werden 26–40 km lange „Kalkarer Radtouren“ sowie geführte Rundgänge und Radtouren angeboten.

Feste und Veranstaltungen

Zweirad- und Freizeitmarkt
Im April mit Fahrradversteigerung und verkaufsoffenem Sonntag.

Kalkar in Blüte
Das Stadtfest mit Blumenmarkt am 1. Mai.

Kalkar genießen
Gastronomische Highlights und ein stilvolles Ambiente locken im August die Menschen an.

Sommer in der Stadt
Urlaubsstimmung mit Strandfeeling am Markt wird im Juni geboten.

Altweiberzug
Ein Glanzpunkt des Karnevals in Kalkar.

Veilchendienstagszug in Appeldorn
Diese Veranstaltung mit Kinderprinzenpaar ist ein Muss für Familien.

Drachenbootregatta
Auf dem Wisseler See findet im Juni eine Spaßregatta für Teams mit wenig Erfahrung statt. Ein Training ist im Startgeld enthalten. www.kck-kleve.de

Niederrhein-Triathlon
Am Wisseler See und rund um Kalkar gehen im Juli Leistungssportler über die olympische Distanz.
www.niederrhein-triathlon.de

Kamp-Lintfort

(Kreis Wesel)

Die Hochschulstadt Kamp-Lintfort blickt auf eine lange und interessante Vergangenheit zurück: Hügelgräber in der Leucht lassen auf keltische Siedlungen in der Jugsteinzeit schließen, und die 1123 gegründete Zisterzienserabtei war die erste Niederlassung des Ordens in Deutschland. Heute sehen die knapp 40 000 Einwohner mit Spannung der Landesgartenschau 2020 „Kloster-Kohle-Campus“ entgegen.

Stadt Kamp-Lintfort,
Am Rathaus 2,
47475 Kamp-Lintfort,
02842/912-0,
02842/912-403,
info@kamp-lintfort.de,
www.kamp-lintfort.de,
www.landschaftspark-niederrhein.com

Sehenswertes

Kloster Kamp
Das Kloster ist Kamp-Lintforts Hauptattraktion. Neben Gärten und Museum (s.u.) bietet es eine Abteikirche mit Ursprüngen um 1150, Gewölbekeller, ein SpendenCafé, einen Klosterladen, standesamtlich Trauungen im Rokoko-Saal und ein vielfältiges kulturelles und geistiges Angebot.
Kontakt: Abteiplatz 13, ☏ 02842/927540, 🌐 www.kloster-kamp.eu

„Altsiedlung" Friedrich-Heinrich
Ab 1909 wurde für die Belegschaft der Zeche mit 76 ha die größte Werkssiedlung des rheinisch-westfälischen Industriegebiets erbaut. **Standort**: zwischen Moerser Str., Franzstr., Auguststr. und Ringstr.

Burg und Kapelle Eyll
Haus Eyll geht vermutlich auf das Jahr 1144 zurück. Nach Krieg und Zerstörung blieb ein alter Eckturm. Die Burgkapelle stammt aus dem Jahr 1430 und dient heute als Pfarrkirche zu Eyll. Im Vorraum befindet sich der Grabstein des Ritters von Pallant aus dem Jahr 1605. **Kontakt**: Eyller Str. 344, ☏ 02842/91170, 🌐 www.st-josef-kamp-lintfort.de

Hoerstgen
Das Rittergut Haus Frohnenbruch wurde 1304 erstmals erwähnt. Der BiolandBetrieb bietet frische Produkte und eine Rindersafari an. Die 1241 erbaute Burgkapelle dient als evangelische Kirche mit Bronzeglocken aus 1650 und 1678, einer Kanzel aus 1714 und einer berühmten Weidtmann-Orgel aus dem Jahr 1732. Für eine CD-Aufnahme wurde eine Nacht lang die Hauptverkehrsstraße gesperrt. 🌐 www.frohnenbruch.de, 🌐 www.kirche-hoerstgen.de

Sankt Michaels-Kapelle
Das Fenster der privaten Hofkapelle besteht aus 26 kleinen bunten Glasscheiben, die Szenen aus dem Arbeitsleben einer Brauerei darstellen und vermutlich aus dem Jahr 1724 stammen. Bierbrauer Diebels nutzte vor Gründung seiner Brauerei in Issum den Braukeller unter der Kapelle.
Kontakt: Xantener Str. 80, ☏ 02842/4310

Rheinberg War Cemetery
In der Nähe der Autobahnabfahrt Rheinberg liegt ein englischer Soldatenfriedhof mit 3326 Gräbern.
Standort: Am Englischen Friedhof

Museen

Museum Kloster Kamp
Das Museum präsentiert in multimedialer Form und anhand von Original-Exponaten die Geschichte des Klosters und des Zisterzienserordens. **Kontakt**: Abteiplatz 24, ☏ 02842/4062, Führungen 02842/927540, 🌐 www.kloster-kamp.eu

Haus des Bergmanns
Neben der Wohnung einer Bergarbeiterfamilie vermitteln technisches Gerät, Grubengeleucht, Mineralien, historische Fotos und eine ausgebaute Strecke einen Eindruck von der Arbeit unter Tage. **Kontakt**: Ebertstr. 88, ☏ 02842/41784 o. 6424 o. 60188, 🌐 www.bergmannstradition.de

Lehrstollen
Im niedrigen Streb unter Tage lernen Besucher Hobel, Förderer und Schildausbau sowie spannendes Zubehör kennen. **Kontakt**: ✉ amlehrstollen@gmx.de, Zugang gegenüber Friedrich-Heinrich-Allee 100

Privates Biermuseum
Die private Sammlung zeigt über 4000 Exponate von niederrheinischen Brauereien

und „Underberg“. **Kontakt**: Heinz Bednarski, Alfredstr. 62a, 02842/30604

Freizeit und Natur

Klostergärten Kamp
Weithin berühmt ist vor allem der barocke Terrassengarten, doch auch weitere Gärten und archäologische Funde bieten Eindrücke für alle Sinne. Geöffnet: tägl. ab 8 Uhr bis Einbruch der Dunkelheit

Wandelweg
Der 2,5 km lange Weg zwischen Kloster und Zechensiedlung führt an der Großen Goorley entlang durch eine Mammutbaumschonung mit Farnen und Schachtelhalmen als Vision der Region zu der Zeit, als die Steinkohle entstand, zum Steinkreis im Stephanswäldchen. **Standort**: Beginn Friedrich-Heinrich-Allee/Stephanstr.

Fossa Eugeniana
Der Kanal, dessen Bau die Spanier 1626 begannen, sollte von Rheinberg nach Venlo führen, wurde jedoch nie vollendet. Er ist entlang der Rheinberger Straße zu finden. An der Fossa-Route Richtung Geldern sind noch einige alte Verteidigungsschanzen erhalten.

Wandern
Kamp-Lintfort ist Station des Niederrheinwegs und des Bergbauwanderwegs. Ganz auf die Stadt bezogen ist der K-Weg des Vereins „Niederrhein“. Im Waldgebiet Leucht mit Wander- und Reitwegen befindet sich ein Findling aus schwedischem Granit (Rennweg/Bierweg).

Panoramabad Pappelsee
Das moderne Kombibad verfügt über ein 25-m-Sport- und Spaßbecken und ein Becken mit variabler Tiefe sowie außen über ein Erlebnisbecken mit Wellenrutsche, ein Springerbecken mit 5-m-Sprungturm, einen Kinderbereich und eine Liegewiese. Es gibt Aktionen wie das Winterkino mit Nikolausbesuch. **Kontakt**: Bertastr. 74, 02842/81640, www.panoramabad-pappelsee.de

Das Panoramabad – ein Spaß für alle.

Freizeitpark Pappelsee
Am See gibt es einen PlayParc, Abenteuerspielplatz und Rodelberg, eine Vogelschutzinsel, Grillplatz, Tennis- und Volleyballplätze.

Rossenrayer See
Der 18 m tiefe See wird zum Tauchen, Segeln und Angeln genutzt. **Kontakt**: Bendenstr./Nordtangente, www.taucher-kali.de, www.klsc-segeln.de, www.asv-kamp-lintfort.de

Saunapark Kamperbrück
Neun Saunen, Außenanlagen, Ruheräume, Swimmingpools, Wellness-, Massage- und Kosmetikangebote sorgen für Entspannung und Erholung. **Kontakt**: Hoerstgener Str. 132, 02842/42412, www.saunapark-kamperbrueck.de

Spiel-Dschungel
Der Indoor-Spielplatz bietet einen Spielturm über drei Etagen mit Bällebad sowie eine Kartbahn, Sporttrampoline und eine

Kleinkinderecke. **Kontakt**: Oststr. 15, 02842/903055, info@spiel-dschungel.de, www.spiel-dschungel.de

Flugplatz Saalhoff
Hier starten Motor- und Segelflugzeuge, Gas- und Heißluftballons und Ultraleicht-Flugzeuge. Mitflüge im Motorflugzeug werden angeboten.
Kontakt: Alpener Str. 39, 02842/41010, www.flugplatz-kamp-lintfort.com, GPS 51°31'47"N, 6°32'33"E

Golf
Der 18-Loch-Golfplatz mit Golfschule, Driving-Range und Übungsbereichen bietet auch Schnupperstunden und eine Schnuppermitgliedschaft.
Kontakt: Golfclub „Am Kloster Kamp" e.V., Kirchstr. 164, 02842/4833, www.golfclub-am-kloster-kamp.de

Reiten, Geführte Ausritte, Kutschfahrten, Planwagenfahrten
Reiten oder Fahren in der Leucht! Es wird Reitunterricht für alle Altersklassen erteilt sowie geführte Ausritte, Kutsch- und Planwagenfahrten, Kindergeburtstage und Übernachten im Heu angeboten. Auf der Internetseite ist eine Wanderreitkarte zu finden. **Kontakt**: Jürgen Knorsch, Waldweg 25, 02842/1238987, pferdepensionkli@web.de, www.pferdepension-in-der-leucht.de

Segway-Touren
www.segwaytouren-kamp-lintfort.de

Kamp-Lintforter Landpartie
Die geführte Radtour bietet ländlich-informative und kulinarische Höhepunkte.
www.freie-radler-niederrhein.eu

Theater
Ein Erlebnis sind die Aufführungen im Freilichttheater auf dem Abteiplatz. Auch das Amateurtheater „Bühne69" bereichert mit Komödien und Kindertheateraufführungen das Angebot. www.kamp-lintfort.de, www.buehne69.de

Feste und Veranstaltungen

ADAC Motocross
Am 1. Mai findet das traditionelle Rennen auf dem Eyller Berg statt.
www.mckali.de

Kamper Nacht
Die Open-Air-Veranstaltung bietet im Juli „Nachtmusik" mit einem Konzert, musiksynchronem Feuerwerk und einer After-Show-Party im Terrassengarten am Kloster Kamp.

Vatertagskirmes
Dauert ein ganzes Wochenende, zeitweise vergünstigte Fahrpreise.

Frühjahrs-Straßenparty
Traditionelles Stadtfest mit Trödel, Musik und verkaufsoffenem Sonntag im April/Mai.

Stadtfest
Seit mehr als 30 Jahren findet das Stadtfest statt. Im September wird den Besuchern damit ein beliebtes und vielfältiges Fest geboten.

Weihnachtsmärkte
Tradition und Moderne machen den Barbaramarkt aus, der zusammen mit dem Nikolausmarkt und dem Adventsmarkt am Kloster Kamp auf die Adventszeit einstimmt.

Kempen

(Kreis Viersen)

Die historische Altstadt ist ein typischer mittelalterlicher „Rundling". Die „Thomasstadt" (Beiname durch Thomas von Kempen) mit etwa 35 000 Einwohnern liegt auf der „Kempener Platte". Die Landschaft ist geprägt durch den Wartsberg und die Niederung der Niers und der Schwarzen Rahm.

Rathaus,
Buttermarkt 1, 4
7906 Kempen,
02152/917-237,
02152/917-242,
www.kempen.de

Sehenswertes

Historischer Stadtkern

Die Kempener Altstadt lässt sich auf eigene Faust erkunden. 27 Baudenkmäler wurden mit erläuternden Schildern versehen. Höhepunkte des Rundgangs sind das Kuhtor, das 1896–1898 sein gotisches „Gesicht" erhielt, die „Alte Schulstraße" mit einer Fachwerk-Häuserzeile aus dem Jahr 1609,

Immer ein schöner Anblick: Die denkmalgeschützten Häuser im historischen Stadtkern.

Wehrgang und Befestigung aus der Zeit von 1270 bis 1320, die 1481 erbaute Turmmühle, das spätgotische Haus Nievenheim aus dem Jahr 1524, der Peterturm, Haus Hüskens-Weinforth aus der zweiten Hälfte des 15. Jhs. und die Kurkölnische Landesburg, die 1396–1400 errichtet und 1634 zum Schloss umgebaut wurde. Die Skulptur „Kappesbauern" erinnert an die Kohlernte, und über all dem thront die Propsteikirche mit historischen Schnitzarbeiten und Gemälden.

Gut Heimendahl – Haus Bockdorf

Das Tor des Gutshofs, der 1358 erstmals erwähnt wurde, steht offen, um Gäste am Landleben teilhaben zu lassen. Hofladen und Café laden zum Verweilen ein. Es werden Reiterferien sowie mittelalterliche Ritterlager, Konzerte, Krimi-Dinner, Whiskey Tasting, Suppensamstage, ein Tag des offenen Hoftors mit Schafschur und Räumlichkeiten für Feste oder als Foto- und Filmlocation geboten.

Kontakt: 02152/8989-0,
www.gut-heimendahl.de

Im Innenhof von Gut Heimendahl.

Berfes

In Sankt Hubert befindet sich ein vermutlich im 14. Jh. errichteter Bergfried aus Fachwerk.
www.heimatverein-st-hubert.de

Museen

▸ Städtisches Kramer-Museum
Im Erdgeschoss des ehemaligen Franziskanerklosters befinden sich niederrheinische Wohnkultur, Skulpturen, Waffen und Gemälde vom 16. bis zum 20. Jh.
Kontakt: Burgstr. 19, ☏ 02152/917-264

▸ Museum für Niederrheinische Sakralkunst
Im Kreuzgang des Franziskanerklosters in der ehemaligen Paterskirche (1640) werden sakrale Gold- und Silberschmiedearbeiten wie Kelche, Reliquiare, Altarleuchter, religiöse Schnitzarbeiten und Kirchentextilien ausgestellt. **Kontakt**: Burgstr. 19, ☏ 02152/917-264

▸ Bockwindmühle in Tönisberg
Der Heimatverein bietet Führungen durch die restaurierte Bockwindmühle an.
Kontakt: ☏ 02845/806459 oder 297734, ✉ info@heimatverein-toenisberg.de, 🌐 www.heimatverein-toenisberg.de

Freizeit und Natur

▸ ☺ Sauna und Wasserwelt aqua Sol
Das Hallen- und Freibad bietet eine Sprunganlage, einen Kleinkinder- und einen Sole-Bereich und zwei Außenbecken, der Freibadbereich mehrere Becken, Sprunganlage, einen Kinderbereich, eine Liegewiese und Sportmöglichkeiten. Im Saunabereich gibt es drei Saunen und einen Spa-Bereich.
Kontakt: Berliner Allee 53, ☏ 02152/4431, ✉ info@aqua-sol.de, 🌐 www.aqua-sol.de

▸ Wassersport
Der Verein am Königshüttensee bietet Surfen, Segeln, Angeln, Tauchen und eine Wassersportschule an. **Kontakt**: Segel-Surf-Club-Kempen e.V., Postfach 100824, 47885 Kempen, ☏ 021525/890930, ✉ kontakt@ssck.de, 🌐 www.ssck.de / Clubhaus Scheifeshütte

▸ ☺ Reiten
Der Ponyhof Schroers bietet Kindergeburtstage, Ponyverleih (auch durch Eltern geführte Spazierritte), Wanderritte und Planwagenfahrten. **Kontakt**: Boyenweg 2, Tönisberg, ☏ 01573/0783351

▸ Radwandern
Die Broschüre „Radtouren rund um Kempen" und die Knotenpunktkarte der Stadt Kempen enthalten diverse Rundwege. Der 38 km lange Kempener Grenzsteinweg informiert an 13 Stationen über die Geschichte der Landschaft.

Feste und Veranstaltungen

▸ Martinszug
Der Kempener St.-Martins-Zug findet seit über 125 Jahren am 10. November statt und gilt als einer der größten Deutschlands.

▸ Altstadtfest
Anfang Mai „tobt" am Buttermarkt und in der Fußgängerzone eine Party mit Musik, Straßenmarkt und internationalen Highland Games.

▸ Altstadtlauf
Der Sporttag im Juni am Buttermarkt wird von einem bunten Programm begleitet.
🌐 www.gdb-altstadtlauf.de

▸ Rosenmontagszug
Dieser Karnevalsumzug findet alle drei Jahre statt.

▸ Frühlingsfest
Ein echtes Familienfest im April.

▸ Handwerkermarkt
Wenn der Herbst beginnt, lässt sich auf dem Handwerkermarkt im Oktober allerlei Kreatives entdecken.

Weihnachtsmärkte
Der Kempener Weihnachtsmarkt bietet an allen vier Advents-Wochenenden Leckeres und schöne Geschenke, ebenso die Waldweihnacht vor Heiligabend.

Kerken

(Kreis Kleve)

Kerken entstand bei der Gebietsreform 1969 aus den Gemeinden Aldekerk, Stenden, Nieukerk und Eyll und liegt umgeben von einer idyllischen Bruchlandschaft mitten in der niederrheinischen Tiefebene. Interessanterweise ist die Kirche in Nieukerk älter als die Kirche in Aldekerk, was „Alte Kirche" bedeutet.

Gemeinde Kerken, Dionysiusplatz 4, 47647 Kerken, 02833/922-0, 02833/922-123, info@kerken.de, www.kerken.de

Sehenswertes

Kirchen
Die romanische St.-Dionysius-Kirche in Nieukerk ist die älteste Kirche in Kerken. Sie wurde Mitte des 11. Jhs. erbaut und 1218 als nova ecclesia (neue Kirche) erwähnt. Die neugotische Kirche St. Peter und Paul in Aldekerk wurde 1218 erstmals erwähnt und stammt im Kern aus dem frühen 15. Jh. St. Thomas Stenden ist ein eindrucksvoller Dom mit romanischen und frühgotischen Stilelementen. **Standorte**: Dionysiusplatz / Marktstr. / Kirchplatz

Führungen
Neben Segway-Touren werden auch Gästeführungen durch die Heimatvereine (s.o.) angeboten. Außerdem werden auf dem Geo-Informations-Manager (als App oder für den PC) Informationen zu Sehenswürdigkeiten, Kunst und Gastronomie sowie drei Rundgänge angeboten.
https://.kerken.gim.guide/

Museen

Heimatstube Aldekerk
In dem Fachwerkbau aus dem 17. Jh. befinden sich ein historisches Museum und ein Veranstaltungssaal. Standort: Hochstr. 70, Aldekerk **Kontakt**: Heimatverein Aldekerk, 02833/4558, 7453 (Buchung) oder 922175 (Trauungen),
info@heimatverein-aldekerk.de,
www.heimatverein-aldekerk.de

Heimatstube Nieukerk
Das ehemalige Spritzenhaus bietet Raum für Ausstellungen und für Veranstaltungen. **Kontakt**: Dennemarkstr. 47, Nieukerk,
www.heimatverein-nieukerk.de

Museum Haus Lawaczeck
In dem 1859 erbauten spätklassizistischen Bürgerhaus der Fabrikantenfamilie Lawaczeck, die in Kerken eine Färberei betrieb, befinden sich Räumlichkeiten für Ausstellungen, Vorträge und Konzerte. **Kontakt**: Krefelder STr. 35, Nieukerk, 02833/2523
www.hv-geldern.de/haus_lawaczeck/

Freizeit und Natur

Wandern
Der Denkmalpfad in Aldekerk und Nieukerk, der (Rad-)Wanderführer, der Rundwanderweg „Kirchen, Kapellen und Heiligenhäuschen", der Baumlehrpfad, die Rundwanderwege A1-A4 und R und Stadtführungen

per Smartphone und GPS bieten vielfältige Wandermöglichkeiten.

Eyller See
In dem Strandbad mit Sandstrand, Liegewiese mit altem Baumbestand, Spiel- und Bolzplatz, Beachvolleyballfeld, Gastronomie, Gelegenheit zum Grillen, Angeln, Rudern und Tretboot fahren, separatem Hundestrand und Tauchbasis werden auch Schnuppertauchen, Behinderten- und Eistauchen angeboten. **Kontakt**: Am Eyller See 1, 02833/601779 + 0172/2007733, Tauchbasis: 0162/6234624, info@eyllersee.de, www.eyllersee.de

Jugendzeltplatz Eyller See
Der Zeltplatz bietet nicht nur Übernachtungsmöglichkeiten und Ferienprogramme, sondern auch einen Kletterfelsen, eine Riesenstrickleiter, einen Hochseilgarten und einen Natur-Abenteuerspielplatz.
Kontakt: Buyxdyck 52, Eyll, 02833/7919, info@jugendzeltplatz-eyll.de
www.jugendzeltplatz-eyll.de

Ultra-Leicht-Fliegen
1,5 km östlich von Aldekerk befindet sich ein Flugplatz für Ultra-Leicht-Flieger. Rundflüge können vereinbart werden. Im Juli findet ein Flugplatzfest statt. Standort Flugplatz: Rheinstr. 200 **Kontakt**: UL-Fliegerclub Kerken e.V., Wiesenstr. 17, 02833/5287, ul-kerken@web.de, www.ul-kerken.de

Modellflug
Ein Flugplatz für Modellflieger bis 25 kg Abfluggewicht liegt zwischen Nieukerk und Aldekerk. Standort Flugplatz: „An den Linden" (am Obstgut Petkens) **Kontakt**: MFC Saturn Kerken e.V., 02158/3938, www.mfc-saturn.de

Whiskybotschaft Nieukerk
Im historischen Gebäude werden Whisky-Tastings und Whisky-, Rum- und Weinseminare angeboten. **Kontakt**: Schwanenmarkt 2, 02833/572257, info@diewhiskybotschaft.de, www.diewhiskybotschaft.de

Skateranlage
in der Nähe des Nieukerker Sportplatzes (Am Aermen Düwel).

Radwandern
Etwas Besonderes ist die Kerkener Kunst-Strom-Route, die auf 31 km Länge an 61 liebevoll bemalten Stromkästen vorbeiführt.

Feste und Veranstaltungen

Schirm- und Herbstfest
Ende September wird in Aldekerk verkaufsoffen mit Musik und Unterhaltungsprogramm ländlich-originell gefeiert.

Morgenstimmung am Eyller See.

Kevelaer

(Kreis Kleve)

Laut Brockhaus ist der staatlich anerkannte Erholungsort Kevelaer der größte Wallfahrtsort Nordwest-Europas. Jährlich finden eine Million Gäste den Weg hierher. Fast 30 000 Menschen leben in der Niederung an Niers, Dondert, Kervenheimer Mühlenfleuth und Issumer Fleuth direkt an der niederländischen Grenze. Urkundlich wird Kevelaer am 10. Mai 1300 erstmals erwähnt.

Kevelaer Marketing,
Peter-Plümpe-Platz 12,
47623 Kevelaer,
02832/122-991,
02832/122-989,
tourismus@stadt-kevelaer.de,
www.kevelaer.de
Verkehrsverein Kevelaer und Umgebung e.V.,
Kapellenplatz 1, 47623 Kevelaer,
02832/9792387,
info@verkehrsverein-kevelaer.de,
www.verkehrsverein-kevelaer.de

Sehenswertes

Marienwallfahrt
1643–1645 wurde die heutige Kerzenkapelle als erste Wallfahrtskirche erbaut. Gleich nebenan befinden sich die sechseckige Gnadenkapelle, in der das Marienbild als Kupferstich von außen gut sichtbar ausgestellt wird, und die 1858 bis 1864 erbaute Marienbasilika (Basilica minor) mit ihrem 90 m hohen Turm und dem prachtvollen Innenraum mit Ausmalungen von Friedrich Stummel. Ein 1 km langer Kreuzweg beginnt an der Twistedener Straße und endet im Marienpark.
www.wallfahrt-kevelaer.de

In der Marienbasilika werden große Pilgergottesdienste gefeiert.

Museen

Niederrheinisches Museum für Volkskunde und Kulturgeschichte e.V. mit Spielzeugausstellung „Juliane Metzger“
Die Sammlungsschwerpunkte des Museums sind Spielzeug und Wallfahrt. Hinzu kommen Themen wie „Altes Wohnen und Arbeiten“, bäuerliches und bürgerliches Wohnen, Handwerke des Körpers, Geschichte der Region, Mineralien, Feuerwehrgeräte, Schützenwesen und Volksfrömmigkeit sowie eine Wachsmodellsammlung. Große Sonderausstellungen, Workshops und Museumspädagogik ergänzen das Angebot.
Kontakt: Hauptstr. 18, 47623 Kevelaer,
02832/95410, Fax:02832/954144,
info@niederrheinisches-museum-kevelaer.de,
www.niederrheinisches-museum-kevelaer.de

Gläserne Hostienbäckerei Sankt Johannes
Hier wird der Herstellungsablauf verschiedener Hostienarten und -größen sichtbar gemacht, theologische Hintergründe erläutert und eine Verkostung durchgeführt. An einer Spezialmaschine dürfen Kinder selbst Hand anlegen. Im Shop werden verschiedene Produkte angeboten.
Kontakt: Neustr. 28, 47623 Kevelaer, 02832/9718540, www.hostie.de

Freizeit und Natur

Thermalquelle
Unter dem Arbeitstitel „Gesund an Leib und Seele" wird an der Jod-Sole-Thermalquelle (Therme Kevelaer) ein Ort der Entspannung entstehen: Gradierwerk, Kneipp-Anlage, Barfußpfad, Bibelgarten und mehr.
Standort: Twistedener Str. / „Auf der Hüls"

Straußenhof Jeuken
Neben hofeigenen Produkten im Hofladen gibt es auf dem Hof noch andere Tiere, eine Spielwiese, einen Fetenraum und einen Grill. Hofbesichtigungen nach Absprache (auch kurzfristig). **Kontakt**: Straußenhof Jeuken, Veerter Str. 2, 47625 Kevelaer-Wetten, 02832/5053207, www.straussenhof-jeuken.de

Wandern
Kevelaer ist Station des Jakobswegs und des Nierswanderwegs. Ein schönes Wandergebiet ist auch der Wettener Wald (Parkplatz: Winnekendonk, Wettener Str. 18) mit der Issumer Fleuth und dem Naturschutzgebiet Fleuthbenden.

IRRLAND – Die Bauernhof-Erlebnisoase
Auf 300 000 m² befindet sich ein riesiges Erlebnis-Gelände für Kinder bis 12 Jahre mit Spiel- und Aktionsscheunen, Maisbad, einer Indoor-Kletterwelt, Riesenrutschen, Hüpfburgen, Riesen-Hüpfkissen, Strohburgen, Schwabbelkissen, Wasserspielen, Matschplätzen, Labyrinthen, Kettcar-Bahnen, Flugzeugen und Helikoptern, Tieren, Liegewiesen, überdachten Picknicktischen, Grillplätzen und vielem mehr. Essen darf mitgebracht werden, die Preise sind äußerst familienfreundlich. **Kontakt**: Am Scheidweg 1, 47624 Kevelaer-Twisteden, 02832/976-656, info@irrland.de, www.irrland.de

Unbegrenzte Möglichkeiten für Spaß und Action im „Irrland".

Freibad Kevelaer
Es gibt ein Schwimmerbecken mit Sprungturm, ein Nichtschwimmerbecken mit einer 50 m langen Röhrenrutsche, ein Babybecken, Liegewiesen und schöne Veranstaltungen. **Kontakt**: Dondertstr. 32, 47623 Kevelaer, 02832/70165, info@freibad-kevelaer.de, www.freibad-kevelaer.de

Hallenbad Kevelaer
In dem kleinen Hallenbad mit 25-m-Becken und Sprungtürmen werden Kurse und Spiel-Nachmittage angeboten. **Kontakt**: Hüls 10, 47623 Kevelaer, 02832/78355,

Minigolfanlage Winnekendonk
Die vom Heimatverein betreute Anlage mit mietbarem Grillplatz steht allen Besuchern

offen. **Kontakt**: Grüner Weg 25, 47626 Kevelaer-Winnekendonk, 02832/8884 – Gruppen: 02832/1291401, www.onsderp.de/minigolfanlage.html

Minigolfanlage Twisteden
Die 18-Loch-Anlage mit Grillplatz des Natur- und Heimatvereins kann nach Absprache auch für Feste genutzt werden. **Kontakt**: Am Sportplatz, 02832/972714 oder 0173/2601480, info@heimatverein-twisteden.de

Rouenhof mit „Geitengolf"
Neben Bio-Hofladen und Hofcafé gibt es ein breites Angebot für Feste, Feiern und Kindergeburtstage sowie Hofführungen, Planwagenfahrten und „Geitengolf" auf der Ziegenwiese. Mehrmals im Jahr finden Hoffeste statt. **Kontakt**: Biolandbetrieb Rouenhof, A. & B. Verhoeven, Sonsbecker Str. 40, 47627 Kevelaer.-Kervendonk, 02825/7233, Fax 02825/90618, kontakt@rouenhof.de, www.rouenhof.de

Paddeln auf der Niers
In Kevelaer gibt es Anlegestellen an der Rheinstraße und in Wetten an der Hauptstraße (Umtragestelle flussaufwärts). Buchungen sind über Kevelaer Marketing (s.o.) oder bei den Anbietern (s. Weeze, Goch, Geldern, Sonsbeck) möglich.

Ballon fahren
Beim Kevelaerer Heißluft-Ballon-Festival im Juli auf der Ballonwiese am Hülspark „glühen" und fahren eine Vielzahl von bunt gestalteten Ballons. Buchungen für Fahrten zu individuellen Terminen beim Kevelaer Marketing oder direkt beim Anbieter (s. Xanten).

Radwandern
Beim Angebot „Rasten und Radeln" wird eine Fahrradtour mit einem Vier-Gänge-Menü kombiniert.

Feste und Veranstaltungen

Wallfahrt
Höhepunkte im Wallfahrtsjahr sind u.a. die Kinderwallfahrt, die Motorradfahrerwallfahrt, die interreligöse Friedenswallfahrt, das „Internationale Madonnari-Festival", die Tamilen-Wallfahrt (christlichen und hinduistischen Glaubens) und die Karnevalistenwallfahrt.
www.wallfahrt-kevelaer.de

Grenzlandtauschtag
Bei der bedeutendsten philatelistischen Veranstaltung der Region treffen sich Ostermontag Briefmarkensammler von nah und fern zum „Austausch" im Konzert- und Bühnenhaus.

Kevelaerer Puppenspiel-Tage
Etwa zwei Dutzend Vorstellungen auf fünf Bühnen bieten im Mai Abenteuer, Spaß und Spannung beim großen Fest in der Innenstadt.

Kevelaerer Heißluft-Ballon-Festival
Jedes Jahr im Juli starten auf der Ballonwiese am Hülspark zahlreiche fantasievoll gestaltete Heißluftballons. Am Freitagabend werden beim „Nachtglühen" nach Einbruch der Dunkelheit die Ballons im Rhythmus der Musik von eigener Flamme beleuchtet.

Krippenmarkt
Drei Wochen lang gibt es im Forum Pax Christi eine große lebende Krippe, weihnachtlich-religiöses Kunsthandwerk und einen Briefkasten an das Christkind.
www.weihnachtsstadt-am-niederrhein.de

▸ fahrRad-Pause Kevelaer
Auf dem Peter-Plümpe-Platz dreht sich an einem Tag im Juli alles ums Zweirad – von einer historischen Ausstellung bis hin zum modernen E-Bike.

▸ „Landpartie"
Verschiedene Ausstellungsorte bieten im Juni Kunst, Kultur, Musik und Kulinarisches.
🌐 www.landpartie-niederrhein.de

▸ Kevelaerer Nacht der Trends
Alles dreht sich um Mode: Modenschauen am Museum und Shopping bis 23 Uhr ziehen die Menschen im August in die Innenstadt. Und eine Autoshow gibt's auch.

▸ Hoffeste auf dem Rouenhof
Viermal jährlich lädt der Rouenhof (s.o.) zu Lämmertag (mit Geburtsgarantie), Oldtimer-(Traktoren-) Hoffest, Streuobstwiesenfest und Nikolaus-Hoffest.
🌐 www.rouenhof.jimdo.com/

Kleve

(Kreis Kleve)

„Am Fuße des steilen Kliffs, auf dem die stolze Burg thronte, stieg Lohengrin in das vom Schwan gezogene Boot und entschwand. Beatrix (in anderen Fassungen auch Elsa von Brabant) weinte bittere Tränen." So oder so ähnlich könnte es sich der Sage nach an dieser Stelle zugetragen haben … Die Schwanenstadt verdankt ihren Namen dem Felsen, auf dem die Schwanenburg weithin sichtbar erbaut wurde. 1092 wurde die Siedlung „Cleve" das erste Mal erwähnt, die Stadtrechte erhielt die Kreisstadt mit etwa 50 000 Einwohnern 1242. Die St.-Georg-Schützenbrüderschaft wurde bereits vor 1430 gegründet, in Rindern (Arenacum) befand sich eine römische Siedlung und die Ortschaft Kellen wurde bereits 751/52 urkundlich genannt. Das Stadtgebiet weist mit dem 106,2 m hohen Klever Berg die höchste Erhebung am Niederrhein auf – der tiefste Punkt liegt bei 10,5 m über NN. Seit 2009 ist Kleve Standort der Hochschule Rhein-Waal.

Wirtschaft, Tourismus & Marketing Stadt Kleve GmbH,
Minoritenplatz 2,
47533 Kleve,
☏ 02821/84806,
✉ stadtmarketing@kleve.de,
🌐 www.kleve-tourismus.de,
🌐 www.kleve.de

Stolz thronen Schwanenburg und Stiftskirche über Kleve.

Sehenswertes

▸ Schwanenburg
Die Schwanenburg geht vermutlich auf das 10. Jh. zurück. Sicher ist, dass um 1170 ein Rittersaal und im 12. Jh. eine doppelsitzige Toilettenanlage mit Wasserspülung errichtet wurde, die im 15. Jh. ihren Platz im Spiegelturm fand, und dass der ursprüng-

liche Turm am 7. Oktober 1439 einstürzte. Im Zweiten Weltkrieg wurde das Wahrzeichen fast vollständig zerstört und bis 1953 wieder hergerichtet. Heute ist sie Sitz des Amts- und Landgerichts. Gegenüber der Burg befindet sich der Marstall aus dem Jahr 1467. 🌐 www.schwanenturm.de, GPS 51°47'12"N, 6°8'20"E

▸ Festung Schenkenschanz
Martin Schenk von Nideggen baute 1586 eine Schanze im 80-jährigen Krieg der Niederlande gegen Spanien. Bei Hochwasser ist das Dorf auf der Rheinhalbinsel Salmorth mit 47 Häusern und knapp 100 Einwohnern nach wie vor zeitweise von der Außenwelt abgeschnitten. Das Fluttor lässt den Betrachter ahnen, wie gewaltig die Wassermassen sind, vor denen es schützt. 🌐 www.heimatverein-schenkenschanz.de, GPS 51°50'10"N, 6°6'36"

▸ Eisenbahnbrücke Griethausen
Die 1863–1865 erbaute älteste Eisenbahnbrücke Mitteleuropas ruht als 102 m langes Denkmal über dem Altrhein und den Rheinwiesen, über die noch eine 464 m lange Vorbrücke verläuft. Die Strecke wurde 1987 stillgelegt. Auch hier lohnt sich ein Blick auf das benachbarte Fluttor. **Standort**: Griethausen, GPS 51°49'31"N, 6°9'56"E

Idyllischer Platz am Altrhein am Fuße der alten Eisenbahnbrücke.

▸ Aussichtsturm
Der Klever Berg, eine eiszeitliche Endmoräne des Niederrheinischen Höhenzuges, ist mit 106 m die höchste Erhebung am Niederrhein und diente in alten Zeiten als Galgenberg. Seit 1892 steht hier der 15 m hohe Aussichtsturm mit Blick auf die Emmericher Rheinbrücke, nach Hochelten und bis in die Niederlande hinein. **Kontakt**: Königsallee 260, ☏ 0 28 21/9 78 04 01, ✉ info@aussichtsturm-kleve.de, 🌐 www.aussichtsturm-kleve.de, GPS 51°,47'19.25"N, 6°6'55.26"E

▸ Kirchen
An der Seite der Schwanenburg thront die Stiftskirche weithin sichtbar über der Stadt. Der Bau der gotischen dreischiffigen Basilika mit Doppelturmfassade wurde 1341 begonnen und 1426 vollendet. Beeindruckend sind der Marienaltar von H. Douverman und der Kreuzaltar aus Antwerpen aus dem 16. Jh und die Gräber der Klever Grafen in der Seitenkapelle. Auf dem Vorplatz befindet sich ein Denkmal für die Gefallenen des Ersten Weltkriegs von Ewald Mataré.
Die liebevoll restaurierte Alte Kirche Kellen blickt auf eine 1000-jährige Geschichte zurück.

▸ Denkmäler und Wahrzeichen
Das Denkmal des Großen Kurfürsten Friedrich Wilhelm am Marstall wurde 1909 von Kaiser Wilhelm II. im Gedenken an 300 Jahre preußische Herrschaft enthüllt. Das Johanna-Sebus-Denkmal an der Briener Schleuse gedenkt einem 17-jährigen Mädchen, das bei Hochwasser seine Mutter und mehrere weitere Menschen aus den Fluten rettete und dabei ertrank. Das „Schüsterken" an der Herzogbrücke erinnert als „Spuckmänneken" an die Tradition der Schuhherstellung in Kleve. Der Elsabrunnen/Lohengrinbrunnen am Fischmarkt erzählt die Geschichte des Schwanenritters,

der vom Schwan geholt wird und seine Familie verlassen muss. Traditionell nehmen die Klever Abiturienten jedes Jahr ein Bad in diesem Brunnen. Hinter dem Marienkapellchen (Keekener Str. 2, Rindern) erinnert ein Schild daran, dass Peter Minuit, der Mann aus Wesel, der 1626 für 60 Dollar den Indianern Manhattan abkaufte, mit seiner Rinderner Frau in der Bauernschaft Havik den Hoppensackhof erbaute.

▸ Ehrenfriedhöfe und Gedenkstätten

Der Britische Ehrenfriedhof („Reichswald War Cemetery") ist mit 7654 Grabstätten der größte Kriegsgräberfriedhof des Commonwealth in Deutschland. In Donsbrüggen befindet sich eine deutsche Kriegsgräberstätte mit 2381 Gefallenen und Kriegstoten. Am Synagogenplatz, dem ehemaligen Standort des jüdischen Gotteshauses, steht ein Mahnmal zur Erinnerung an die Reichskristallnacht und die Ermordung der Juden. Standorte: Grunewaldstr. / Poststr. / Ernst-Goldschmidt-Str. / Reitbahn

Museen

▸ Museum Kurhaus Kleve – Ewald Mataré-Sammlung

Das Museum bietet internationale zeitgenössische Kunst und zahlreiche Workshops. Die ständige Sammlung zeigt Werke von Ewald Mataré und Joseph Beuys' Atelier im Friedrich-Wilhelm-Bad. Das klassizistische ehemalige Badhotel und Kurhaus liegt direkt neben den historischen Gartenanlagen. **Kontakt**: Tiergartenstr. 41, ✆ 02821-75010, ✉ info@museumkurhaus.de für Buchungen: ✉ kasse@museum kurhaus.de, 🌐 www.museumkurhaus.de

▸ B.C. Koekkoek Haus

Das 1847 im klassizistischen Stil errichtete ehemalige Wohnhaus des niederländischen Landschaftsmalers enthält eine Sammlung seiner Werke aus der „Klever Romantik" sowie Ausstellungen zur Landschaftsmalerei des 19. Jhs. und zur Geschichte der Stadt und der Region. **Kontakt**: Koekkoekplatz 1, ✆ 02821/75010, 🌐 www.koekkoek-haus.de

▸ Geologisches Museum im Schwanenturm

Neben einer geologischen Ausstellung von Gesteinen und regionalen paläontologischen Funden (die eiszeitlichen Gletscher schoben ungewöhnliche Stücke bis nach Kleve) beeindrucken ein Burgmodell aus der Zeit vor 400 Jahren, eine Ausstellung zum Wiederaufbau und eine Porträtgalerie. Ein Aufstieg die 89 Stufen hinauf lohnt sich auch wegen der Aussicht. Bemerkenswert sind auch der Mammutschädel sowie die unter Panzerglas liegende Ausgrabung einer Abfall- und Fäkalkammer.
Kontakt: Schlossberg 1, ✆ 02821/22884, ✉ info@klevischer-verein.de, 🌐 www.klevischer-verein.de

▸ Museum Forum Arenacum in Rindern

Das 70 n. Chr. beschriebene römische Arenacum befand sich vermutlich auf Rinderner Gebiet. Auf 120 m² werden u.a. Bronzefunde aus Düffelward, keltische Münzen des 1. Jhs. v. Chr., römisches Geschirr und Münzen sowie Schiffsfunde und fränkische Grabfunde ausgestellt. Höhepunkt ist der Abdruck des Mars-Camulus-Steins aus der Zeit des Kaisers Nero, der im 6. Jh. zum christlichen Altar geweiht wurde. **Kontakt**: Hohe Str. 116, Rindern, ✆ 02821/3370, ✉ info@forum-arenacum.de, 🌐 www.forum-arenacum.de

▸ Klever Schuhmuseum

Hier dreht sich alles um Schuhe: Kuriositäten wie extreme Übergrößenschuhe, Clownschuhe, Landsknechtstiefel, Einheitsschuhe oder winzig kleine chinesische Stiefel für gebundene Lotusfüße, ein antikes Karussell und alte Bürokommunikationsgeräte aus den 30er-Jahren erzählen Geschichte(n). **Kontakt**: Siegertstr.3, 0151/59450422, Führungen 02821/450043, www.klever-schuhmuseum.de

Alte Mühle Donsbrüggen

Die voll funktionsfähige achteckige hölzerne Holländerwindmühle wurde 1824 erbaut. Auffallend sind die Flügel, sogenannte „Bilausche Ventikanten". Samstags gibt es frisches Vollkornbrot, Führungen sind jederzeit möglich. **Kontakt**: Mehrer Str. 92a, Donsbrüggen, 02821/28882, www.muehle-donsbrueggen.de

Privates Bauernmuseum Langeshof

Die Sammlung umfasst mehr als 2000 Gegenstände und Erinnerungsstücke des bäuerlichen Haushalts und des Landlebens aus der Zeit ab dem 17. Jh. **Kontakt**: Christa Jacobs, An der Kirche 23, Kellen, 02821/9472, langeshof@freenet.de

Alte Schmiede Heister Donsbrüggen

In der alten Werkstatt befinden sich Schmiede-Werkzeuge, Geräte und Maschinen aus der ersten Hälfte des 20. Jhs. Der Garten ist zu besichtigen; es werden Edelrostartikel verkauft. **Kontakt**: Mehrer Str. 39, Donsbrüggen, 02821/28803, metalldesign.Heister@gmx.de, www.metalldesign-heister.de

Freizeit und Natur

Historische Gartenanlagen und Prinz-Moritz-Weg

Johann Moritz von Nassau-Siegen, der brandenburgische Statthalter im Herzogtum Kleve, gestaltete im 17. Jh. in der Residenzstadt und um sie herum eine prachtvolle Parklandschaft. Vom Sternberg aus wurden 12 Alleen mit Sichtachsen angelegt. Herzstück dieser Gartenanlagen ist das nach antikem Vorbild gestaltete Amphitheater am Springenberg mit Laubengang, Springbrunnen und der Statue der Pallas Athene. Nach einem Aufstieg zum Kupfernen Knopf erschließt sich über den Kopf des „Eisernen Mannes" hinweg eine Sichtachse nach Hochelten. Im Forstgarten am Fuße der Anlagen befinden sich bis heute fremdländische Gehölze. Auch der Prinz-Moritz-Park und die Aussichtspunkte „Spitzberg", „Sitz vor Freudenberg" und „Kiek in de Pott" am Prinz-Moritz-Weg, der am Wasser des Kermisdahl entlang zum Grabmal des Fürsten führt (s. Bedburg-Hau), wurden damals angelegt. Von diesem Weg zweigt an einer Halbinsel ein Weg über die Luisenbrücke zur Birnenallee in die Galleien ab. Von hier aus bietet sich ein herrlicher Panoramablick auf die Burg und die Stiftskirche.
Standort Amphitheater: Tiergartenstr. 74 / Prinz-Moritz-Weg: Brücke Wasserstr.-Königsgarten oder Uedemer Str. 23, 47551 Bedburg-Hau

Das eindrucksvolle Amphitheater in den historischen Gartenanlagen.

Tiergarten Kleve

Auf einem 6 ha großen Gelände leben 600 Tiere aus fast hundert Arten, darunter viele vom Aussterben bedrohte alte Haustierrassen. Höhepunkte sind der Streichelzoo, die Seehundfütterung, die Kleinen Pandas

(Katzenbären), Kängurus, Trampeltiere und der schöne Spielplatz. **Kontakt**: Tiergartenstr. 74, 02821/26785, tiergarten-kleve@t-online.de, www.tiergarten-kleve.de

Wildgehege Reichswalde
In dem Wäldchen leben Rotwild, Schwarzwild und Ziegen. **Standort**: Grunewaldstr./Am Forsthaus/Buchholz/Dorfanger wildgehege-reichswalde@web.de, www.wildgehege-reichswalde.de

Lamawandern
Am Ufer der Wetering unweit des Moritzgrabs laden vier Lamas zu gemeinsamen Spaziergängen ein. Es werden auch Wanderungen mit/für Menschen mit Handicap und Kindergeburtstage angeboten. **Kontakt**: Meyerhof, Uedemer Str. 15, 0160/5507840 oder 0151/23292936 oder 0176/34529920, www.lamatrip.de

Infozentrum Keeken – de Gelderse Poort
Diese Einrichtung am Café im Gärtchen informiert über die Kultur- und Naturlandschaft am Unteren Niederrhein: seine Entstehung, Besiedelung, Landschaftselemente, den Artenschutz und die Wildgänse. **Kontakt**: Spicker 45, 02821/896879 oder 02851/9633-0 www.nz-kleve.de

Wandern
Die Niederung der Düffel und der Reichswald bieten unendliche (Rad-)Wandermöglichkeiten. Ein großer Spaß für Kinder ist der Naturerlebnispfad an den Sieben Quellen (s. alles Kranenburg). Für einen Spaziergang empfehlen sich die Klever Gartenanlagen und der Naturpark Kellen (Hoher Weg).
Kleve ist Station des Jakobspilgerwegs, des Noaberpad (415 km Bad Nieuweschans – Kleve) und des Grote Rivierenpad (276 km Hoek van Holland – Kleve). Neben dem Prinz-Moritz-Weg/Voltaire-Weg werden neun 2–22 km lange Wanderrouten in einer Wanderbroschüre dargestellt. Für den Reichswald gibt es eine separate Wanderkarte.

Sternbuschbad
Das Kombibald öffnet 2018. Es bietet zwei 25-m-Becken, eine Sprunganlage, einen Kleinkindbereich und ein Ganzjahresaußenbecken. Im Sommer kann zusätzlich der Freibadbereich mit Sprungbeckenanlage, mehreren Becken, Wellenrutsche, Kleinkindbereich, Sport- und Spielanlagen genutzt werden. **Kontakt**: Am Freudenberg, www.cleverbaeder.de

Grenzland-Draisine
(s. Kranenburg)
Bahnhof: Wiesenstr. (Unterstadt)/Ecke Hafenstr. (Navi: Hafenstr.) Abfahrtszeiten Kleve: 11 Uhr und 15 Uhr, Mitte April-Mitte Sept. Fr+Sa auch 19 Uhr

Clever Escape
Mithilfe von logischem Denken und Kreativität finden Gruppen innerhalb von 60 Minuten einen Ausweg aus einem geschlossenen Raum, eingebettet in eine spannende Geschichte. Aktuell gibt es zwei unterschiedliche Räume. **Kontakt**: Kavarinerstr. 49-51, 02821/5908687, thecleverescape@gmail.com, www.clever-escape.de

Kleoland
Der Indoorspielplatz bietet auf 1000 m^2 Spielvergnügen für Kinder bis etwa 10 Jahre. Für Kleinkinder gibt es einen separaten Bereich und Fahrzeuge. Die Spielburg geht über vier Etagen und bietet Rutschen, Walzen, Netze, Bällebäder und vieles mehr. **Kontakt**: Pannofenstr. 11, 02821/975446, info@kleoland.de, www.kleoland.de

Gecco Tours
Verschiedenste Module für Team-Spaß stehen zur Kombination: Geocaching, Geccomobil (Spaß-Fahrräder), Draisinenfahrt, Bauerngolf, Bogenschießen, Tablet Team Challenge, Floßbau, Paddeln auf der Niers, Bogenschießen, Team Event, Krimi Tour, Team Rallye und Stadt-Rallye. **Kontakt**: GeccoTours, Sonnenweg 43, 02821/896120, info@geccotours.com, www.geccotours.com

ELAN Training
Für Schulklassen, Gruppen, Vereine und Familien bieten sich folgende Möglichkeiten: Hochseilgarten, Team-Training, Spielaktionen, Floßbau, Spielmobil, Paddeltouren, Bogenschießen, Naturerlebnisse und Seminare. **Kontakt**: ELAN-Training, Am Forsthaus 90, 02821/970959, info@elan-training.de, www.elan-training.de

FlussFeuer
Auf den „Chill & Grillpontons" mit 15-PS Außenbord- oder Torqueedo-Elektromotor für bis zu 12 Personen lässt sich der Spoykanal befahren, auch in Kombination mit der Draisine. **Kontakt**: Siemensstr. 23b, 02821/4609075 oder 0173/2836886, info@flussfeuer.de, www.flussfeuer.de

Tretbootverleih
Am Café/Restaurant Königsgarten direkt am Kermisdahl können Tretboote gemietet werden. **Kontakt**: Königsgarten 53, 02821/13667, www.cafe-koenigsgarten.de

Kanustation Kleve
Am Opschlag können Drachenboote, 4er-Kanadier, Großkanadier und 1er- und 2er-Kajaks ausgeliehen werden. Zudem wird Stand-Up-Paddeln angeboten. **Kontakt**: Opschlag, 02838/7760190, info@kanustation-kleve.de, www.kanustation-kleve.de

Mountainbike-Parcour / Downhillstrecke
Am Klever Berg wurde 2013 ein MTB-Parcour eröffnet. Für die Nutzung ist eine Mitgliedschaft im Verein notwendig. info@mtb-kleve.de, www.mtb-kleve.de

Nordic Walking
Der Nature.Fitness.Park bietet elf 3–11 km lange Routen. Ein Flyer steht zum Download bereit. www.kleve-tourismus.de

Radwandern
Radwanderern sei eine Fahrt über den Drusdeich an den Rinderner Kolken (durch Deichbrüche entstandene „Augen Gottes") vorbei nach Düffelward oder eine Fahrt über die alte Bahnlinie nach Griethausen empfohlen. Der Milchradweg im Kreis Kleve bietet informative Einblicke in die Milchwirtschaft. www.kuhlturlandschaft.de

Feste und Veranstaltungen

Schwanenritter-Race
Innerhalb von zwei Stunden zimmern Vierer-Teams ein Boot (ohne Motor) und fahren vom Hochschul-Hafen bis zum Ziel. Der amüsante Wettbewerb im Mai wird von buntem Programm und einem Tag der offenen Tür der Hochschule Rhein-Waal begleitet.

Internationales Oldtimertreffen für Feuerwehrfahrzeuge
In allen ungeraden Jahren treffen sich zu Himmelfahrt alte und noch ältere Feuerwehrfahrzeuge in Düffelward.

Riswicker Familientag
Das Versuchs- und Bildungszentrum Landwirtschaft bietet jährlich im Oktober bei

freiem Eintritt ein großes Fest mit Spiel, Spaß und Informationen für die ganze Familie. Jeden Donnerstagnachmittag findet ein Bauernmarkt mit regionalen Erzeugnissen und offener Stalltür statt.
🌐 www.riswick.de

‣ Radrennen rund ums Tönissen Center
Begleitet von einem bunten Rahmenprogramm bieten im August mehrere Radrennen „vom Kleinkind bis zum Profi" Sport und Spannung.

‣ Klever City-Lauf
Rund um die Schwanenburg im Herzen von Kleve laufen im September verschiedene Teilnehmergruppen.
🌐 www.lvmarathon-kleve.de

‣ Meilerfest
Zehn Tage im Mai raucht der Meiler in Reichswalde und produziert auf historische Weise Holzkohle, begleitet von einem abwechslungsreichen Programm.
🌐 www.koehlerei-reichswalde.de

‣ Lichterfest
Die historischen Gartenanlagen erstrahlen am zweiten Samstag im September zum Ende der Konzertsaison zu den Klängen regionaler Musikgruppen im Lichterglanz. Den Höhepunkt bildet ein von stimmungsvoller Musik untermaltes Barock- und Höhenfeuerwerk.

‣ Nikolaus kommt übers Wasser
Der Nikolaus kommt auf einem Boot über den Spoykanal.

‣ Weihnachtsmarkt
Im romantischen Forstgarten präsentieren sich zehn Tage lang Aussteller der Region. Es gibt ein umfangreiches musikalisches Rahmenprogramm.
🌐 www.kleverweihnachtsmarkt.de

‣ Stadtfeste
Mehrmals im Jahr gibt es ein Stadtfest mit verkaufsoffenem Sonntag. 🌐 www.kleve.de

‣ Kinderfest im Moritzpark
Der Fachbereich Jugend und Familie der Stadt Kleve lädt im Juni zu einem kunterbunten Fest.

‣ Schützenfeste und Kirmes
Jährlich finden mehrere Schützenfeste und Kirmesveranstaltungen statt.
🌐 www.kleve.de

‣ Rosenmontagszug
Mit über 80 Zugnummern – auch aus den Niederlanden – zieht der närrische Lindwurm die Innenstadt hinunter.

Korschenbroich

(Rhein-Kreis Neuss)

Gleich mehrere Ortsteile der Stadt Korschenbroich gehen auf das 12. Jh. zurück. Am Fuß des Liedbergs wurden Werkzeuge von Neanderthalern aus der Altsteinzeit gefunden. Auch die Römer hatten sich hier niedergelassen. Der Hauch der Geschichte ist überall greifbar, am deutlichsten jedoch im idyllischen Liedberg, das mit seinem vollständig denkmalgeschützten Ortskern, Fachwerkbauten, Mühlenturm und Schloss nicht nur Romantiker zum Schwärmen bringt.

Stadt Korschenbroich,
Sebastianusstr. 1,
41352 Korschenbroich,
☎ 02161/613-0,
📠 02161/613-299,
✉ stadt@korschenbroich.de,
🌐 www.korschenbroich.de

Sehenswertes

Liedberg

Eine Filmkulisse könnte nicht liebevoller gestaltet sein! Während an der B230 die gotische Pfarrkirche St. Georg Blicke auf sich zieht, weckt der 18,50 m hohe Mühlenturm – ein Wehr- und Wohnturm aus dem 11. oder 12. Jh., den man bei Einwurf eines 50ct-Stücks besteigen kann – die Neugier der Besucher. Der Ausblick geht weit über das Land, und an der Liedberger Kapelle vorbei entdeckt der Betrachter das aufwendig restaurierte Schloss Liedberg. Der vorstehende Torturm der kurkölnischen Landesburg stammt aus dem 14. Jh. Sie ist eine der wenigen Höhenburgen am Niederrhein. Im Sandbauernhof, einer Fachwerk-Hofanlage aus dem 18. Jh., finden kulturelle Veranstaltungen statt. Auf der Kuppe des 84 m hohen Liedbergs beginnt das Naturschutzgebiet Quarzitkuppe Liedberg. www.heimatverein-liedberg.de, www.schloss-liedberg.de

Schöne Aussichten: Blick vom Mühlenturm auf Schloss Liedberg.

Korschenbroich

Die „Alte Schule" in der Steinstraße diente von 1835 bis 1980 ihrem Zweck. Sehr sehenswert sind das Alte Rathaus und Korschenbroichs älteste Häuser: Kuhlenhof (Mühlenstr.) und die ehemalige Vikarie (Regentenstr.), das Hannen-Stammhaus (ehemaliges Weinhaus von 1716) und die Pfarrkirche St. Andreas, deren Kirchturm 1504 erbaut wurde.

Altes Zollhaus

Zölle wurden bereits im 13. Jh. erhoben. Seit Anfang des 18. Jhs. befand sich die Zollstätte in Herrenshoff. Das aktuelle Gebäude und die Scheune stammen aus den Jahren 1750 und 1752.
Standort: Zollhausstr. 28, Herrenshoff

Museen

Kulturbahnhof und Heimatmuseum Korschenbroich

Im Bahnhofsgebäude aus dem 19. Jh. werden die Geschichte der Stadt und des Bahnhofes, altes Handwerk und Ausstellungen dargeboten. Es gibt ein Museumscafé und ein Kulturprogramm. **Kontakt**: Am Bahnhof 2, www.korschenbroich.de

Freizeit und Natur

Pädagogischer Bauernhof

Der Hof bietet Thementage, Workshops und Hoferkundungen für Kindergruppen. Eine Spielwiese und Streicheltiere runden das Angebot ab. **Kontakt**: Hof Rukes, Alexandra Rukes, Blecherstr. 7, 0172/2764796, bauernhofpaedagogik-rukes@gmx.de, www.hof-rukes.de

Naturschutzgebiete

Die Quarzitkuppe Liedberg ist vor über einer Million Jahren entstanden. In der Vergangenheit wurde hier Liedberger Sandstein abgebaut. Auf dem westlichen Hügel befinden sich mit der „Römerwacht" Überreste einer ehemaligen Befestigungsanlage. Hierzu laufen noch Untersuchungen. Auch das Naturschutzgebiet Pferdsbroich und der Hoppbruch südlich von Trietenbroich laden zum Wandern, Radwandern und Erkunden ein. Im Haag gibt es das sogenannte „Pfadfindergrab", einen ehemaligen Stollen, in dem mehrere Pfadfinder ums Leben kamen.

▸ ☺ Hallenbad Korschenbroich
Es gibt ein 25-m-Sport-, ein Lehrschwimm- und ein Babybecken, einen Sprungturm und eine Außenanlage mit Liegewiese. **Kontakt**: Von-Bodelschwingh-Str. 1, ✆ 02161/64788, 🌐 www.korschenbroich.de

▸ Asia Therme Wellness Spa
Neben verschiedenen Saunen, Pools und Whirlpools werden Fitness, Massagen, Kosmetikbehandlungen, Gastronomie und eine asiatische Gartenanlage geboten. **Kontakt**: Holzkamp 5-7, Kleinenbroich, ✆ 02161/67608, 🌐 www.asia-therme.de

▸ Privatbrauerei Bolten
Brauereibesichtigungen der ältesten Altbierbrauerei der Welt sind ebenso möglich wie ein Einkauf oder die Einkehr in der Altbierstube und im Picknick-Biergarten. **Kontakt**: Rheydter Str. 138, ✆ 02161/61790-0, ✉ info@bolten-brauerei.de, 🌐 www.bolten-brauerei.de

▸ Skateranlage
Standort: Von-Stauffenberg-Str.

▸ Golf
Der Golfklub am mittelalterlichen Schloss Myllendonk ist ein privater Mitgliederklub mit öffentlichem Restaurant. Das historische Rittergut Birkhof bietet Golfpark, Golfschule und einen öffentlichen 9-Loch-Platz „Am Römerweg" sowie ein Pflanzen-Center und Gastronomie. Ein Sarkophag aus der Römerzeit wird bald auf der Anlage ausgestellt. **Kontakt**: Golfplatz Schloss Myllendonk, Myllendonker Str. 113, ✆ 02161/641049, 🌐 www.gcsm.de
Golfclub Rittergut Birkhof e.V., Glehn, ✆ 02131/510660 oder 510644, ✉ info@gc-rittergutbirkhof.de, 🌐 www.birkhof.de

Mit dem Fahrrad gelangt man überall hin! Eine freundliche Begegnung im historischen Ortskern von Liedberg.

Feste und Veranstaltungen

▸ Seifenkistenrennen
In Liedberg kämpfen Jungen und Mädchen im Juni um Pokale in verschiedenen Altersklassen.

▸ Internationaler Korschenbroicher City-Lauf
Breitensportler und Top-Athleten aller Altersklassen messen sich im April bei dem großen Sport-Event.
🌐 www.citylauf-korschenbroich.de

▸ Internationale Orgelwoche
Im Rahmen der Konzertreihe wird alle zwei Jahre ein Orgelwettbewerb ausgetragen.

▸ Unges Pengste
Das große Schützen- und Heimatfest mit etwa 1500 Schützen zieht jährlich zu

Pfingsten Zehntausende von Menschen in die Stadt. 🌐 www.unges-pengste.de

▸ **Rochusfest**
Das Hahnenkönigspaar steht im Mittelpunkt des Umzugs, einem Höhepunkt des Festes, das im August stattfindet.
🌐 www.heimatverein-luettenglehn.de

▸ **Kunstfrühling**
„Kunst trifft Alltag" und verwandelt alle zwei Jahre Korschenbroich in eine große Galerie.

▸ **AvantGarten Liedberg**
Alle zwei Jahre (gerade Jahreszahl) präsentiert sich „Zukunftsmusik" im Sandbauernhof. 🌐 www.avantgartenliedberg.de

Kranenburg

(Kreis Kleve)

Die Gemeinde trägt stolz den Kranich im Wappen, und tatsächlich ist sie noch heute ein Vogelparadies. Hier überwintern Jahr für Jahr arktische Wildgänse, und das Dorf Zyfflich war das erste, in dem sich 1995 wieder Störche am Niederrhein ansiedelten. Im äußersten Nordwestzipfel des Niederrheins, an drei Seiten von den Niederlanden umschlossen, leben über 10 000 Einwohner und genießen fast unberührte Natur: im Süden den Reichswald auf dem niederrheinischen Höhenzug, im Norden die Düffel, eine Kultur- und Naturlandschaft in der Rheinniederung.

Tourist Info Center,
Bahnhofstr. 15, 47559 Kranenburg,
✆ 02826/7959,
✉ touristik@kranenburg.de,
🌐 www.kranenburg.de

Sehenswertes

▸ **Wallfahrt**
Die reich ausgestattete spätgotische Pseudobasilika St. Peter und Paul wurde 1409 bis 1436 erbaut. Sie beherbergt u.a. einen sechseckigen spätgotischen Taufstein von 1448, den Kreuzaltar aus dem 16. Jh., einen Christopherus aus der ersten Hälfte des 16. Jhs., eine Altartafel aus der Zeit um 1430 und das Wundertätige Kreuz. Es wurde der Legende zufolge im Jahr 1308 bei der Fällung eines Baumes gefunden, nachdem ein Hirte 1279 oder 1280 eine geweihte Hostie an dieser Stelle hatte fallen lassen. Dies führte zur Verehrung des Kreuzes: Zahllose Pilger besuchten Kranenburg, um es zu sehen, und brachten Wohlstand in die Stadt. Seit über 700 Jahren findet jährlich die Kranenburger Kreuzwallfahrt statt.
Kontakt: Kath. Pfarramt St. Peter und Paul, Kirchplatz 1, ✆ 02826/226,
🌐 www.kirche-kranenburg.de

▸ **Historische Stadtmauer / Rütterswall / Wanderstraße**
Im Süden des Stadtkerns erstreckt sich die Stadtmauer mit dem Mühlenturm (s.u.). Davor ist noch deutlich der Rütterswall zu erkennen, an dem ein Spazierweg entlangführt; der perfekte Rahmen für das alle zwei Jahre stattfindende mittelalterliche Märchenfestival.

▸ **Denkmalgeschützte Bauten**
Die Pfarrkirche St. Martin in Zyfflich hat gerade ihren 1000. Geburtstag gefeiert. Sie stammt im Kern aus dem 11. Jh. Die ehemalige Wasserburg Haus Zelem in Mehr wurde bereits im 12. Jh. erwähnt. Jedes Jahr findet hier ein Oldtimer-Treffen statt (www.burg-zelem.de). Die Dorfkirche St. Martinus in Mehr wurde vermutlich im 15. Jh. erbaut. Die gotische Pfarrkirche St. Bonifatius in Niel stammt aus der gleichen Zeit

Rütterswall und Mühlenturm.

und enthält ein Taufbecken aus der ersten Hälfte des 13. Jhs. Niel selbst wurde bereits 891/92 erstmals erwähnt.

▸ Thornsche Mühle (NL)
Die Thornsche Mühle unmittelbar „hinter“ Zyfflich in Persingen, dem kleinsten Dorf der Niederlande, wurde 2015 als deutsch-niederländisches Projekt restauriert. In der Kokermühle aus dem 15. Jh. wird wieder Mehl produziert, und ein Restaurant bietet Brot, Pfannkuchen, niederländische Spezialitäten und eine internationale Speisekarte. **Kontakt**: Restaurant de Thornsche Molen, Thornse straat 20, NL-JJ Persingen, ✆ 0031/24/6792399, ✉ info@dethornschemolen.nl, 🌐 www.dethornschemolen.nl

Museen

▸ Museum Katharinenhof mit Mühlenturm und Stadtscheune
Der Katharinenhof dient als Kunstmuseum und erlangte durch seinen früheren Leiter Hans van der Grinten überregionale Bedeutung. Neben Kunstwerken und Devotionalien vom Mittelalter bis zur Gegenwart bietet er Raum für Veranstaltungen. Der Mühlenturm am südlichen, dem Rütterswall zugewandten Ende der Mühlenstraße wurde zwischen 1395 und 1401 errichtet und diente 500 Jahre als Getreidemühle. Heute enthält er die Ausstellung „Geschichte im Turm“ zur Geschichte Kranenburgs und der Region von der Eiszeit bis heute. Die Stadtscheune aus dem 18. Jh. enthält eine Sammlung zum Thema altes Handwerk und landwirtschaftliches Gerät. **Kontakt**: Mühlenstr. 9, 02826/623, 🌐 www.museumkatharinenhof.de, 🌐 www.geschichteimturm.de

Freizeit und Natur

▸ ☺ Walderlebnispfad Sieben Quellen
In einem Tal im Wald befindet sich ein See mit mehreren Quellen und Brücken. Hier gibt es einen Walderlebnispfad mit Baumtelefon, Barfußpfad, Weitsprunggrube u. v. m. Standort: Ortsgrenze Kleve/Kranenburg-Nütterden (Wanderparkplatz Römerstr./Schaafsweg)

▸ Reichswald
Der Reichswald ist mit 5100 ha das größte zusammenhängende Waldgebiet am Niederrhein. Durch seine Lage auf dem Niederrheinischen Höhenzug ist das Gelände hügelig und bietet ein spannendes Umfeld zum Wandern, Reiten und Radfahren (Achtung, Steigungen!). Es gibt eine Wanderkarte, auf der auch Natur- und Bodendenkmäler eingezeichnet sind: Hügelgräber,

die „vierstämmige Buche“, das „Goldene Kalb“. Am Waldrand oder von den „Bergen“ bieten sich grandiose Ausblicke.

Düffel / Naturpfad Kranenburger Bruch
Zwischen Reichswald und Rhein erstreckt sich die Düffel, ein wasserreiches flaches Gebiet mit extensiver Landwirtschaft.
Im Kranenburger Bruch, einem Erlenbruch- und Niedermoor-Gebiet, läuft das Sickerwasser aus dem Reichswald im „Armenveen“, dem tiefsten Punkt Nordrhein-Westfalens, zusammen und tritt an der Oberfläche aus. Die Lebensräume am Wasser, auf der Wiese und im Bruchwald sind hier auf 3 km Länge gut zu beobachten. **Standort**: Wanderparkplatz Kreuzung B9/Tütthees/Kurze Hufen

Störche in Zyfflich
Jan und Marie waren 1995 das erste Storchenpaar am Niederrhein, das sich hinter der Kirche in Zyfflich niederließ und erfolgreich brütete. Inzwischen gibt es viele Brutpaare im Umkreis. Jan und Marie und einige weitere Paare bleiben inzwischen auch im Winter hier.

Pilgerrouten
Die Jakobswege 3 und 4 verlaufen durch das Gemeindegebiet und kreuzen sich vor der Stifts- und Wallfahrtskirche. Zudem führen der niederländische Walk of Wisdom (https://walkofwisdom.org) und die Liberation Route – der Weg der Alliierten bei der Befreiung Westeuropas mit „Hörsteinen“ – durch Kranenburg.

Grenzland Draisine
Die alte Bahnstrecke zwischen Kleve, Kranenburg und Groesbeek (NL) wird für Fahrten mit der Draisine genutzt. Mit Fahrraddraisinen für bis zu vier Personen oder Klubdraisinen für bis zu 14 Personen geht es auf Schienen mitten durch die Natur. Im alten Bahnhof in Kranenburg warten ein Spielplatz, Gastronomie, ein Grillplatz, zwei Boulebahnen und eine Bögelbahn. Es gibt Themenfahrten wie eine Halloween- und eine Märchentour. **Kontakt**: Bahnhofstr. 15, 02826/9179900, info@grenzland-draisine.eu, www.grenzland-draisine.eu

Eine Fahrt mit der Draisine ist ein großer Spaß für die ganze Familie.

Bauerngolfen
Gleich hinter der Grenze, in Groesbeek-de Horst, gibt es die Möglichkeit, Bauerngolf zu spielen. Daneben werden Bögeln, Kuhstall-Bowling, Kuh frisieren, Malerei oder auch eine Planwagenfahrt mit einem Oldtimer-Trecker angeboten.
www.boerengolfdehorst.nl

Radwandern
Die Historische Erlebnisroute Nimwegen/Arnheim befasst sich grenzübergreifend mit der römischen und mittelalterlichen Geschichte und der Region im Zweiten Weltkrieg.
www.spannendegeschichte.com

Feste und Veranstaltungen

Märchenfestival
Alle zwei Jahre verwandelt sich der Rütterswall in ein märchenhaftes mittelalterliches Lager mit Ritterspielen und einem bunten Programm.

🌐 www.maerchenfestival.blogspot.de

▸ Reichswaldritt
Der Reitverein Kranenburg organisiert jährlich am Fronleichnamswochenende den dreitägigen „Reichswaldritt“ für Freizeitreiter und den „Kleinen Reichswaldritt“ am 3. Oktober. 🌐 www.rv-kranenburg.eu

▸ Montgolfiade
Zur Kirmes in Mehr starten im August auf der Wiese am Ortsrand bunt gestaltete Heißluftballons.

▸ Festivals in Zyfflich
„Woodstock in Zyfflich“ und „Blues in Zyfflich“ bieten an einem Maiwochenende Musik vom Feinsten mit Festivalatmosphäre im kleinen Storchendorf.
🌐 www.festivalinzyfflich.de

▸ Dorfrock Schottheide
Die kultige Open-Air-Veranstaltung lockt im August mit einem hochkarätigen Programm Menschen von nah und fern ins Dorf. 🌐 www.dorfrock.jimdo.com

▸ Stüppkesmarkt
Das traditionelle Stadtfest bietet alle zwei Jahre ein abwechslungsreiches Programm mit Handwerkermarkt und Musik.
🌐 www.stueppkesmarkt.de

▸ Grenzland-Königsschießen
Deutsche und niederländische Schützenvereine und Bruderschaften kämpfen im August an wechselnden Orten um den Titel.

Krefeld

Die linksrheinische „Stadt wie Samt und Seide“ blickt auf eine stolze Geschichte der Textilherstellung zurück. Im 17. Jh. gründeten mennonitische Glaubensflüchtlinge eine Dynastie von Seidenfabrikanten. Ein Gräberfeld vor dem ehemaligen römischen Kastell Gelduba in Gellep lässt auf eine ständige Besiedelung vom 1. bis zum 8. Jh. schließen. Prominentestes Fundstück ist das Fürstengrab mit großzügigen Grabbeigaben aus der Zeit um 525. Den 225 000 Einwohnern der Stadt bieten sich neben Kunst, Kultur und Natur fast unbegrenzte Freizeitmöglichkeiten.

Stadtmarketing,
Lewerentzstr. 104, 47798 Krefeld,
☏ 02151/3660-1515,
🌐 www.krefeld.de,
🌐 www.krefeld-entdecken.de

Sehenswertes

▸ Innenstadt
Am Bismarckplatz finden sich mehrere Gründerzeit- und Jugendstilbauten. Das Rathaus aus dem Jahr 1794 mit einer spätklassizistischen Putzfassade und Neorenaissance-Schmuckformen wurde früher als Stadtpalais genutzt. Ähnlich repräsentativ sind auch die Hauptpost, die 1894 als kaiserliches Postamt im Stil der italienischen Renaissance errichtet wurde, und das Patrizierhaus Haus Floh aus dem Jahr 1766. Weithin sichtbar ist die katholische Hauptpfarrkirche St. Dionysius, die 1753–1755 u. a. von Ernst Friedrich Zwirner erbaut und 1840–1842 erweitert wurde. Die Spitze des neugotischen Turms wurde 2004 durch einen Sturm zerstört und mithilfe der Bürger 2010 ersetzt. Rund um das extravagan-

te Behnisch-Haus (Lohstr./Petersstr.) findet täglich der Krefelder Stadtmarkt statt.

Historischer Stadtkern Linn
Der gesamte Stadtkern mit zahlreichen Fachwerkhäusern und der Burg Linn (s.u.) steht unter Denkmalschutz. Im Park an der Burganlage befindet sich ein Abenteuerspielplatz. Bei Grabungen wurden eine römische Kaianlage und mehrere Kähne entdeckt.

Hüls
Das „Pottbäckerdorf" am Fuße des Hülser Bergs nutzte neben der Töpferei Landwirtschaft, Weberei und Schnapsbrennerei als Einnahmequelle. Die restaurierte Burg Hüls ist ein beliebter Ort für Veranstaltungen und Trauungen.

Geismühle
Die Turmwindmühle ist 700 Jahre alt und eine der ältesten Mühlen am Niederrhein. Schießscharten verdeutlichen ihre Nutzung als vorgelagerter Wachturm der Burg Linn., geöffnet: So (im Sommer), Führungen 02151/544044

Alt, schön und eindrucksvoll: die Geismühle an der A57.

Windmühlen in Traar
Die Mühle auf dem 46 m hohen Egelsberg ist für Lesungen, Ausstellungen und Hochzeiten zugänglich und bietet eine schöne Aussicht. Die Elfrather Mühle steht auf einem aus Backstein gemauerten Sockelring. Sie dient dem Golfklub als Klubhaus und Restaurant.

Denkmäler
Denkmäler erzählen Stadtgeschichte: So auch der Seidenweber Meister Ponzelar mit der geschulterten Tuchrolle auf dem Südwall (Ecke Ostwall) oder das Kaiser-Wilhelm-Standbild am gleichnamigen Museum. Auf dem Südwall befindet sich ein Puppen-Brunnen mit beweglichen Figuren. An die Ermordung und Vertreibung der Juden erinnern das Synagogendenkmal an der Marktstraße / Ecke Petersstraße sowie die Stolpersteine für NS-Opfer.

Ältester Gasthof
Seit 1792 existiert der Gasthof Korff „Zum Königshof". Hier sollen schon 1804 Napoleon Bonaparte und 1821 König Friedrich Wilhelm III. von Preußen gespeist haben. **Kontakt**: Kölner Str. 256, 47807 Krefeld, 02151/9369411, www.korff1792.de

Museen

Museumseisenbahn „Schluff"
Von Mai bis September zeigen sonntags aufsteigender Dampf und lautes Pfeifen den Menschen, dass der „Schluff" kommt! Er dient Ausflüglern mit und ohne Fahrräder als nostalgisches Fortbewegungsmittel zwischen den Stationen St. Tönis, Krefeld Nord, Hüls und Hülser Berg. Glanzpunkt ist die 379 PS starke Lok „Graf Bismarck", Baujahr 1947, mit 11,1 m langen Puffern und einem Gewicht von 66,5 t. Die Personenwagen stammen aus den Jahren 1903 bis 1912. Es gibt Angebote für Gesellschaften

und Sonderfahrten wie die Nikolausfahrt. **Kontakt**: SWK Stadtwerke Krefeld AG, St. Töniser Str. 124, 47804 Krefeld, 02151/984482, 02151/981100, schluff@swk.de, www.swk.de

▸ Museumszentrum Burg Linn
Die mittelalterliche Wasserburg (polygonale Rundburg) war einst eine kurkölnische Landesburg. Die heutigen Gebäude stammen größtenteils aus dem 13. Jh. Zum Museumskomplex gehören Burg und Vorburg, ein barockes Jagdschloss, Zehntscheune und Ehrenhalle sowie die vier km entfernte Geismühle (s.o.). Die archäologische Sammlung bietet Fundstücke, Nachbildungen und Informationen zur römischen und fränkischen Zeit mit Landschafts- und Städtemodellen und dem Nachbau eines römischen Lastkahns sowie Gräber-Funde aus Gelduba (Gellep). Eindrucksvoll ist hier vor allem das 1962 entdeckte Grab eines fränkischen Fürsten und das Skelett des Ritters Otto von Linn. Hinzu kommen Ausstellungen zur Burg sowie Inventar aus zwei Jahrhunderten und eine Sammlung mechanischer Musikinstrumente (Vorführung sonntags). Eine volkskundliche Ausstellung zu Regionalgeschichte, Landleben und Handwerk, ein Rheinkahn aus dem 13. Jh. und wechselnde Ausstellungen runden das Programm ab.
Kontakt: Rheinbabenstr. 85, 02151/ 155390, www.museumburglinn.de, www.flachsmarkt.de, www.krefeld.de

▸ Deutsches Textilmuseum in Linn
Die Sammlung zeigt ca. 30 000 Textilien aus aller Welt aus 2000 Jahren. **Kontakt**: Andreasmarkt 8, 47809 Krefeld, 02151/ 9469450, textilmuseum@krefeld.de, www.krefeld.de

▸ Haus der Seidenkultur
In der ehemaligen Paramentenweberei werden Handwebstühle mit traditioneller Jacquardttechnik präsentiert. Es werden Workshops, Rundgänge und Events angeboten. **Kontakt**: Luisenstr. 15, 47799 Krefeld, 02151/936960, museum@seidenkultur.de, www.seidenkultur.de

▸ Kaiser-Wilhelm-Museum
In dem Ende des 19. Jhs. erbauten Gebäude finden sich Werke vom späten Mittelalter bis heute mit Schwerpunkt auf der zeitgenössischen Kunst der letzten Jahrzehnte. **Kontakt**: Karlsplatz 35, 02151/975580, www.kunstmuseenkrefeld.de

▸ Haus Lange / Haus Esters
In den 1928–1930 vom Avantgardearchitekten Ludwig Mies van der Rohe erbauten Bauhaus-Villen wird zeitgenössische Kunst präsentiert. **Kontakt**: Wilhelmshofallee 91-97, 02151/975580, www.kunstmuseenkrefeld.de

Freizeit und Natur

▸ Zoo Krefeld
Der Zoo am Grotenburg-Schlösschen beherbergt auf 13 ha Fläche etwa 1300 Tiere. Sehenswert sind neben den seltenen Schneeleoparden der „Gorilla-Garten", „Pinguin-Pool", „SchmetterlingsDschungel", die AfrikaSavanne, das Regenwaldhaus und „ErdmännchenLodge". Angebote zum Experimentieren, Erleben, Beobachten und Forschen gibt es im Forscherhaus.
Kontakt: Uerdinger Str. 377 (Navi „Violstr."), 47800 Krefeld, 02151/95520, info@zookrefeld.de, www.zookrefeld.de

Hülser Berg
63 m hoch ist der Hülser Berg mit Aussichtsturm, Wildgehege mit Rot-, Dam und Schwarzwild, Trimm-Dich- und Waldlehrpfad, Junkers-Denkmal, Waldspielplatz und Bergschänke. Um den Berg ranken sich interessante Sagen wie die, dass ein Riese mit einer Schubkarre voll Sand und Lehm stolperte und so den Berg über das Land ergoss oder die von Erdmännchen, die den Menschen Gutes taten.
Parkgelegenheit: an der Hülser Bergschänke, GPS: 51°23’19.36”N, 6°32’10.25”E

Der Johannesturm auf dem Hülser Berg: Mut wird mit einer fantastischen Aussicht belohnt!

Parks und Gärten
Erholung im Grünen bieten Parks und Gärten wie der Stadtwald mit Weiheranlage, Tretbootverleih, Biergarten, zwei Spielplätzen und einer Fußball-Wiese sowie der Schönwasserpark Bockum mit der ersten „Volkssportanlage“, Spielplatz und Botanischem Garten aus dem Jahr 1928 mit 5000 Pflanzenarten. Der Stadtpark in Uerdingen bietet einen Spielplatz und Minigolf.

Mitmach-Bauernhof Mallewupp
Es gibt verschiedene Aktionstage mit Ponyreiten, Pony-Picknick u. v. m., teilweise nach Anmeldung. Tierpatenschaften, therapeutisches Reiten, tiergestützte Pädagogik und Programme für Kindergruppen und Familien werden angeboten. **Kontakt**: Mallewupp e.V., Uhlenhorst Garten 19, 47803 Krefeld, 0172/1353929, info@mallewupp.de, www.mallewupp.de

Wandern
Der Wanderweg rund um Linn und der Wanderrundweg Hülser Bruch (Pottbäckerwanderweg) stehen zum Download bereit. www.krefeld-entdecken.de

Krefelder Galopprennbahn
Idyllisch im Stadtwald gelegen und bereits 1912 erbaut, verbindet die Krefelder Galopprennbahn spannenden Sport mit aufregendem Wettgeschehen und nostalgischem Ambiente. **Kontakt**: Krefelder Rennclub 1997 e.V., An der Rennbahn 5, 47800 Krefeld, 02151/58990, www.krefelder-rennclub.de

Stadtbad Uerdingen
Das wilhelminische Hallenbad aus 1907 bietet Schwimmen wie zu Kaisers Zeiten in einem Mehrzweckbecken unter dem altehrwürdigen Deckengewölbe. **Kontakt**: Kurfürstenstr. 18, 47829 Krefeld-Uerdingen, 02151/481937, www.krefeld.de

Badezentrum Bockum
Das großzügige Hallen- und Freibad bietet einen Außenbereich mit Mehrzweck- und Sportbecken, vielfältigen Rutschenanlagen (Rafting-, Turbo-, Breit- und drei Kleinkinderrutschen), Seilzirkus, Spiel- und Matschbereiche. Im Hallenbadbereich sind ein

50-m-Sportbecken mit Sprunganlage bis 7 m, Lehrschwimm- und Planschbecken. **Kontakt**: Am Badezentrum 2, 47800 Krefeld-Bockum, 02151/590041, www.krefeld.de

Bad am Stadtpark Fischeln
Das Hallenbad bietet ein 25-m-Variobecken, Kleinkinderbereich und Liegewiese. **Kontakt**: Kölner Str. 415, 47807 Krefeld-Fischeln, 02151/150460, www.krefeld.de

Naturfreibad Hüls
Das Freibad bietet ein Mehrzweckbecken mit wassergeführter Kinderrutsche, einen Kleinkinderbereich und viele Spielgelegenheiten. **Kontakt**: Hölschen Dyk 30, 47839 Krefeld-Hüls, 02151/3699174, www.krefeld.de

Eisstadien
Beide Hallen haben öffentliche Laufzeiten – in der Rheinlandhalle auch mit Schlittschuhverleih. **Kontakt**: Rheinlandhalle, Westparkstr. 126, 02151/878880 / Werner-Rittberger-Halle, Westparkstr. 120, 47803 Krefeld, 02151/878880, www.krefeld.de

Live Escape Game „Unter Verschluss"
Neben drei thematisch sehr verschiedenen Escape-Räumen wird auch eine iPad-Rallye als Outdoor-Event angeboten, bei der die Gruppenmitglieder gegeneinander antreten. Auch hier gilt es, knifflige Rätsel und spannende Aufgaben zu lösen und als Gruppe von 2–9 Personen innerhalb von 60 Minuten zu entkommen oder etwas zu finden. **Kontakt**: Friedrichstr. 18, 47798 Krefeld, 01765/3335503, info@unterverschluss.de, www.unterverschluss.de

Flugplatz Egelsberg
Auf den Graspisten des Flugplatzes starten und landen Segel- und Motorflugzeuge. Direkt nebenan gibt es einen Flugplatz-Spielplatz. Einmal jährlich findet ein Flugplatzfest statt. **Kontakt**: Lilienthalweg 10, 47802 Krefeld-Traar, 0160-97378367, www.edlk.de

Erholungspark Elfrather See
Hier kommen Wanderer, Radler, Jogger, Modellbauer, Freizeit- und Wassersportler auf ihre Kosten. Es gibt Gelegenheit zum Baden, Rudern, Segeln, Windsurfen, Kajak fahren, Tauchen und Angeln. Neben einer Minigolfanlage und Spiel- und Sportflächen gibt es eine 2,3 km lange Regattastrecke. **Kontakt**: Bruchweg 26/28, 47829 Krefeld, 02151/471009, Grillplätze 0171/2672584, sportundbaeder@krefeld.de, www.krefeld.de

Bobbolino Kinderwelt/Indoorspielplatz
Neben dem Kletterturm über drei Etagen mit 80 Spielstationen und Wellenrutsche gibt es eine Kartbahn, eine Trampolinanlage, einen Kleinkindbereich, Spielfiguren und Airhockey. **Kontakt**: Neustr. 18, 47809 Krefeld-Oppum, 02151/3271484, www.bobbolino.de

Freizeittreff Hüls mit Okidoki Kinderland
Das Okidoki Kinderland befindet sich im Freizeittreff Hüls, in dem separat Klettern, Bouldern und Kegeln angeboten wird. Die Anlage verfügt über Spielturm mit Rutschen, Trampoline, Schwabbelkissen, einen Kleinkinderbereich, eine Kleinkinder-Hüpfburg, eine Go-Kart-Bahn sowie einen Fußball-/Basketballkäfig, Fahrzeuge u. v. m. **Kontakt**: Hülser Str. 770, 47803 Krefeld, 02151/535240, info@okidoki-krefeld.de, www.okidoki-krefeld.de, www.freizeittreff-krefeld.de

Golf
Krefelder Golf Club e.V., Eltweg 2, 47809 Krefeld, 02151/156030, www.krefelder-gc.de
Golfclub Stadtwald e.V., Hüttenallee 188, 47800 Krefeld, 02151/590243, www.golfclub-stadtwald.de
Golf & Country Club an der Elfrather Mühle e.V., An der Elfrather Mühle 145, 47802 Krefeld, 02151/49690, Tel. 02151/49690, www.gcem.de
Golfclub Bockum e.V., Am Badezentrum 2, 47800 Krefeld, 02151/599757, www.golfclub-bockum.de

Brauereien
Gleich zwei Brauereien bieten Besichtigungen an. In der Brauerei Gleumes wird regelmäßig eine „Bierakademie" durchgeführt. **Kontakt**: Hausbrauerei Gleumes, Sternstr. 12, 47798 Krefeld, 02151/601539, info@brauerei-gleumes.de, www.brauerei-gleumes.de
Brauerei Königshof, Obergath 68-112, 47805 Krefeld, 02151/333-0, www.brauereikoenigshof.de

Radwandern
Krefeld hat „hauseigene" Routen mit unterschiedlichen Schwerpunkten: ArchitekTOUR, KulTOUR und NaTOUR.

Theater Krefeld Mönchengladbach
Schon in den 50er-Jahren schlossen sich beide städtischen Theater zusammen.
www.theater-kr-mg.de

Feste und Veranstaltungen

Flachsmarkt
Zu Pfingsten findet rund um die Burg der Flachsmarkt, ein mittelalterlicher Handwerkermarkt mit Ritterspielen und Musikanten, statt.
www.flachsmarkt.de

Seifenkistenrennen
Fantasievoll gestaltete selbst gebastelte Vehikel sausen im September bei dieser Kultveranstaltung vor Familien und Schaulustigen den Hülser Berg hinunter.

Art of Eden
Kunst und Design im Grünen laden Anfang Mai in den Botanischen Garten.

Folklorefest
Der Platz an der Alten Kirche ist im August Schauplatz von Deutschlands ältestem und größtem „Umsonst & Draußen" Festival für Folk- und Weltmusik.
www.folklorefest.de

Bottermaat
Im historischen Hülser Ortskern trifft am dritten Wochenende im September altes Handwerk auf modernes Design.
www.hülser-werbering.de

Niederrheinischer Pottbäckermarkt
Rund um die Dionysiuskirche und an der Rheinstraße präsentieren Designer jährlich im Mai auf dem größten Keramikmarkt am Niederrhein ihr Können.

Sprödentalkirmes
Zweimal im Jahr lockt die Kirmes kleine und große Menschen auf den Sprödentalplatz.
www.sproedentalkirmes.de

Weihnachtsmarkt
Puppentheater, Live-Musik, Glühwein, Leckereien und noch viel mehr bietet der Weihnachtsmarkt in Krefeld.

Feste
Infos zu all den kleinen und großen Festen:
www.krefeld.de

Meerbusch

(Rhein-Kreis Neuss)

Die Stadt Meerbusch mit etwa 56 000 Einwohnern liegt am linken Niederrhein zwischen Düsseldorf und Krefeld direkt am Rhein. Erste menschliche Spuren gab es bereits 7000 v. Chr., Reste römischer Villen wurden gefunden, die Franken waren dort, und die Burg Meer wurde im Jahr 1001 erbaut. Heute hat sich die Stadt trotz ihrer verkehrsgünstigen Lage und der kulturell-künstlerischen Prägung ihr historisches Flair im Grünen bewahrt.

Stadtverwaltung Meerbusch, Dorfstr. 20, 40667 Meerbusch, 02150/916-0, www.meerbusch.de

Historisches Flair: Der Brunnen auf dem alten Marktplatz von Lank-Latum mit der Pfarrkirche St. Stephanus im Hintergrund.

Sehenswertes

Lank-Latum

Der Stadtteil beeindruckt durch historischen Charme mit vielen alten Häusern, besonders rund um den alten Marktplatz im Schatten der Pfarrkirche St. Stephanus mit romanischem Turm. Die Teloy-Mühle aus dem Jahr 1822 dient als Ausstellungsfläche und Veranstaltungsort, der Wasserturm als Forum für über 150 Veranstaltungen. Auf dem Forstenberg soll der berühmte Räuber „Der Fetzer" einen Schatz versteckt haben.

Alter Kirchturm

Der einzeln stehende romanische Kirchturm aus dem 13. Jh. wurde 1959 von Joseph Beuys als Mahnmal für die Toten der beiden Weltkriege umgestaltet. Er gilt als einziges Beuys-Gesamtkunstwerk im öffentlichen nicht-musealen Raum. **Standort**: Dorfstr., Büderich

Gut Dyckhof

Das von Wassergräben umgebene ehemalige Bauerngut wurde 1393 erstmals erwähnt. Die Barockturmhaube erhielt es im Jahr 1666. Heute befindet sich hier ein Hotel-Restaurant. **Kontakt**: Am Dyckhof 3, Büderich, 02132/9777, info@gut-dyckhof.de, www.gutdyckhof.com

Museen

Elektrothek Osterath

Im ehemaligen RWE-Umspannwerk befindet sich ein Museum mit mehr als 2000 Exponaten aus 100 Jahren Hochspannungstechnik. **Kontakt**: Ingerweg 100, Osterath, 02151/314403 oder 756694 info@elektrothek.de, www.elektrothek-osterath.de

Freizeit und Natur

Jugendfarm Arche Noah
Die pädagogisch betreute Freizeiteinrichtung bietet auch Gruppenangebote. Der Streichelzoo ist für jeden offen. Es gibt Tiergehege, Tierhäuser, eine Ponyreitbahn, Kindergeburtstagshütten und Spielflächen mit Rutschen, Schaukeln und Fahrzeugen. Am Wochenende werden auch Kutschfahrten angeboten. **Kontakt**: Marienburger Str., 40667 Meerbusch, 0172/2114316, info@archenoah-meerbusch.de, www.archenoah-meerbusch.de

EUROGA-Kunstweg / Mataré-Kunstweg
Auf dem Weg erinnern Kunstwerke an den Künstler und seine Schüler. Ein Online-Studium des Wegeplans ist empfehlenswert. Startpunkt: Büdericher Allee, Eingang Park, Büderich,
www.meerbusch.de

Wandern
Die 11 km lange Meerbuscher „Rheinfront" bietet schöne Uferabschnitte mit Rad- und Wanderwegen und Inlineskater-Routen durch die Rheinauen. Im Naturschutzgebiet Ilvericher Altrheinschlinge leben seltene Tiere und Pflanzen. Mit dem „Herrenbusch", dem „Strümper Busch" und dem „Meerer Busch" laden größere Waldgebiete zum Spaziergang, während der Latumer See zum Umrunden und Angeln einlädt.

Meerbad
Das Sport- und Gesundheitsbad bietet einen separaten Kinderbereich und ein breites Fitness-, Sport- und Gesundheitsangebot. **Kontakt**: Friedenstr. 21, Büderich,
02132/916349,
meerbad@meerbusch.de
www.meerbusch.de

Freizeitpark Eisenbrand / Sportpark Büderich
Zwischen Sportzentrum und Büdericher Sangsheide entwickelt sich ein naturnaher Freizeitpark mit Sportanlagen, „Pfad der Jahresbäume", grünem Klassenzimmer und Grillhütte. Der See Sangsheide ist bei Anglern sehr beliebt. Im Sportpark Büderich gibt es ein breites Sportangebot.
Kontakt: Sportpark Büderich, Hülsenbuschweg 8 (Am Eisenbrand), Büderich, 02132/9988380, www.sportpark-buederich.de
Angeln: www.spavbuederich.de

Golfpark Meerbusch
Es gibt einen 18-Loch-Platz (Par 72), eine Driving Range, eine Golfschule und eine Eventscheune. Samstags werden Schnupperkurse angeboten. **Kontakt**: Badendonker Str. 15, 40667 Meerbusch, 02132/93250, info@golfpark-meerbusch, www.golfpark-meerbusch.de

Skateranlagen
Standorte: Fouesnantplatz und Kranenburger Str.

Modellflugplatz Apelter Feld
Hier treffen sich Freunde des Modellflugsports für Segel- und Motorkunstflug bis zu einem Abfluggewicht von 25 kg. **Kontakt**: Apelter Weg, Büderich – Luftsportfreunde Tura Büderich e.V., www.mfc-buederich.de

Personenfähre
Die „Michaela" pendelt zwischen Langst und Kaiserswerth, wo sich eine Anlegestelle der „Köln-Düsseldorfer"befindet.
www.rhein-faehre.de

Radwandern
Meerbusch ist Mitglied der „Arbeitsgemeinschaft fahrradfreundicher Städte" und bietet die „Stadt Land Fluss – Die Meerbusch-Route" zum Download an.

Ab 2018 wird auch die (Rad-)Wanderkarte „FamilienFreizeitTipps“ mit Anregungen für kostenlose Aktivitäten im Freien vorliegen. „Quo Radis“: s. Dormagen

Feste und Veranstaltungen

Sonnenblumensonntag
Bei dem Büdericher Straßenfest im August bietet sich auf der mit Sonnenblumen geschmückten Dorfstraße ein abwechslungsreiches Programm mit Modenschau, Livemusik und Kinderprogramm.

Steigerturm in Flammen
Der Löschzug Osterath präsentiert am letzten Samstag der Sommerferien eine spektakuläre Löschübung mit buntem Rahmenprogramm, Grillfest und Feuerwerk.

US-Car & Harley-Treffen
Auf der Festwiese in Ilverich schlägt im Juli das Liebhaber-Herz höher.

WBM-Winterwelt Meerbusch
Büderich bietet von Mitte November bis Anfang Januar Hüttenzauber und Eislaufvergnügen auf dem Dr.-Franz-Schütz-Platz.
www.winterwelt-meerbusch.de

Mönchengladbach

Etwa 270 000 Menschen leben in der kreisfreien Stadt, und sie sind nicht die ersten. Bereits in der Steinzeit siedelten Menschen bei Rheydt, im Hardterwald und an mehreren anderen Stellen. Die Römer legten in Mültfort ein Straßendorf an, und die Franken wurden in Odenkirchen-Sasserath, Wickrath und auf dem Abteiberg heimisch. Die Abtei Gladbach wurde 974 gegründet, und auch Rheydt wurde um 990 erstmals erwähnt. Heute vereinigt die Großstadt ein breites kulturelles Angebot mit vielfältigen Freizeitmöglichkeiten, Natur und historischen Bauten. Durch ihre Parks und Gärten ist sie der „Straße der Gartenkunst“ angeschlossen.

Marketing Gesellschaft Mönchengladbach mbH, Voltastr. 2, 41061 Mönchengladbach, 02161/2552400, 02161/2552439, info@mgmg.de, www.mgmg.de, www.moenchengladbach.de

Ticket- und Infoservice: First Reisebüro, Bismarckstr. 23, 41061 Mönchengladbach, 02161/274161 / First Reisebüro, Alter Markt 9, 41061 Mönchengladbach, 02161/930920

Sehenswertes

Altstadtrundweg
Der Weg orientiert sich an der Stadtmauer aus dem Jahr 1388, deren Reste im Geropark und im Abteigarten zu finden sind. Die mittelalterliche Stadt entwickelte sich nach der Abteigründung 974 auf dem Hügel. Der Alte Markt und der Kapuzinerplatz mit der Christuskirche aus dem 19. Jh. bilden das Kernstück. Hier befindet sich das Gasthaus St. Vith, eines der ältesten nichtkirchlichen Gebäude der Stadt, das möglicherweise aus dem Jahr 1586 stammt und angeblich errichtet wurde, damit der Abt nicht mehr auf einen steinernen weltlichen Pranger schauen musste. Das heutige Rathaus Abtei stammt aus dem Jahr 1663. Am Kirchplatz befindet sich die spätgotische Hauptpfarr-

kirche aus dem Jahr 1533. Die erste Abteikirche wurde jedoch bereits 974 auf dem Platz des heutigen dreischiffigen Münsters errichtet, dessen Chorhalle mit Sakristei über der Krypta 1275 geweiht wurde. Am Standort der Propstei befand sich bereits im 13. Jh. ein Hospital des Klosters. Das im Zweiten Weltkrieg zerstörte Gebäude wurde originalgetreu wieder aufgebaut. Der Dicke Turm, ein Pulverturm aus dem frühen 16. Jh. mit einer Mauerstärke von bis zu 3,25 m, dient heute als Bezirksarchiv der Bruderschaften und öffnet einmal im Jahr seine „Turmtür“. Von hier führt eine rekonstruierte Wehrgangsbrüstung zum Kleinen Turm. Ebenfalls noch vorhanden sind der Kampenturm (frühes 15. Jh.), der runde Wyenturm und die Ruine des Bornefeldschen Turms.

Geschichte trifft Moderne
Elemente wie die 10 m hohe Temperatursäule mit Lichtspiel oder das Kunstwerk „Der Mensch und die Zeit“ (Ecke Wardhausener Str.) sowie die Skulptur von Heinz Mack auf dem Kapuzinerplatz und der „quadratisch-runde Brunnen“ von Erwin Heerich auf dem Alten Markt setzen moderne Akzente in der Altstadt.

Rathaus Rheydt
Das 1894–1897 im Stil der deutschen Renaissance errichtete Rathaus beherbergt mehrere Ämter. Die Schaufassade war nach dem Krieg erhalten, der obere Teil des Schaugiebels und der Turmhelm wurden rekonstruiert. **Standort**: Markt 11, 41236 Mönchengladbach-Rheydt

Wasserturm
Der 1909 erbaute Turm gilt als „schönster Jugenstil-Wasserturm Deutschlands“ und bietet einen eindrucksvollen Panoramablick. **Standort**: Viersener Str. 115, 41063 Mönchengladbach

Kirchen und Sakralgebäude
Die Klosterkirche in Neuwerk – 1135 erstmalig urkundlich erwähnt – gilt als zweitältestes Bauwerk nach dem Münster (www.klosterkirche-neuwerk.de). Auch die Pfarrkirche St. Helena geht auf die 2. Hälfte des 12. Jhs. zurück – der heutige Bau mit dem achteckigen Turm stammt allerdings bei Erhalt alter Elemente aus den Jahren 1910 bis 1915.

Museen

Schloss Rheydt und Städtisches Museum Schloss Rheydt
Die Ursprünge des Schlosses liegen im 12. Jh. Das heutige „Gesicht“ basiert auf Umbaumaßnahmen Mitte des 16. Jhs. Das Museum enthält in verschiedenen Gebäudeteilen mit historischer Ausstattung eine Dauerausstellung zur Stadtgeschichte sowie zu Kunst und Kultur der Renaissance und des Barocks mit „Wunderkammer“. Die Baugeschichte des Hauses wird im Gewölbekeller dargestellt, in den Kasematten geht es um Festungsbau. Räumlichkeiten wie Rittersaal und Gewölbekeller stehen für Tagungen und Seminare zur Verfügung, bei Kindergeburtstagen gehen die Kinder auf Gespenstersuche. Im Museumsatelier werden Workshops und Kinderkurse durchgeführt. Zudem werden Demenzführungen angeboten. In den Parkanlagen befinden sich Teile alter Alleen wie beispielsweise eine Lindenallee aus dem späten 16. Jh. **Kontakt**: Schlossstr. 508, 41238 Mönchengladbach, 02166/92890-0 Führungen -16, info@schlossrheydt.de, www.schlossrheydt.de

Städtisches Museum Abteiberg
Die Architektur des „Kunstwerks für die Kunst“ wurde mit dem „Pritzker Award ausgezeichnet. Gezeigt wird v.a. Gegenwartskunst seit 1960.

Kontakt: Abteistr. 27, 41061 Mönchengladbach, ☏ 02161/252631, ✉ mail@museum-abteiberg.de, 🌐 www.museum-abteiberg.de

▸ TextilTechnikum im Monforts Quartier

In der ehemaligen Textilmaschinenfabrik befindet sich eine Sammlung zur Textiltechnik, Entwicklung und Forschung mit Schwerpunkt auf der Weberei. Ausgestellt werden u. a. 150 Maschinen aus mehreren Epochen. Ein Teil des Gebäudekomplexes dient als Eventfläche. **Kontakt**: Schwalmstr. 301, 41238 Mönchengladbach, ☏ 02166/928900, ✉ info@textiltechnikum.de, 🌐 www.textiltechnikum.de

▸ Museum im Wasserturm Rheindahlen

Im Wasserturm nahe der steinzeitlichen Fundstätte befindet sich eine archäologische Ausstellung über steinzeitliche Kulturen am linken Niederrhein. Über die Fundstelle, Hintergründe und die Funde selbst informiert auch die Homepage. **Kontakt**: Mennrather Str. 80, 41179 Mönchengladbach (Postadresse Archäologisches Museum c/o Bernd Hussner, Heppendorfstr. 20 41238 Mönchengladbach), ✉ museum.wasserturm@arcor.de, 🌐 www.steinzeit-in-rheindahlen.de

▸ Altes Zeughaus – Karnevalsmuseum

Im mit 4,25 m Breite schmalsten Haus Mönchengladbachs befindet sich eine bunte Sammlung von Uniformen, Kostümen, Orden und Karnevalszubehör. Hinzu kommt eine „kleine Stadtgeschichte“. **Kontakt**: Weiherstr. 2-4, 41061 Mönchengladbach, ☏ 02166/180109, 🌐 www.altes-zeughaus.de

Freizeit und Natur

▸ Tierpark Odenkirchen

Der Park bietet schöne Spielmöglichkeiten und eine Vielzahl an Streicheltieren. Absolutes Highlight ist die Seehundfütterung! Den Wunsch nach Exotik erfüllen Kängurus, Nandus, Wisente, Steppenrinder, Alpakas, Ozelot, Luchs, Rotfuchs, Nasenbären, Affenhaus und Exotenhaus. Dam- und Sikawild, Störche, Waschbären, Zebramangusten und Präriehunde wollen beobachtet werden, während Ponys und Ziegen gerne für eine Streicheleinheit zu haben sind.
Es gibt vielfältige Angebote für Gruppen. **Kontakt**: Am Pixbusch 22, 41199 Mönchengladbach, ☏ 02166/601474, ✉ info@tiergarten-moenchengladbach.de, 🌐 www.tiergarten-moenchengladbach.de

Das liebevoll gestaltete Meerschweinchengehege im Tierpark Odenkirchen.

▸ Bäche und Flüsse / Erlebnisbrücke Nordkanal

Der Gladbach mündet in die Niers, die ursprünglich in Erkelenz-Kuckum das Licht der Welt erblickte. Aufgrund der Grundwasserabsenkung durch den Braunkohletagebau werden die Quellen in Kuckum heute durch Sümpfungswasser gespeist. Eine der Niersquellen wurde 2006 auf die Mönchengladbacher Golfsportanlage (s.u.) verlegt. Sie entspringt nun im Wasserhindernis

zwischen den Bahnen 12 und 17 und wird über die Fairways 18 und 1 in ihr altes Bett geleitet. Ab hier zieht sich der Niersgrünzug mit Kunstweg Niers, NiederRhein- und Euroga-Radroute vorbei an der Kleingartenanlage Neue Niers 22 km durch den Osten der Stadt. Unweit des Autobahnkreuzes Neersen führt die Erlebnisbrücke Nordkanal, konstruiert nach einer Vorlage aus dem 19. Jh., über die Niers. Im Transportkorb gelangen Fußgänger und Radfahrer mit einem Seilzug ans andere Ufer.
Standort Erlebnisbrücke: Straßenverlängerung „An der Neuen Niers", parallel zur Cloerbruchallee, GPS 51°14'17.10"N, 6°28'28.60"E

Die Erlebnisbrücke – etwas Muskelkraft ist nötig für die ungewöhnliche Niers-Überquerung.

▸ Parks und Gärten

Der Bunte Garten umfasst den Botanischen Garten mit Apothekergarten und Duft-und Tastgarten, einen Spielplatz, Sportstätten und -strecken und eine Minigolfanlage (www.buntergarten.de). Im Volksgarten mit Bungtbach und Volksgartenweiher verbinden sich Parklandschaft und das benachbarte Waldgebiet mit 30 m hohen Buchen zu einem „verwunschenen Ort" mit Pfaden, See für Tret- und Ruderboote, Konzertmuschel, Spielplatz und Wald. „Kuno", der 1,5m lange Killerwels, wurde im Oktober 2001 hier beobachtet. Der Schmölderpark gilt mit seinem alten Baumbestand als „grüne Oase Rheydts". Eine Besonderheit im Bresgespark/Zoppenbroicher Park ist der Teich für Schiffsmodellbauer auf dem ehemaligen Gelände einer Spinnerei. Hinzu kommen unzählige andere Parks und Gärten wie Abteigarten, Geropark, Vituspark, Dahler Freizeitpark, Hans-Jonas-Park (ehem. Berggarten), Beller Park in Odenkirchen, Hugo-Junkers-Park, Helga-Stöver-Park und der Schlosspark Wickrath (s.u.).

▸ Wälder und Naturparks

Das größte zusammenhängende Waldgebiet ist der Hardter Wald im Norden mit keltischen Grabhügelfeldern (www.herzpark-mg.de). Von hier führt ein Kulturlandschaftspfad über zwölf Stationen mit Biotopen und Kulturräumen zum 13 km entfernten Stadtwald „Rheydter Höhe", in dem sich mit 133 m Höhe Mönchengladbachs höchster Punkt befindet. Die im Volksmund „Monte Clamotte" genannte Erhebung gilt mit einer Höhe von mehr als 63 m als Deutschlands größter Trümmerberg. Im niedriger gelegenen Teil befinden sich ein Weiher, Grillplätze, Liegewiesen, ein Picknickgelände, eine Mini-Golf-Anlage und ein beliebter großer Spielplatz mit umfangreichen Wasser-Matsch-Möglichkeiten.
🌐 www.rheydt-online.de

▸ ☺ Schlossbad Niederrhein

Das kombinierte Frei- und Hallenbad beheimatet insgesamt sieben Becken. Ab dem 10. Lebensjahr darf der aufregende 80 m lange Wildwasserkanal genutzt werden. Teile des Außenbereichs sind auch im Winter nutzbar. **Kontakt**: Auf dem Damm 107, 41189 Mönchengladbach, ✆ 02166/59757, 🌐 www.new-baeder.de

▸ ☺ Vitusbad

In dem freizeitorientierten Sport- und Vereinsbad gibt es ein Sportbecken mit 50-m-Bahnen, aber auch ein Fun-Aktionsbecken, Sprudelliegen, eine Kletterwand, ein Kinderbecken und einen Planschbereich sowie ein angeschlossenes Fitnessstudio. Breitenbachstr. 52, 41065 Mönchengladbach, 02161/6980487, www.new-baeder.de

Stadtbad Rheydt (Pahlkebad)
Das denkmalgeschützte Kurs- und Gesundheitsbad bietet ein 25-m-Becken, eine Blaue Grotte, einen Sprungturm bis 10 m Höhe und einen Jetstream. **Kontakt**: Pahlkestr. 10, 41236 Mönchengladbach, 02166/147000, www.new-baeder.de

Freibad volksbad
Das Freizeitbecken hat eine Wasserfläche von etwa 1600 m² und bietet eine Breitrutsche, Bodensprudler, Massagedüsen und einen Wasserpilz. Hinzu kommen ein 50-m-Sportbecken, eine Sprungbeckenanlage, ein Kinderplanschbecken, ein Seilzirkus, Beachvolleyball, eine große Liegewiese und Gastronomie. **Kontakt**: Peter-Krall-Str. 63, 41065 Mönchengladbach, 02161/43639, www.new-baeder.de

Hallenbad Rheindahlen
Im Schul- und Vereinsbad werden neben Schwimmkursen auch Aqua-Fitness, Gesundheitssport und Wasserball angeboten. Standort: Geusenstr. 33, 41179 Mönchengladbach **Kontakt**: Mönchengladbacher Schwimmverein 1901 e.V., Erzberger Str. 10, 41061 Mönchengladbach, 02161/482587, msv-gs@t-online.de, www.msv01.de

Hallenbad Giesenkirchen / Schwimmsportvereinigung Rheydt 1903 e.V.
Neben Schwimmen, Wasserball und Kunstspringen im Schul- und Vereinsbad gehört auch Kanu fahren zum sportlichen Angebot. **Kontakt**: Asternweg 1, 41238 Mönchengladbach, www.ssv-rheydt.de

Trabrennbahn
Im August 1892 startete in den Nierswiesen die erste Trabrennveranstaltung. Inzwischen finden ein- bis zweimal monatlich Renntage statt, bei denen neben spannendem Sport auch das Wetten im Mittelpunkt steht. **Kontakt**: Am Flughafen 5, 41066 Mönchengladbach, 02161/663083, www.mgtrab.de

Sternwarte Rheindahlen
Der Astronomische Arbeitskreis Mönchengladbach e.V. bietet thematische Beobachtungsabende mit dem Teleskop, auch für Kinder und Fotografen. **Kontakt**: Mennrather Str. 80, 41179 Mönchengladbach (Gelände des Wasserturms), 02161/573113 info@astro-mg.de, www.astro-mg.de Geschäftsstelle Engelsholt 143, 41069 Mönchengladbach

„Exit Out" Live Escape
Gemeinsam lösen Gruppen Rätsel und Aufgaben, um innerhalb von 60 Minuten aus einem von drei verschiedenen geschlossenen Räumen zu entkommen, von denen einer lokalpatriotisch „Fohlenstall" heißt. Es gilt, sich vor einem wichtigen Spiel aus der Umkleidekabine zu befreien. **Kontakt**: Waldhausener Str. 31, 41061 Mönchengladbach, 02161/9464112, kontakt@exitout.de, www.exitout.de

Stadion im Borussia-Park
Das 2004 errichtete Fußballstadion der Borussia Mönchengladbach im Nordpark mit der spannenden Optik hat eine maximale Kapazität von 59 724 Zuschauern. Es werden Stadionführungen angeboten. **Kontakt**: Hennes-Weisweiler-Allee 1, 41179 Mönchengladbach, 01805/181900, Stadionführungen 02161/9293-1526, info@borussia.de, stadionfuehrung@borussia.de, www.borussia.de

SparkassenPark (HockeyPark)
Das 2006 eröffnete Hockeystadion im Nordpark fasst bis zu 12 000 Zuschauer und war bereits Austragungsort internationaler Meisterschaften. Hier finden auch andere Großevents, Konzerte und Veranstaltungen statt. **Kontakt**: Am HockeyPark 1, 41179 Mönchengladbach, 02161/563920, sparkassenpark@sparkassenpark.de, www.sparkassenpark.de

Sportanlage Radrennbahn
Am Volksgarten entsteht auf dem Gelände der alten Radrennbahn eine moderne Sportanlage mit Fußballplatz, Skaterpark, Joggingstrecke, Fitnessgeräten und weiteren Freizeitmöglichkeiten. Die Fertigstellung ist für Ende 2018 geplant. **Standort**: Carl-Diem-Str. 1, 41065 Mönchengladbach, www.sportstadt-mg.de

Kletterkirche Mönchengladbach
Die Kletterhalle in der ehemaligen Pfarrkirche St. Peter bietet Einsteiger-, Fun-, Extrem- und Boulderbereiche bei einer Wandhöhe bis 13 m und einen Pendelsprung aus 8 m Höhe. Der Außenbereich bietet Slackline, Highline, Riesenleiter u.v.m. Geboten werden auch Schnupperklettern und Eltern-Kind-Klettern sowie Gruppenangebote, auch für Kinder ab 9 J., und Team-Events. **Kontakt**: Nicodemstr. 36, 41068 Mönchengladbach-Waldhausen, 02161/4613960, buchung@kletterkirche.de, www.kletterkirche.de

Sportpark West mit Kidsplanet
Im Sportpark West befinden sich Squash- und Badmintoncourts, Cageball, eine Indoor-Kletteranlage mit Kletterschule und Angeboten für Gruppen, eine Almhütte als Eventlocation und der Indoor-Spielplatz Kidsplanet. Es gibt ein Spiel- und Kletterlabyrinth über vier Etagen, Rutschen, Burgen zum Klettern, Rutschen und Hüpfen, einen Wabbelberg, einen Kleinkinderbereich, ein Multifunktionsfeld, Trampoline, Tretfahrzeuge, eine Lego-Baustelle u.v.m. **Kontakt**: An den Holter Sportstätten 1, 41069 Mönchengladbach, 02161/353970, info@sportparkwest.de, www.sportparkwest.de, www.almhuette-mg.de

Okidoki Kinderland
Der freundlich gestaltete Indoor-Spielplatz bietet auf etwa 2000 m² einen Kletterturm, Geburtstagshäuschen, einen Kleinkindbereich, Rutschen, einen Kletter-Leuchtturm, ein „schnappendes" Kletterkrokodil, einen Outdoor-Bereich mit Hüpfburg und Wasserrutsche, Trampoline, Bungee-Springen u.v.m. **Kontakt**: Broichmühlenweg 40-44, 41066 Mönchengladbach, 02161/4765050, www.kidoki-mg.de

Schloss Wickrath – Rheinisches Pferdestammbuch e.V. Pferdezentrum
An der Stelle einer spätmittelalterlichen Wasserburg wurde im 18. Jh. ein achsialsymmetrisches Barockschloss gebaut. Hier dreht sich alles um die Zucht. Es werden Hengst-, Stuten- und Reitpferdeschauen, Freispringwettbewerbe, Seminare, Schulungen u.v.m. durchgeführt. Im Schloss befinden sich ein Restaurant und Veranstaltungsräume. **Kontakt**: Schloss Wickrath 7, 41189 Mönchengladbach, 02166/6219110, www.pferdezucht-rheinland.de
Restaurant: Wickrath 17, 02166/846063, www.wickrather-schloss.de

Rittergut Wildenrath mit Mönchengladbacher Golfsportanlage
Der ehemalige Adelssitz mit neuer Marienkapelle ist 800 J. alt. In der Gastronomie mit Biergarten, Restaurant, Golfbistro und Veranstaltungsräumen wird für Gruppen ab 10 Personen das Gutsherren-Diplom angeboten, ein Wettkampf mit bäuerlichen Disziplinen.

Die öffentliche 18-Lochanlage für Golfer mit einem Handicap ab 54 befindet sich auf einem antiken Bodendenkmal. Zudem gibt es eine Golfschule und Schnuppermitgliedschaften. **Kontakt**: Kuckumer Str. 61 41189 Mönchengladbach-Wanlo ☎ 02166/954954 ✉ info@rittergut-wildenrath.de 🌐 www.rittergut-wildenrath.de 🌐 www.mg-golfsport.de, ☎ 02166/145722, ✉ info@golfclub-mg.de, 🌐 www.golfclub-mg.de

▸ Segelflugplatz Wanlo-Niersquell (mit Traction Kiten)

Zum Sommerferienende findet hier ein Flugtag statt. Mitflüge im Doppelsitzer sowie Schnuppermitgliedschaften sind jederzeit möglich. Außerhalb des Flugbetriebes dient der Platz als Traction Kite Location. **Kontakt**: Kuckumer Str. 70, 41189 Mönchengladbach, ☎ 0160-90528886, ✉ kontakt@segelflug-mg.de, 🌐 www.segelflug-mg.de, GPS 51°06'03"N, 6°23'34"E

▸ Hensen Brauerei mit Hasenbande

In dem von 1793 bis Mitte der 1970er-Jahre genutzten ehemaligen Sudhaus werden seit 2015 hauseigene Bierkreationen angeboten. In dem Gebäude befindet sich das Restaurant Hasenbande, in dem sich das Flair eines Pubs mit der historischen Brauereiatmospäre verbindet. **Kontakt**: Untere Str. 133-135, 41068 Mönchengladbach-Waldhausen, ☎ 02161/4674900 (Brauerei) – Reservierungen Hasenbande: ☎ 0175/3338076, ✉ hasenbande.mg@gmail.com, 🌐 www.brauerei-hensen.de

Feste und Veranstaltungen

▸ Karneval

Rathaussturm in Rheydt und der Veilchendienstagszug gehören zu den Höhepunkten des Karnevals in Mönchengladbach.

▸ Kappesfest

Die Kombination aus Mittelalter- und Handwerkermarkt mit Pranger-Spektakel, Oldtimerrallye und Bühnenprogramm lockt im April viele Besucher nach Rheindahlen. 🌐 www.zukunft-rheindahlen.de

▸ Turmfest

Auf dem Rheydter Marktplatz findet im Juni neben einem bunten Familienfest auch der Sparkassen-Triathlon statt. 🌐 www.rheydt-online.de

▸ Fest am See

Am Schloss Rheydt findet jährlich im Juli ein großes Familienfest mit Sport und Spiel, Bauernmarkt, Pferdewettbewerb und Feuerwerk statt. 🌐 www.festamsee.de

▸ Festivals

Gleich mehrfach im Jahr werden alle Sparten der Musik und Kunst gefeiert. 🌐 www.moenchengladbach.de („Leben in Mönchengladbach", „Kultur"), 🌐 www.ensemblia, 🌐 www.musik-im-haus.de, 🌐 www.nachtaktivmg.de, 🌐 www.sommermusik-mg.com, 🌐 www.worldmusiccarnival.wordpress.com

▸ Ritterfest Schloss Rheydt

Die Zeitreise ins 15. Jahrhundert präsentiert sich jährlich im August als historisches Familienfest mit Schwertkämpfen, Axtwurf, Bogenschießen, Greifvögeln, Bauernhof und mittelalterlichem Markt, Buhurt, Tavernenspiel, Gauklern und Kinderprogramm. 🌐 www.ritterfest-schloss-rheydt.de

Automobilausstellung
Auf dem Messegelände Nordpark dreht sich im September alles um neue Fahrzeuge und Technologien.
www.automesse-mg.de

„Eine Stadt-Fest“
Dieses Fest im August eint die verschiedenen Teile Mönchengladbachs. Zu den Besonderheiten gehört die Gourmetzeile.

Rheydter Blumensonntag
Den Blumenkorso, der am zweiten Septembersonntag stattfindet, gibt es seit Ende der 50er-Jahre. Alle zwei Jahre wird mit der Goldenen Blume ein Umweltschutzpreis verliehen.

Stadtschützenfest
Veranstalter ist der Bezirksverband Mönchengladbach-Rheydt-Korschenbroich im Bund der Historischen Deutschen Schützenbruderschaften. Wer Tradition und Geselligkeit liebt, ist hier im September richtig.

Weihnachtsmärkte
Mehrere Weihnachtsmärkte beleben die Adventszeit, u. a. in Rheydt und auf dem Alten Markt mit Weihnachtsdorf.

Moers

(Kreis Wesel)

Die Stadt Moers ist mit ihren etwa 105 000 Einwohnern die größte Stadt Deutschlands, die weder kreisfrei noch Sitz eines Kreises ist. Moers liegt auf der linken Rheinseite an der unmittelbaren Grenze zum Ruhrgebiet. Es gibt Siedlungsspuren aus der Zeit um 2500 v. Chr. bei Hülsdonk, und Drusus gründete um 12 v. Chr. das römische Lager Asciburgium im heutigen Asberg.

MoersMarketing GmbH,
Kirchstr. 27a/b, 47441 Moers,
02841/88226-0,
stadtinformation@moers-marketing.de
www.moers-marketing.de

Rathaus Moers,
Rathausplatz 1, 47441 Moers,
www.moers.de
www.moers-stadtportal.de
www.eaw-kreiswesel.de
www.landschaftspark-niederrhein.com
www.niederrhein-tourismus.de

Sehenswertes

Moerser Schloss
Die ehemalige Wasserburg gilt als eine der ältesten im Rheinland erhaltenen hochmittelalterlichen Ringburganlagen. Mittelalterliche Verteidigungsmauern mit Schießkammern und Schießscharten sowie ein Lehmkuppelofen aus der Zeit um 1200 sind erhalten. Neben dem öffentlichen Ausgrabungsbereich enthält das Schloss das Grafschafter Museum und das Schlosstheater und ist von einem öffentlichen Park mit Stadtgraben und Wällen der ehemaligen Stadtbefestigung umgeben.

Historische Altstadt
Herz der Altstadt ist der Altmarkt mit Bürgerhäusern aus dem 17. und 18. Jh. und dem Preußen-Denkmal. Das älteste Ende des 15. Jhs. im spätgotischen Stil erbaute Haus mit klassizistischer Fassade ist das Peschkenhaus (s.u.). Die evangelische Stadtkirche (Klosterstr.) wurde bereits 1448 als Klosterkirche errichtet. Die neugotische

katholische Kirche Str.-Josef stammt aus dem Jahr 1871 und enthält eine barocke Figurengruppe zu Mariä Heimsuchung im Chor. **Kontakt**: Flyer „Altstadtbummel" www.moers.de

Aumühle

Die „Obere Wassermühle" wurde 1608–1609 erbaut und war Teil einer Schleusenanlage am Stadtgraben. Der Anbau dient als Backstube und wird für Backtage, Backkurse und Veranstaltungen genutzt. **Kontakt**: Venloer Str. 40, 02841/7819375, info@aumuehle-moers.de, www.aumuehle-moers.de

Zechen- und Arbeitersiedlung Moers-Meerbeck

Die Kolonie mit Gartenstadt-Charakter wurde 1904–1914 für die Arbeiter der Zeche Rheinpreußen erbaut und bietet Platz für 10 000 Menschen. **Standort**: Rheinkamp (Meerbeck) rund um die Bismarckstr.

Weitere Kirchen

Ebenfalls sehenswert sind die evangelische Kirche Kapellen (Bendmannstr.) mit ihrem Chor aus dem 15. Jh. Die um 700 geweihte evangelische Kirche Repelen (An der Linde) gilt als älteste Kirche im Moerser Raum und besteht aus Teilen einer romanischen Basilika aus dem 12. Jh. mit einem gotischen Chor aus dem 14. Jh. Die Friedhofskapelle (Rheinberger Str., Ecke Mühlenstr.) aus dem 18. Jh. dient heute als Spielstätte des Schlosstheaters.

Rundgänge

Der „Moerser Rundgang" bietet – beginnend am Altmarkt – Moerser Geschichte anhand von insgesamt 47 Stationen dar. Es werden vielfältige Stadtführungen (auch vier in niederländischer Sprache) durchgeführt. www.moers.de/de/freizeit/alle-geschichtsstationen/

Museen

Schloss Moers – Grafschafter Museum für Geschichte und Volkskunst

In der Ausstellung zur Kulturgeschichte, Volkskunde und Heimatgeschichte geht es auch um die Geschichte des Schlosses selbst. Der öffentlich zugängliche Ausgrabungsbereich und eine Puppenstubensammlung runden das Programm ab. Vielfältige Führungen, Workshops und Kindergeburtstage werden angeboten. **Kontakt**: Kastell 9, 02841/881510, grafschafter-museum@moers.de, www.grafschafter-museum.de

Mittelalterliche Spiel- und Lernstadt Grafschafter Musenhof im Schlosspark Moers

Hier schlüpfen Kinder bis zu zwei Stunden in die verschiedensten Rollen. Sie können sich verkleiden, spielen, den Hof erkunden oder an Erlebnisführungen, Workshops und Bastelaktionen teilnehmen. Es gibt ein breites zusätzliches Angebot für Gruppen und Kindergeburtstage und Familienöffnungszeiten „für alle". **Kontakt**: Schloss Moers, 02841/881510, musenhof@moers.de, www.musenhof-moers.de, GPS 51°26'56.47"N, 6°37'31.69"E

Mittelalterlicher Spiel- und Lernspaß für Kinder im Grafschafter Musenhof.

‣ Kunstverein Peschkenhaus e.V.
In dem Ende des 15. Jhs. erbauten Haus werden zeitgenössische und alte Kunst präsentiert. **Kontakt**: Meerstr. 1, 02841/ 9985354, www.peschkenhaus.de

‣ Schacht IV der Zeche Rheinpreußen
Das ehemalige Bergwerk mit dem 48 m hohen Förderturm dient heute als Bergbaumuseum. Ein Teil des Zechengeländes wird als Gewerbepark mit Gastronomie und Veranstaltungsflächen genutzt.
Kontakt: Zechenstr. 50, 47443 Moers, 02841/889108, info@gmgv-moers.de, www.gmgv-moers.de

Freizeit und Natur

‣ Schlosspark und Freizeitpark im Stadtpark
Im Schlosspark befinden sich neben dem Musenhof ein Spielplatz und ein Rosengarten. Südlich des Moersbachs schließt sich der Freizeitpark an, in dessen Süden sich ein Streichelzoo und ein Rodelberg befinden. Der Freizeitpark bietet weite Flächen und neben mehreren Sport- und Tennis- und Bolzplätzen auch einen Minigolfplatz, eine Skateranlage und zwei Spielplätze. **Standort**: zwischen Schloss Moers, Venloer Str. und Krefelder Str.

‣ Erholungsgebiet Schwafheim
Der Schwafheimer Bergsee und das Waldgebiet „Heiliger Berg“ bieten einen Seerundwanderweg und einen Waldlehrpfad und eine Joggingstrecke. Standort: Waldstr. / Seeweg, Schwafheim

‣ Halde Rheinpreußen mit Geleucht
Weithin sichtbar thront die 30 m hohe rote Grubenlampe des Künstlers Prof. Otto Piene auf der 74 m hoch aufgeschütteten Halde Rheinpreußen (höchster Punkt 103 m über NN). Eine Aussichtsplattform mit Sicht über den Rhein, das Niederrheingebiet und ins Ruhrgebiet befindet sich 10 m über dem Haldentop im Geleucht. Führungen werden angeboten. Am Fuß der Halde befindet sich der Waldsee mit einem knapp 3 km langen Rundkurs. **Kontakt**: Gutenbergstr., 47443 Moers, www.das-geleucht.de, www.moers.de, GPS 51°28'44.48"N, 6°39'1.99"E

Die überdimensionale Grubenlampe auf der Halde Rheinpreussen strahlt weit über das Land.

‣ Barfußpfad im Jungbornpark
Der Pfad verläuft über Stationen wie die historischen Licht-Luft-Hütten, einen Rasenpfad, einen Waldpfad, einen Summstein und einen Intensivbereich mit Kneipp-Anwendungen. **Kontakt**: Am Jungbornpark, Repelen 02841/9166190 oder 9760, www.barfusspfad-moers.de

‣ Wandern
Moers ist Station des Jakobspilgerwegs, des NiederRheinWegs (NiW) und des Bergbau-Wanderwegs.
www.landschaftspark-niederrhein.com

‣ ENNI.Sportpark Rheinkamp
Das Hallenbad bietet ein Multifunktions- und ein Sportbecken mit 1m- und 3m-Brett. **Kontakt**: Am Sportzentrum 5, 47445 Moers, 02841/104-457 info@enni.de, www.enni.de

ENNI.Solimare Aktivbad und Freibad
Das Aktivbad (Hallenbad) beherbergt zwei Kursbecken mit Hubböden und mobiler Trennwand. Sonntags findet ein Kinderspaß-Nachmittag statt. Das Freibad bietet ein 25-m-Becken, eine Liegewiese und einen Kleinkindbereich mit Wasserspielplatz. Ein Rutschenpark ist geplant.
Kontakt: Filder Str. 144, 47447 Moers, 02841/104-466 www.enni.de

ENNI.Naturfreibad Bettenkamper Meer
Am Altrheinarm gibt es einen abgetrennten Nichtschwimmerbereich, eine Rutsche und einen breiten Steg über den „See" sowie eine große Liegewiese und eine Strandbar.
Kontakt: Krefelder Str. 190 02841/104-458 www.enni.de

ENNI.Eiswelt – Eishalle Moers
Hier werden neben öffentlichem Laufen auch Kurse für Kinder und Erwachsene angeboten. Freitags ist Eisdisco.
Kontakt: Filder Str. 140, 47447 Moers, 02841/104459 www.enni.de

SwinGolf
Neben einem breiten Sportangebot im ENNI.Sportpark Rheinkamp gibt es dort eine SwinGolf-Anlage mit neun Spielbahnen. **Kontakt**: 02841/104-470 www.enni.de

Wassersport
Kontakt: Blinden- und Sehbehindertenwassersportgemeinschaft Moers e.V,. Römerstr. 790, 47443 Moers / Wassersportverein Moers e.V., Waldstr. 116, 47447 Moers

Sport
Fitnessrouten, Tennisanlagen und andere Sportstätten können wie auch die o.g. Möglichkeiten unter www.moers.de – Leben in Moers – „Sportstätten und Bäder" oder „Vereine" abgerufen werden.

Schlosstheater Moers (STM)
Das Schlosstheater Moers wurde 1975 gegründet und wurde mehrfach ausgezeichnet.
www.schlosstheater-moers.de

Kammerorchester Moers
Ursprünglich ein reines Streichorchester, hat es sich auch auf eher unbekannte Komponisten spezialisiert. www.nkm-moers.de

Feste und Veranstaltungen

Moers-Festival
Das internationale Jazz-Musik-Festival findet auf mehreren Bühnen im Festivaldorf, in der Innenstadt und im Park traditionell zu Pfingsten statt.
www.moers-festival.de

Seifenkistenrennen
Bei dem Rennen für Fahrer von 8–18 Jahren im Freizeitpark geht es im Wonnemonat Mai sowohl um die schönste, kreativste und originellste als auch um die schnellste Seifenkiste.

Internationales Comedy Arts Festival
Deutschlands ältestes Festival der Humorkunst bietet im September vier Tage lang ein vielfältiges Programm für die Lachmuskeln. www.comedyarts.de

Summer Soul am See
Im Freizeitpark Kapellen werden im August bei freiem Eintritt Livemusik und Party geboten.

Tummelferien
Die „Feriennaherholungsmaßnahme" mit großer Kids-Parade durch die Innenstadt bietet etliche „erwachsenenfreie" Spielpunkte in und um Moers.

▸ Cars & Castle
Jährlich im Oktober lädt Schloss Lauersfort zum Oldtimertreffen.

▸ Nelkensamstagszug
Das ist der karnevalistische Höhepunkt in Moers.

▸ Moerser Kirmes
Für fünf Tage im September findet die Kirmes statt.

▸ Parkfest
Dieses Fest bietet u.a. Livemusik auf mehreren Bühnen im Juni.

▸ Stadtfeste „Moerser Frühling“ und „Moerser Herbst“
Mit Trubel in den Straßen und verkaufsoffenem Sonntag locken diese Stadtfeste im April und Oktober.

▸ Weihnachtsmarkt
Ein romantischer Weihnachtsmarkt mit Schlittschuhbahn.

Nettetal

(Kreis Viersen)

Wegen der zwölf zur Stadt gehörenden Seen wird Nettetal auch Seenstadt genannt. Die etwa 42 000 Einwohner leben inmitten des Naturparks Schwalm-Nette, umgeben nicht nur vom Flüsschen Nette und den zugehörigen Gewässern (ca. 180 ha), sondern auch von Wald und Heideflächen und fast unbegrenzten Freizeitmöglichkeiten im Grünen. Da es sich um eine Gemeindefusion handelt, liegen die sechs Stadtteile (von denen keiner Nettetal heißt) räumlich getrennt über das ganze Gebiet verteilt. Hinsbeck und Leuth sind staatlich anerkannte Erholungsorte.

Bürgerservice der Stadt Nettetal, Doerkesplatz 11, 41334 Nettetal, ☎ 02153/898-1777, ✉ stadtnettetal@nettetal.de, 🌐 www.nettetal.de Infomaterial außerhalb der Öffnungszeiten +WE im Infozentrum Biologische Station Krickenbecker Seen und bei der ARAL Tankstelle in Lobberich, Kempener Str. 83

Aussichtspunkt des Rohrdommelprojekts am De Wittsee.

Sehenswertes

▸ Schloss Krickenbeck
Das Schloss entstand Mitte des 13. Jhs als Wasserburg. Nach einem Brand 1904 wurde es als dreiflügeliges Schloss mit Neorenaissance-Formen unter Einbeziehung der Reste des alten Schlosses wiederhergestellt. Die Vorburg mit Torturm stammt aus dem Jahr 1695. Heute dient sie als Seminarhaus.
Kontakt: Poelvenn/Schlossallee 1, Hinsbeck, ☎ 02642/405250, 🌐 www.krickenbeck.de

Haus Ingenhoven
Der prachtvolle Rittersitz wurde 1403 erstmals erwähnt. Heute befindet sich hier ein Restaurant mit Veranstaltungsräumen, Burgterrasse, Innenhof und Rittergewölbe. **Kontakt**: Burgstr. 10, Lobberich, 02153/912525, www.burg-ingenhoven.de

Weyer-Kastell
Das Weyer-Kastell geht auf eine Wasserburg aus dem 13. Jh. zurück. Das aktuelle Herrenhaus stammt laut Maueranker aus dem Jahr 1634. Veranstaltungsräume stehen zur Verfügung. **Kontakt**: Dohrstr. 55, 41334 Breyell, 02153/971062, www.weyer-kastell.de

Kirchen und Sakralgebäude
„Kirchenlos" ist der Lambertiturm in Breyell, der vermutlich zwischen 1350 und 1400 errichtet wurde (http://alter-kirchturm.de). Klein, oktagonal und und strahlend weiß erwartet die Kreuzkapelle aus dem 18. Jh. auf dem Hagelkreuzberg bei Hinsbeck die alljährlichen Prozessionen. Die neuromanische Pfarrkirche St. Sebastian thront mit zwei 63 m hohen Türmen und Flanierungstürmchen über Lobberich – die „Alte Kirche" am Ort dient als „Kulturkirche". Auf dem Kirchhof der Leuther Pfarrkirche St. Lambertus (2. Hälfte des 15. Jhs.) befindet sich ein Sandsteinkreuz aus dem Jahr 1712. In der Vorhofmauer der 1672 erbauten evangelischen Kirche Kaldenkirchen befinden sich Grabplatten aus dem 17./18. Jh.

Weitere Wahrzeichen und Sehenswürdigkeiten
Mehr als einen Blick wert sind der 45 m hohe Wasserturm aus dem Jahr 1898 in Lobberich, die als Veranstaltungsort dienende 1096 erstmals erwähnte Burg Bocholt mit dem Kaiserturm (www.burg-bocholt.de) und das Alte Rathaus in Breyell (Lobbericher Str. 1). Die Kirchgasse in Leuth mit Kieselsteinpflaster (Keiemuete) ist in ihrem ursprünglichen Zustand erhalten. Bronzeskulpturen wie der Zigarrendreher in Kaldenkirchen, der Kiepenträger mit Weidenkorb auf dem Rücken in Breyell oder die Gerberfigur auf dem Hubertusplatz in Schaag vermitteln geschichtliche Hintergründe.

Museen

Textilmuseum „Die Scheune"
Anhand von Handwerkszeug, Kleidung und Materialien aus vielen Jahrhunderten und bei Workshops wird altes Handwerk „zum Anfassen" vermittelt. **Kontakt**: Krickenbecker Allee 21, Hinsbeck-Hombergen, 02153/898-4104, www.textilmuseum-die-scheune.de

Feuerwehrmuseum Freiwillige Feuerwehr Nettetal
Die Ausstellung bietet Feuerwehrgeräte und Zubehör aus verschiedenen Epochen. Brandschutzerziehung wird angeboten. **Kontakt**: Am Kastell 9, Breyell, 02157/3026680, www.breyell.info, www.feuerwehr-nettetal.org

Dorfmuseum Hinsbeck
Das Museum zum bürgerlichen Leben und Handwerk wird umgebaut (Stand Anf. 2018). **Kontakt**: Auf der Schomm 1, Hinsbeck, 02153/911771 oder 02153/6520, www.vvhinsbeck.de

Freizeit und Natur

Naturpark Schwalm-Nette und Naturerlebniszentren
Nettetal liegt im nördlichen Bereich des Naturparks Schwalm-Nette und beherbergt eine vielfältige Tierwelt mit vielen seltenen Arten! Sehr bekannt für ihre Vogelwelt ist die Gegend rund um die Krickenbecker

Seen und den De Wittsee. Insgesamt bietet Nettetal vier größere Naturerlebnisgebiete: Die Krickenbecker Seen, die Groote Heide oder Venloer Heide, den Windmühlenbruch / Nettebruch, das Gebiet Holtmühle-Galgenvenn und den Kaldenkirchener Grenzwald. Hier befinden sich sowohl die Sequoia-Farm als auch der geo-hydrologische Wassergarten im Grenzwald. Es gibt mehrere Naturerlebniszentren mit unterschiedlichen Schwerpunkten.
Infozentrum Biologische Station Krickenbecker Seen e.V., Krickenbecker Allee 36, 02153/912909, infozenturm@bsks.de, www.bsks.de
NABU Naturschutzhof, Sassenfeld 200, 02153/89374, naturschutzhof@nabu-krefeld-viersen.de
Landschaftshof Baerlo, Baerlo 14a, 02153/972972
Geo-hydrologischer Wassergarten im Grenzwald (neben Sequoia-Farm), Buschstr., Kaldenkirchen, 02157/1205-0

Sequoia-Farm („Der Park der Mammutbäume")

In einem „verwunschenen" Park befinden sich Berg-, Küsten- und Urweltmammutbäume und 400 andere seltene Gehölzarten. Die seit 1950 angebauten Bäume sind zur Zeit bis zu 40 m hoch. Der Umriss des größten Mammutbaums der Welt wurde auf einem Rasenstück mit Pflastersteinen nachgebildet, und es gibt ein 15 Millionen Jahre altes Fundstück vom Niederrhein zu bestaunen. Im Ortszentrum von Kaldenkirchen (Jahnstr., unweit der Kirche) befindet sich der dickste Mammutbaum von NRW: ein Bergmammutbaum aus dem Jahr 1885!
Kontakt: Sequoiafarm e.V., Buschstr. 98, Kaldenkirchen, 02157/6133, info@sequoiafarm.de, www.sequoiafarm.de, www.sequoiafarm-kaldenkirchen.de

Ehrfurcht einflößend: Der Bergmammutbaum im Ortskern von Kaldenkirchen.

Aussichtsturm „Taubenberg"

Auf den Hinsbecker Höhen bietet ein 29 m hoher Holzturm einen weiten Blick auf die Krickenbecker Seen, in die Niederlande und bis zum Ruhrgebiet. Die oberste Plattform befindet sich 110 m über NN.
Standort: Heide, Hinsbeck, GPS 51°20'50.34"N, 6°16'21.19"E

Bauernhofpädagogik / Kinderbauernhöfe

Gleich zwei Höfe bieten Bauernhofpädagogik für Gruppen an – teilweise mit Planwagenfahrten oder als Spezialprogramm für Menschen mit Handicap. **Kontakte**: Quinkertzhof, Sassenfeld 71, Lobberich, 02153/912670, www.quinkertzhof.de
Kinderbauernhof Steffens, Hülst 16, 02157/125554, steffensbande@t-online.de, www.kinderbauernhof-steffens.de

Der Aussichtsturm auf dem Taubenberg.

▸ Wandern

Neben den Premium-Wanderwegen „Nette-Seen“ und „Galgenvenn“ bietet das Gebiet eine Vielzahl an barrierefreien Wanderwegen. Die Stadt Nettetal bietet Wandertage und geführte Themenwanderungen an. Hochinteressant ist auch der Geologische Lehrpfad Ginkesweise mit 100 verschiedenen Steinblöcken aus ganz Deutschland, darunter ein 1,2 Mio. Jahre alter Tertiärquarzit-Findling, der am Schloss Krickenbeck gefunden wurde. Einen abwechslungsreichen Spaziergang bieten Kreuzgarten und Mariengarten in Schaag mit Kreuzwegstationen. **Kontakt**: Kreuzgartenweg, Schaag / 🌐 www.wa-wa-we.eu / Wanderkarte Nr. 65 des Naturparks Maas-Schwalm-Nette / Geologischer Lehrpfad: Johannesstr., Hinsbeck

▸ ☺ NetteBad

Das NetteBad ist ein Hallenbad mit 25-m-Sportbecken, Sprungturm, Kleinkinderbereich, Massagedüsen, Irisch-Römischem Dampfbad, Solarium, Liegewiese mit Tenniscourt, Tischtennisplatten und Kinderspielgeräten, Bistro und Shop. **Kontakt**: Buschstr. 26, Kaldenkirchen, ☎ 02157/875878, 🌐 www.stadtwerke-nettetal.de

▸ Sauna Finlantis

Saunagänge in skandinavischer Architektur mit Ruhezonen, Schwimmbecken, Kosmetik- und Massageangebot bei freier Nutzung des NetteBads. **Kontakt**: Buschstr. 22, Kaldenkirchen, ☎ 02157/8959570, ✉ info@finlantis.de, 🌐 www.finlantis.de

▸ Paddeln/Surfen/Segeln mit eigenem Boot

Der WSV Wassersportfreunde am De Wittsee e.V. betreibt Kanu- und Segelsport sowie Kanu-Polo. Der Ruder- und Kanuclub Lobberich nutzt den Nettebruch in Lobberich-Flothend. **Kontakt**: Am Wittsee 25, Leuth, ☎ 0172/2076089, 🌐 www.wsv-dewittsee.de / im Nettebruch Lobberich ☎ 02153/95880 🌐 www.rkc-lobberich.de

▸ ☺ Spielplätze und Freizeitpark

Besonders schön sind der Waldspielplatz im Galgenvenn und der Abenteuerspielplatz am Windmühlenbruch. Einen Steinwurf hinter der Grenze befindet sich das Klein Zwitserland, ein riesiges Spielparadies im Wald mit Schluchten, Naturspielwald, Europas längster Tunnelrutsche, Nostalgie-Spielplatz, flachem Schwimmbad u.v.m. **Standorte**: Knorrstr. 77, Kaldenkirchen, GPS: 51°18’25.84”N, 6°10’20.22”E / Park am Windmühlenbruch, Lobberich, GPS: 51°18’21.80”N, 6°16’0.78”E **Kontakt**: Speelpark Klein Zwitserland, Trappistenweg 35, NL-5932 NB Tegelen, ☎ 0031/77/3731565, 🌐 www.klein-zwitserland.de, 🌐 www.klein-zwitserland.nl

Golf und Restaurant am Schlösschen Haus Bey
Hier befinden sich ein öffentlicher 6-Lochplatz und eine 18-Loch Meisterschaftsanlage mit Golfschule und Restaurant. **Kontakt**: An Haus Bey 16, Hinsbeck, 02153/91970, golf@hausbey.de, www.hausbey.de / Restaurant 02153/9108790, info@restaurant-haus-bey.de, www.restaurant-haus-bey.de

Minigolf, Fahrrad und Tretomobilverleih
Direkt an den Krickenbecker Seen befindet sich ein Minigolfplatz mit Verleih von Tandems, Tretomobilen, Fahrrädern und E-Rädern. **Kontakt**: Fährräder Klitsie, Krickenbecker Seen (gegenüber Strandbad), Hinsbeck, 0174/8888810 / Geschäft De-Ball-Str. 9, Lobberich,

Minigolf am De Wittsee
Kontakt: Minigolf am Wittsee, Am Wittsee 1, Leuth, 02157/4390

Klumpengolf
In dem Bauernladen/Café wird die etwas rustikalere Form des Golfspiels angeboten. **Kontakt**: Helfeshof, Wevelinghoven 15, Lobberich, 02153/2347

Indoor-Soccerhalle
Es gibt vier Indoor-Soccer-Plätze, einen Outdoor-Soccer-Platz, Fitness und Gastronomie. **Kontakt**: Robert-Kahmann-Str. 82, Lobberich, 02153/2207, www.grenzland-fitness.de

Skateranlagen
Standort: Im Sandfeld (Kreuzmönchstr. Kaldenkirchen)

Boule- und Schachanlagen
Parkstr. 13, Hinsbeck (Ausleihe im „Parkstübchen") / Oirlicher Blumengarten Hinsbeck / Ingenhovenpark Lobberich

Angelsport
www.asv-netteseen.info

Reiten
Es gibt ein gut ausgebautes Reitwegenetz. Empfehlenswert ist die touristische Reitwegekarte des Kreises Viersen (ISBN 978-3-00-024956-3, www.kreis-viersen.de). Die unzähligen Reitställe mit Schulpferden oder Unterstellmöglichkeiten sind unter www.nettetal.de unter „Freizeit / Reiten" aufgeführt.

Erkundungstouren mit Elektro-Scootern
Mit dem Elektro-Scooter geht es auf „Nettetaler Seentour". 02163/4992999 www.greenwheel-tours.de

Nordic Walking
Es werden sowohl Kompakt Kurse angeboten als auch geführte NordicWalking/Wander-Touren durchgeführt. Montags findet ein Lauftreff statt. **Kontakt**: Martina Waltering, Lindenallee 32, 02153/9529068 oder 0174/1044127, info@nordic-walking-nettetal.de, www.nordic-walking-nettetal.de

Kutsch- und/oder Planwagenfahrten
Kontakt: Familie Winkelmann, May 2, 0173/2868835 / Heerstr. 56, Leuth, 02157/3930

Radwandern
Ein Alleenradweg führt von Nettetal nach Kempen. Es gibt den Nettetal-Rundweg N sowie die Radroute des Monats des Kreises Viersen und die Broschüre „ Den Niederrhein erleben – zehn Radwandertipps durch den Kreis Viersen" (auch als pdf). Geführte Radwanderungen gibt es beim „Radlertreff Nettetal" von März bis Oktober jeden Dienstag um 14 Uhr – Treffpunkt Ecke Windmühlenweg/Mühlenstr. in Lobberich sowie beim „Verein Niederrhein e.V."

jeden Donnerstag um 14 Uhr – Treffpunkt Parkplatz an der Nordstr. 1 in Nettetal-Lobberich.

Feste und Veranstaltungen

▸ Wandertag
In den Hinsbecker Höhen startet an Christi Himmelfahrt ein Wandertag für die ganze Familie mit verschiedenen Strecken, Themenrouten und buntem Programm.

▸ Kölsumer Highland-Games
Auf dem Kölsum in Nettetal wird im Juni schottischer Mehrkampf als „Heavy Event" mit Steinstoßen, Gewichtshoch- und -weitwurf, Hammerwurf, Baumstammwerfen und Whisky-Tasting geboten.
🌐 www.facebook.com/koelsumer highlandgamesverein/

▸ Lobbericher Reitsportfestival
Das viertägige Reit- und Springturnier im August an der Luthemühle ist eines der größten im Rheinland und bietet Dressur- und Springsport der Spitzenklasse.
🌐 www.reit-und fahrverein.de

▸ Nettetaltag
Findet im März in drei Stadtteilen statt.

▸ Frühlingsfest in Kaldenkirchen
Im April mit Tanz in den Mai.

▸ Weihnachtsmärkte
In Lobberich, Kaldenkirchen und Breyell.

Neukirchen-Vluyn

(Kreis Wesel)

Die etwa 27 000 Einwohner der Stadt genießen den Vorzug, am Niederrhein in der Natur als auch in unmittelbarer Nähe des Ruhrgebiets zu leben. So gibt es vor Ort die Nieper Altrheinrinne mit mehreren Naturschutzgebieten und die Halde Norddeutschland mit Hallenhaus und Himmelstreppe.

Stadt Neukirchen-Vluyn,
Stadtmarketing & Tourismus,
Zimmer 242 und 244,
Hans-Böckler-Str. 26,
47506 Neukirchen-Vluyn,
☏ 02845/391-166 oder -230,
📠 02845/391-262,
✉ stadtmarketing@neukirchen-vluyn.de
🌐 www.neukirchen-vluyn,
🌐 www.eaw-kreiswesel.de,
🌐 www.landschaftspark-niederrhein.com
🌐 www.niederrhein-tourismus.de

Sehenswertes

▸ Zechengelände
Zeugnis vergangener Zeiten sind die Fördertürme auf dem ehemaligen Zechengelände des 2001 geschlossenen Steinkohlebergwerks Niederberg ebenso wie die Zechensiedlungen „Alte Kolonie", „Plattenkolonie", „Neue Kolonie" und „Möllenbruckshof" aus der Zeit zwischen 1917 und 1930. **Standort**: Fritz-Baum-Allee 6 (Navi), GPS 51.440166 N, 6.555742 E / Siedlungen im Bereich zwischen Hindenburgplatz/ Waldstr., Grabenstr. und Bendschenweg.

Dorfkirchen
Die Dorfkirche in Neukirchen war ursprünglich dem heiligen Quirin geweiht und geht in seiner einschiffigen Form auf das Jahr 1230 zurück. Die evangelische Dorfkirche Vluyn wurde 1482 erstmals als St.-Antonius-Kapelle erwähnt. Teile des Glockenturms stammen aus dem 15. Jh.

Museen

Ortsgeschichtliches Museum Neukirchen-Vluyn
Das Museum bietet als „Familienmuseum" Stadtgeschichte mit originalgetreuen Darstellungen zum Thema „Handel und Berufe" wie einem Winkelladen und einem vollständigen Friseursalon aus den 1950er-Jahren und einer multimedialen Aufbereitung der Geschichte Neukirchen-Vluyns. Dem Museum ist ein Archiv an einem anderen Standort angeschlossen. **Kontakt**: Pastoratstr. 1 (neuer Eingang) Vluyn / Museumsarchiv Ernst-Moritz-Arndt-Str. 36, Neukirchen, 02845/20657
museum.neukirchen-vluyn@t-online.de,
www.museum-neukirchen-vluyn.de

Werkstattgalerie und Uhrenmuseum Hubben
Alte und aktuelle Uhren und Werkzeuge für Uhrmacherei und Augenoptik aus 150 Jahren ermöglichen eine Reise durch die Geschichte der Zeitmessung und des Traditionsunternehmens selbst. **Kontakt**: Margarete Rebbelmund, Niederrheinallee 330A, 02845/2235, geöffnet: auf Anfrage

Privatmuseum Winkelshof
Einer der ältesten Höfe in Neukirchen-Vluyn beherbergt Arbeitsgeräte aus der Landwirtschaft, Urkunden und Gebrauchsgegenstände aus verschiedenen Jahrhunderten. **Kontakt**: Walter Mühlenhoff, Gartenstr. 58, 02845/4219

Freizeit und Natur

Halde Norddeutschland
Die 102 m über NN hohe Halde hat eine Grundfläche von 81 ha und bietet einen weiten Blick über das Land. Ein echter „Hingucker" ist das „Hallenhaus" am höchsten Punkt, eine Stahlkonstruktion, die auch von der A57 aus sehr gut zu sehen ist. Hinauf führen Panoramawege oder die beleuchtete „Himmelstreppe" mit 359 Stufen über 52 Höhenmeter. Die Beleuchtung endet um 22 Uhr. Die Halde wird auch von Ausdauersportlern, Radfahrern, Gleitschirmpiloten, Drachen- und Modellfliegern gern genutzt. Hier finden auch Veranstaltungen wie das „Dong Open Air" statt. Standort: Zur Himmelstreppe/alternativ Geldernsche Str. 168

Die Himmelstreppe an der Halde Norddeutschland.

Naturschutzzentrum
Die NABU Moers/Neukirchen-Vluyn bietet Schmetterlingshaus und -garten, einen

Naturgarten, eine Terrarienanlage und Bienenstöcke sowie vielfältige Angebote für Kinder- und Jugendgruppen. **Kontakt**: Tersteegenstr./Ecke Lintforter Str., 🌐 www.nabu-moers-neukirchen-vluyn.de

▸ Nieper Altrheinrinne
Rund um die verlandete Altstromrinne des Rheins zieht sich im Süden und Westen Neukirchen-Vluyns eine Landschaft aus Tümpeln, Seen, Niedermooren und Torfkuhlen.

▸ ENNI Energiepfad
Der Rundweg im 24 ha großen Solarpark Mühlenfeld macht als Erlebnispfad die Energiewende greifbar – auf eigene Faust oder bei Führungen. **Kontakt**: Grafschafter Str. 5, ✆ 02841/104-105, ✉ pr@enni.de

▸ Wandern
NiederrheinWeg und BergbauWanderweg führen durch die Natur und vorbei an Kulturdenkmälern rund um Neukirchen-Vluyn.
🌐 www.wanderwegewelt.de,
🌐 www.einfach-wanderbar.de,
🌐 www.niederrheinische-berg-und-wanderfreunde.de

▸ ☺ Freizeitbad Neukirchen-Vluyn
Das Hallenbad bietet ein Schwimmer- und ein Nichtschwimmerbecken mit Gegenstromanlagen und Wasserkanone, ein Kinderland sowie Bistro, Wintergarten und Liegewiese. Die Sauna bietet mehrere Saunen, Dampfbad, Becken, Ruhemöglichkeiten und Wellnessangebote. **Kontakt**: Tersteegenstr. 91, ✆ 02845/32953, ✉ info@freizeitbad-neukirchen-vluyn.de, 🌐 www.freizeitbad-neukirchen-vluyn.de

▸ Golfplatz Nieper Kuhlen
Die 18-Loch-Anlage gilt mit 6700 m als längste Golfbahn Deutschlands. Zusätzlich gibt es eine 9-Loch-Anlage, Golfschule, Driving-range, Pitch- und Putting-Bereich und ein Putting-Green. **Kontakt**: Inh. Ingeborg Witt e.K., Bergschenweg 71, ✆ 02845/794661, ✉ info@gp-nieperkuhlen.de / Golfclub Op de niep ✆ 02845/28051 Restaurant „Op de Niep" ✆ 02845/794672, 🌐 www.opdeniep.de

▸ Fußballpark Neukirchen-Vluyn
Es gibt Indoor-Soccer auf vier Courts, Angebote für Kindergeburtstage, Herrenabende und Ähnliches.
Kontakt: Pascalstr. 5, ✆ 02845/9519864, ✉ fussballparkneukirchenvluyn@gmx.de, 🌐 www.fussballpark-neukirchen-vluyn.de

▸ Inline-Skating
Mehrere Strecken durchqueren das Stadtgebiet. Herzstück ist der 10 km lange Rundkurs an der Halde Norddeutschland.

Feste und Veranstaltungen

▸ Wein- und Schlemmerfest
Am ersten Maiwochende begeistert der Vluyner Mai als buntes Fest Jung und Alt.

▸ Missionshoffete im Dorf Neukirchen.
Am letzten Juniwochenende werden musikalische Leckerbissen geboten. Für Essen und Trinken ist gesorgt.

▸ Erntedankfest
Im September feiert man im Dorf Neukirchen u. a. mit Trecker- und Fahrradkorso.

▸ Gewerbeparkfest Neukirchen-Nord
Die Experten vor Ort stellen sich vor, und es gibt ein attraktives Rahmenprogramm. Das Fest findet alle zwei Jahre statt.
🌐 www.gpnn.de

▸ Martinsmarkt Vluyn
Jährlich am zweiten Novemberwochenende wird der Platz um die evangelische Kirche mit vielen Lichtern beleuchtet. Gas-

tronomen, Musiker und Künstler erwarten ihre Gäste.

▸ Adventskalender
Der Adventskalender im Dorf Neukirchen ist etwas Besonderes. Jeder Tag ist anders und hinter jedem Türchen steckt eine Aktion.

Neuss

(Rhein-Kreis Neuss)

Die Stadt Neuss feierte 1984 ihr 2000-jähriges Bestehen und ist damit eine der ältesten Städte Deutschlands. Sie geht auf ein römisches Legionslager zurück, das im Jahr 16 v. Chr. an der Erftmündung in den Rhein errichtet wurde, gehört dem Rheinischen Hansebund an und ist bekannt für ihr Bürger-Schützenfest, ihre Altbier-Brauereien und die Sauerkrautherstellung. Mit rund 160 000 Einwohnern ist sie zugleich Deutschlands größte kreisangehörige Stadt.

Tourist Information Neuss, Rathausarkaden, Büchel 6, 41460 Neuss,
☏ 02131/4037795,
📠 02131/4037797,
✉ tourist-info@neuss-marketing.de,
🌐 www.neuss-marketing.de,
🌐 www.neuss.de,
🌐 www.neuss-city.de

Sehenswertes

▸ Historische Innenstadt
Ein historischer Stadtrundgang mit 35 sehenswerten Stationen beginnt am Rathaus (Markt 2). Ein Höhepunkt ist das Quirinus-Münster (Basilica minor), eine 1209–1230 erbaute spätromanische Emporenbasilika. Auf der Barockkuppel thront ein Standbild des Schutzpatrons St. Quirinus – das prachtvolle Wahrzeichen der Stadt. Nicht weniger eindrucksvoll ist das um 1200 erbaute Obertor, das 1474/75 der Belagerung durch das Heer Karls des Kühnen standhielt. Ein Grüngürtel führt durch den Stadtgarten am Windmühlenturm und am Blutturm (Rundturm aus dem 13. Jh.) vorbei zum Hamtorplatz mit Teilen der alten Stadtmauer. Der Windmühlenturm ist mit Mühle bereits auf einem Holzschnitt von 1477 zu sehen. Als Gefängnis beherbergte er den Räuberhauptmann Mathias Weber („Der Fetzer"), der 1794–1803 sein Unwesen trieb. Sehenswert sind das „Haus zu den Heiligen Drei Königen" (Münsterplatz 10-12, www.vogthaus.net) von 1597 mit einem Schützenglockenspiel im Giebel, „Zum Schwatte Päd" (Büchel 50) aus dem Jahr 1603 mit mittelalterlicher Hausfassade und das „Alte Kaffeehaus" von 1571, das älteste erhaltene Fachwerkhaus (Michaelstr. 69).

Die Silhouette des Quirinus-Münsters vor dem Abendhimmel.

Museen

▸ Clemens-Sels-Museum

Der Deilmannbau und das Obertor beherbergen gemeinsam die Kunstsammlung mit Gemälden vom Mittelalter bis zur Gegenwart sowie eine Ausstellung zur Stadt- und Regionalgeschichte seit der Urzeit mit Fundstücken aus der Zeit des römischen Militärlagers und einer Sammlung zur Entwicklung der bürgerlichen Kultur. Es gibt einen speziellen Kinder-Audioguide, Kinderprogramme und öffentliche Führungen. **Kontakt**: Am Obertor, 41460 Neuss, ✆ 0 21 31/904141, ✉ info@clemens-sels-museum-neuss.de, 🌐 www.clemens-sels-museum-neuss.de

Das mächtige Obertor beherbergt einen Teil der Ausstellung des Clemens-Sels-Museums.

▸ Kybele-Kultstätte „Fossa Sanguinis“

Im Bereich der das römische Legionslager umgebenden Mauern liegt die Kybele-Kultstätte, eine 1,80 x 1,80 m große und 1,40 m tiefe gemauerte Grube, die in der Vergangenheit als Kultkeller und „Blutgraben“ für Opfergaben zu Ehren der als große Göttermutter „Magna Mater“ verehrten kleinasiatischen Göttin Kybele gedient haben könnte. Dort soll ein Stier geschlachtet worden sein, dessen Blut dann auf Täuflinge oder einen Priester herabtropfte. Es gibt mittlerweile andere Interpretationen. Am Schutzgebäude befinden sich ein Garten, eine Kopie der gefundenen Jupitersäule und Oberflächenmarkierungen auf der Straße, die auf den Verlauf der Mauer hindeuten. Nachbarn hüten den Schlüssel und öffnen das Gebäude gern – Anmeldung erbeten. **Kontakt**: Gepaplatz, 41468 Neuss-Gnadenthal, ✆ 02131/120669 – archäologische Fachführungen: 02131/904141, ✉ info@clemens-sels-museum.de, 🌐 www.clemens-sels-museum-neuss.de, 🌐 www.museum.neuss.de, 🌐 www.novaesium.de/fossa.htm

▸ Ausgrabung im RomaNEum

Im RomaNEum können archäologische Ausgrabungen besichtigt werden: Fundamente eines römischen Gebäudes, mittelalterliche Keller, Mauern des Sepulcherinerinnenklosters aus dem 17. Jh. und Fundamente einer Flakstellung aus dem Zweiten Weltkrieg. Fundstücke, Text- und Bildtafeln vermitteln einen unmittelbaren Eindruck der Neusser Geschichte. **Kontakt**: Brückstr. 1, 41460 Neuss, ✆ 02131/904141, 🌐 www.clemens-sels-museum-neuss.de

▸ Feld-Haus – Museum für populäre Druckgrafik

Auf dem KirkebyFeld zwischen Raketenstation und Insel Hombroich beherbergt das Museum mehr als 5000 Objekte aus der Sammlung von Dr. Irmgard Feldhaus: Druckerzeugnisse wie Wandbildschmuck, Glückwunsch- und Grußkarten, Andachtsblätter, Freundschaftskärtchen u.v.m., v.a. aus dem 18. und 19. Jh. **Kontakt**: Berger Weg 5, 41472 Neuss, 02131/904141, www.clemens-sels-museum-neuss.de

Rheinisches Schützenmuseum Neuss

Im Haus Rottels dreht sich alles um das Schützenfest. Dokumentiert wird anhand von Uniformen, Orden, Fahnen, Ketten, Plakaten und Dokumenten das Schützenwesen seit dem Mittelalter. Im Haus befindet sich auch das Schützenbüro, das Informationen und Service rund um das Neusser Schützenfest bietet. **Kontakt**: Oberstr. 58-60, 41460 Neuss, 02131/904144, www.rheinisches-schuetzenmuseum.de
Schützenbüro, Tribünenkarten, Übernachtungen etc.: 02131/277070 www.schuetzenfest-neuss.com

Insel Hombroich

„Kunst parallel zur Natur" – im Museum Insel Hombroich verbinden sich Natur und Kunst in einer renaturierten Park- und Auenlandschaft zu einer Einheit fast ohne vorgegebene Wege und Absperrungen. Ausgestellt werden fernöstliche Kunst und Werke von Lovis Corinth, Hans Arp, Kurt Schwitters, Alexander Calder, Henri Matisse, Rembrandt, Yves Klein und Gotthard Graubner in zehn Pavillons.
Am Kirkeby-Feld, das Museum mit Raketenstation verbindet, befinden sich die Drei Kapellen, ein Ensemble begehbarer Backstein-Skulpturen, sowie das Feldhaus-Museum (s.o.). In Hallen, Hangars, Erdwällen und dem Beobachtungsturm der Raketenstation Hombroich befinden sich Ateliers und Werkstätten von Künstlern, Literaten, Komponisten und Wissenschaftlern sowie die Langen Foundation mit eigenen Ausstellungen. **Kontakt**: Museum Insel Hombroich, Minkel 2, 41472 Neuss (Holzheim), 02182/887-4000, museum@inselhombroich.de, www.inselhombroich.de
Langen Foundation, Raketenstation Hombroich 1, 02182/570115, www.langenfoundation

Museum Kunstraum Neuss

Der Verein der Freunde und Förderer des Kunstraum Neuss e.V. präsentiert im Trafo-Häuschen mit Galerie und Gastronomie wechselnde Ausstellungen, meist Arbeiten junger Künstler. **Kontakt**: Deutsche Str. 2 41464 Neuss, 0172/6350264, info@mkneuss.de www.museum-kunstraum-neuss.de

Freizeit und Natur

Kinderbauernhof der Stadt Neuss, Wildgehege und Barfußpfad

Der Hof vereinigt Bauernhofpädagogik mit Tieren zum Anfassen und Informationsvermittlung. Spielplatz, Obstwiese, Bauerngarten, Programme für Gruppen, das nahe gelegene Wildgehege, das Arboretum (Baummuseum) im Selikumer Park und der Barfußpfad mit 17 Erlebnisfeldern, der über den Erft(rad)wanderweg gut zu erreichen ist, runden das Erlebnis ab. **Kontakt**: Nixhütter Weg 141, 41466 Neuss-Selikum, 02131/90-3321, Anmeldung für Gruppen: 02131/90-8521, info@kinderbauernhof-neuss.de, www.kinderbauernhof-neuss.de
Barfußpfad: Berghäuschenweg (L380), 41468 Neuss, 02131/90-8300, www.verkehrsverein-neuss.de

Stadtgarten mit Rosengarten

Der Neue Stadtgarten liegt fast mitten in der Innenstadt. Der Rosengarten wurde 1998 nach alten Plänen rekonstruiert. Das Mühlrad am Rosengarten dient als Denkmal für die Neusser Mühlen. Etwas weiter westlich liegt der Alte Stadtgarten mit einem Teich und einem Lummerland-Kinderspielplatz und dem „Kunstraum Neuss" (s.o.).

Botanischer Garten

In der grünen Oase gibt es mächtige Bäume und seltene Gehölze, eine Wasserwelt, Schulgarten, Waldsaumbiotop und Volieren sowie das „Palmenhaus", das „Haus im Heimatstil" und ein Pflanzenschauhaus. **Standort**: Bergheimer Str. 67, www.botanischer-garten-neuss.de

Parks und stadtnahe Wälder

Die Promenade entlang des Erftmühlengrabens lädt ebenso zum Spazieren ein wie die Wanderwege am Nordkanal. Im Norden liegen der Stadtwald und das „Jröne Meerke" mit Platz zum Spielen am Wasser, Laufen und Grillen (öffentl. Grillplatz 02131/90-8501). Im Süden (Allerheiligen) locken der Mühlenbusch, die Freizeitanlage Südpark mit Sport- und Freizeitangeboten und der Himmelsberg. Viel Wald und Natur bietet der Reuschenberger Busch in Selikum (s.o. Kinderbauernhof). Am Reckberg lässt sich ein rekonstruierter Wachturm eines ehemaligen Kleinkastells bewundern, der Teil des Limes war.

Schwimmbäder

Das Nordbad mit dem Motto „Badespaß und Erholung" ist ein Hallenbad mit drei Becken, Planschlandschaft im Außenbereich, 65-m-Rutsche und Sauna. Das Stadtbad/Wellenbad „für Sportbegeisterte und Genießer" bietet ein Vario-Wellenbecken, ein warmes Freizeitbecken, Suhlbecken, Planschbecken und einen Fitnessraum, während im Südbad „erfrischend anders" mehrere Freizeitbecken innen und außen, Schwimmer-, Springer- und Lehrschwimmbecken, eine 65-m-Rutsche und eine Sauna für Abwechslung sorgen. **Kontakt**: Nordbad, Neusser Weyhe 14-16, 41462 Neuss, 02131/531065111 / Stadtbad, Niederwallstr. 3, 41460 Neuss, 02131/531065211 / Südbad, Jakob-Koch-Str. 1, 41466 Neuss, 02131/531065411, www.stadtwerke-neuss.de

WellNeuss

Die Saunalandschaft rund um einen Naturbadesee ist an das Südbad angeschlossen. **Kontakt**: Am Südpark 45, 41466 Neuss, 02131/531065511, info@wellneuss-online.de, www.wellneuss-online.de, www.stadtwerke-neuss.de

Eissporthalle Südpark

Neben öffentlichem Laufen werden Disco, Oldie-Disco und Anfänger-Eislaufen auf einem abgetrennten Teil angeboten. **Kontakt**: Jakob-Koch-Str. 1, 41466 Neuss, 02131/531065311, www.stadtwerke-neuss.de

Galopprennbahn Neuss und RennbahnPark

Am Renntag können spannende Rennen verfolgt und Wetten platziert werden. Auch andere Veranstaltungen finden hier statt. Im Innenbereich gibt es ein Freizeitareal mit Skatepark, Beachvolleyballfeld, Multifunktions-Spielfeld, Bolzplatz, Boulefläche, Rundweg (auch zum joggen), Kinderspielplatz und Discgolfparcours.

Eindrucksvoll und spannend: Renntag an der Galopprennbahn.

Kontakt: Am Rennbahnpark 1, 41460 Neuss, 02131/28188, www.neuss-galopp.de

Skateranlagen
im RennbahnPark, im Südpark, Am Henselsgraben, an der Von-Waldthausen-Str. 50 und an der Hülchrather Str. 35a.

Golf
Neben 9- und 18-Loch-Plätzen gibt es ein Trainingszentrum, ein Golfodrom, Angebote für Jugendliche und Schnupperkurse. **Kontakt**: Hummelbachaue Neuss-Norf Golf+Sport GmbH & Co. KG, Am Golfplatz, 41469 Neuss, 02137/91910, service@hummelbachaue.de, www.hummelbachaue.de

Jever Fun Skihalle Neuss
Das Gelände bietet eine Skihalle und Outdoor-Angebote wie Kletterpark, Almgolf und Funfußball sowie zahlreiche Events und Partys.
„Am Neusser Gletscher" gibt es Hanglagen für alle Ansprüche, eine Anfängerpiste, Rodelbahnen und einen Funpark. Liftanlagen und ein „Zauberteppich" sorgen für den Rücktransport. Die Skischule hat Ski-, Snowboard- und Skibike-Kurse sowie Schulsport, Kids Camps und Skireisen im Programm. Gastronomie sorgt für Apres-Ski und Hüttengaudi. **Kontakt**: allrounder mountain resort gmbh & co.kg, An der Skihalle 1, 41472 Neuss-Grefrath, 02131/1244-0, 02131/1244-335, info@allrounder.de, www.allrounder.de

Radwandern
Es gibt Themenrouten wie „Historische Anekdoten" oder „Aktiv unterwegs im Grünen", die App „Quo Radis" und eine Caritas-Radstation.
www.radregionrheinland.de
Caritas-Radstation, Further Str. 2, 02131/6619890, www.caritasradstation.de

Theater und Konzerte
In Neuss gibt es zahlreiche Theater und Angebote:
Deutsche Kammerakademie, Oberstr. 17, 41460 Neuss, 02131/904116, www.deutsche-kammerakademie.de
Rheinisches Landestheater / Kinder- und Jugendtheater des RLT, Oberstr. 95, 41460 Neuss, 02131/269923, www.rlt-neuss.de
Theater am Schlachthof, Blücherstr. 31-33, 41460 Neuss, 02131/277499, www.tas-neuss.de, www.millers-cantine.de (Schauspiel, Kindertheater, Kabarett und Stunk)
Im Globe-Theater, einem Nachbau des Londoner Originals, findet jährlich ein Shakespeare-Festival statt. Ticketvorverkauf über die Tourist Information Neuss (s.o.)
Das Zeughaus, eine ehemalige Kirche aus dem 17. Jh., dient als Begegnungsstätte für jeden Anlass:
www.zeughauskonzerte-neuss.de
Im Kulturforum Alte Post aus dem Jahr 1879 befindet sich die Schule für Kunst und Theater. Zudem finden Ausstellungen der städtischen Galerie und Veranstaltungen der Kleinkunstbühne statt. **Kontakt**: Neustr. 28, 41460 Neuss, 02131/904122, info@altepost.de, www.altepost.de, www.neusser-musicalwochen.de
Das Kulturamt bietet Kindertheater für verschiedene Altersklassen an. **Kontakt**: Kulturamt, Oberstr. 17, 41460 Neuss, 02131/90-4112, kulturamt@stadt.neuss.de

Feste und Veranstaltungen

„Nüsser Ovend" und Kappessonntags-Zug
Sind die Höhepunkte im Neusser Karneval

▸ (Frühlings-)Fest der Kulturen
Zum Termin bitte beachten
🌐 www.neuss-marketing.de

▸ Hansefest
Im September feiert man in der Innenstadt das traditionelle Hansefest mit viel Musik. Andere Hansestädte wie Emmerich, Kalkar/Grieth, Wesel, Salzwedel, Brilon, Rheine, Stralsund und Rostock präsentieren sich mit Ständen.

▸ Bürger-Schützenfest
Im August 2017 marschierten 7700 Schützen und Musiker beim viertägigen größten Schützenfest in NRW mit Jahrmarkt, Königsparade, Festzügen, Königsschießen und etwa 1/2 Million Besuchern.
🌐 www.schuetzenfest-neuss.com

▸ Equitana Open Air
In Jahren mit gerader Jahreszahl dreht sich im Mai beim großen Breitensport-Festival auf der Galopprennbahn alles um den Pferdesport.
🌐 www.equitana-openair.com

▸ Internationaler Neusser Sommernachtslauf
Auf Strecken von 400 m bis 10 km treten beim Stadtlauf im Juni Menschen aller Altersklassen gegeneinander an.
🌐 www.neusser-sommernachtslauf.de

▸ „Tour de Neuss"
Das Fahrradrennen durch die Innenstadt mit umfangreichem Rahmenprogramm findet traditionell im Juli statt.
🌐 www.nrv1888.de

▸ Quirinus-Mittelalter-Markt
Im Oktober dreht sich auf dem Freithof alles um altes Handwerk, Werkzeug, Musiker, Händler und Ritter. Sonntags findet eine Pferdesegnung mit Prozession statt.

▸ Neusser Eismärchen
Alle zwei Jahre verzaubert ein Weihnachtsmärchen auf Schlittschuhen das Publikum in der Eissporthalle im Südpark.
🌐 www.nsk-neuss.de

Niederkrüchten

(Kreis Viersen)

Das Gemeindegebiet von Niederkrüchten wird fast zur Hälfte von den Niederlanden umschlossen, was zu einer Evakuierung von Elmpt am Ende des Zweiten Weltkriegs führte. Heute leben die 15 000 Einwohner mitten in der Natur zwischen den Seen, Auen, Wald-, Moor- und Heidelandschaften des grenzüberschreitenden Naturparks Maas-Schwalm-Nette.

Gemeinde Niederkrüchten,
Laurentiusstr. 19,
41372 Niederkrüchten,
📞 02163/980-0,
📠 02163/980-111,
www.niederkruechten.de,
www.niederrhein-tourismus.de,
www.freizeitregion-schwalm-nette.de

Bruchwaldlandschaft im Elmpter Schwalmbruch.

Sehenswertes

▸ Haus Elmpt
Das Herrenhaus stammt aus dem 15. Jh. Der barocke Torturm wurde 1750 erbaut. Hier befand sich bereits in fränkischer Zeit eine Siedlung. Es gibt Gästezimmer und ein Trauzimmer.
Standort: Heinrichsstr. 6, Elmpt

▸ Brempter Mühle
Die Wassermühle an der Schwalm wurde 1575 erstmals erwähnt. Noch heute sind ein Teil der Mühlentechnik und ein eisernes Wasserrad mit 40 Schaufeln vorhanden.
Standort: Brückenstr., Brempt

▸ Kirchen und Kapellen
Die flämisch-barocke Ausstattung der 1485 erbauten spätgotischen Hallenkirche St. Bartholomäus in Niederkrüchten stammt fast vollständig aus der Zeit um 1693. Die Kirche St. Martin in Oberkrüchten wurde nach einem Brand 1675 bis auf den spätgotischen Chorraum (Ausstattung 15. Jh.) im barocken Stil neu erbaut. Die Pfarrkirche St. Laurentius Elmpt geht etwa auf das Jahr 1441 zurück. In der ehemaligen Wallfahrtskapelle Maria an der Heiden in Overhetfeld befindet sich ein flandrischer Schnitzaltar aus der Zeit um 1530/1540. Die spätgotische Brempter Kapelle St. Georg wurde um 1500 vermutlich als Burgkapelle erbaut.

▸ Rundreise
Auf der Internetseite der Gemeinde wird unter „Sehenswürdigkeiten“ eine virtuelle Rundreise angeboten.

Freizeit und Natur

▸ Naturerlebnisgebiet Elmpter Schwalmbruch
Auf 286 ha erstreckt sich an den renaturierten Altarmen der Schwalm der „Elmpter Bruch“ mit der größten Wacholderheide am linken Niederrhein (3,7 ha) und einem 65 ha großen Niedermoor. Hier leben Moorschnuckenherden, die Glattnatter und zahllose andere Tier- und Pflanzenarten. Auf mehreren Wanderwegen und Rundwegen lassen sich hier Gagelmoore und Feuchtheiden erkunden. Mit etwas Glück kann der Wanderer Amphibien, Libellen, Biber, Blaukehlchen, Wasserralle, Schwarzkehlchen und Heidelerchen entdecken. Es gibt einen Aussichtsturm in der Wacholderheide und Schautafeln.

Ausblick über die Wacholderheide vom Aussichtsturm im Elmpter Schwalmbruch.

▸ Naturschutzgebiete
An der niederländischen Grenze liegen die Naturschutzgebiete „Lüsekamp“ und „Boschbeektal“ mit trockenen Hochterrassen, mit Heiden und Wäldern sowie feuchten Birkenbruchwäldern und Gagelmooren, Sandmagerrasen und Feuchtheiden. Hier leben Blau- und Schwarzkehlchen, Kreuzotter, Dachse und Wildschweine.
Das Naturschutzgebiet Dielsbruch umfasst Niedermoore und Silgenwiesen mit Röhrichten, Baumgruppen, Feldhecken und Feldgehölzen. Es sind viele Eisvögel, seltene Tiere und Pflanzen zu finden. Im Bereich der Auenlandschaft Dilborner Benden wurden zwischen Brüggen und Overhetfeld über 2,1 km die Schwalmauen renaturiert.

Hariksee
s. Schwalmtal

Venekotensee
Der See bei Overhetfeld ist ideal zum Radfahren, Spazierengehen und Angeln. Im südöstlichen Uferbereich gibt es Gastronomie, Übernachtungsangebote sowie Freizeitmöglichkeiten wie Tennis und Reiten.

Wandern
Durch seine Lage im Herzen des Naturparks Schwalm-Nette berühren und durchziehen mehrere Premium-Wanderwege der „Wasser Wander Welt" Niederkrüchten. **Kontakt**: www.niederkruechten.de (Downloads), www.wa-wa-we.eu

Dirtbike-Bahn in Elmpt
Die Bahn bietet Strecken in verschiedenen Schwierigkeitsgraden. Helme sind Pflicht, Knieschoner empfohlen. **Kontakt**: An der Lehmkul, Elmpt, www.mobile-jugendarbeit-nk.jimdo.com/dirtbikeanlage-lehmkul-trails-bmx-dirts-biken/

Sportverein Eintracht Niederkrüchten
Zum vielfältigen Angebot des Vereins gehören Abenteuerwald, Erlebnissport, Nordic Walking, Kindersport, Seniorensport und mehr. **Kontakt**: Eintracht Niederkrüchten, Eibenweg 6, 02163/45199, www.eintracht-niederkruechten.de

Sportverein Schwarz-Weiß 1926 Elmpt e.V.
In Elmpt werden Abenteuersport, Diabetikersport, Babyturnen, Kindersport, Inline-Skating, Streetdance, Teak-Won-Do, Judo und mehr geboten. **Kontakt**: Sportverein Schwarz-Weiß 1926 Elmpt e.V., Schmielenweg 54, 02163/8607, www.sw-elmpt.de

Angeln
Angelsportverein Venekotensee e.V., Stiegstr. 43, 41379 Brüggen, 0176/96364490

Kanusport
Kontakt: Kanu-Club Grenzland Niederkrüchten („Familienkanuverein an der Schwalm"), Adam-Houx-Str. 21, www.kcgn.de / Paddelclub „Dagestid" Brempt 1953 e.V., Hamerweg 293, 41068 MG, 02161/532944

Modellsportverein Schwalbe 2 Elmpt 1973 e.V.
Der Verein bietet Modellbaustunden im Bürgerhaus Elmpt an. Im Sommer findet 14-tägig ein Freiflug auf dem Flugfeld Overhetfeld statt. : Tel. 02163/89181, info@msv-schwalbe-2.de, www.msv-schwalbe-2.de

Reiten
In Niederkrüchten gibt es mehrere Reitställe. Reitwege und Übernachtungsmöglichkeiten mit Pferd stehen unter www.niederkruechten.de zum Download bereit. Eine Reitwegekarte des Kreises Viersen kann bei der Gemeinde käuflich erworben werden.

Greenwheel Elektro-Scooter
Auf Skootern mit einer Geschwindigkeit von bis zu 20 km/h für Personen bis 120 kg wird die „Krüchtener Mühlentour" angeboten. www.greenwheel-tours.de

Nordic-Walking-Park Elmpter Wald De Meinweg
Die zertifizierten Strecken über 100 km in Niederkrüchten und 50 km in Roerdalen umfassen 20 Routen und 2 integrierte Technikrouten von 3,5-11,6 km.
Download unter
www.niederkruechten.de

Radwandern
Niederkrüchten bietet ca. 150 km Radwege durch die Natur. Dazu zählen die NiederRheinRoute, die Denkmal-Route im Schwalmtal und die Route „Natur pur".

Feste und Veranstaltungen

▸ Niederkrüchtener Musiksommer
An einem langen Wochenende im September finden mehrere Konzerte unter freiem Himmel statt.

▸ KREATIVA
Kunsthandwerker aus der Region präsentieren ihr Können auf der Messe in der Begegnungsstätte.

Rees

(Kreis Kleve)

Die rechtsrheinische Stadt Rees entstand um 500–800 n. Chr. als fränkische Siedlung auf einer „Ward“ am Rhein. 1228 erhielt die Siedlung mit etwa 150 Gebäuden und 600 Bewohnern die Stadtrechte und gilt damit als älteste Stadt am Unteren Niederrhein. Heute leben im staatlich anerkannten Erholungsort etwa 22 000 Menschen.

Bürger-Service Rees,
Markt 1, 46459 Rees,
02851/51115,
www.stadt-rees.de,
www.rees-erleben.de

Sehenswertes

▸ Rheinpromenade
Die Rheinpromenade mit Gastronomie, der alten Stadtbefestigung und den liebevoll gestalteten Bronzestatuen lädt zum Flanieren, Verweilen und Schiffe beobachten ein.

▸ Historische Stadtumwehrung mit unterirdischen Festungsanlagen
Die gut erhaltene historische Stadtumwehrung wurde zwischen dem 12. und dem 18. Jh. von vier verschiedenen Nationen Europas erbaut. 1228 wurde ein Ringwall aus Holz und Erde errichtet, ab 1289 begann der massive Stadtmauerbau. Das Rondell am Bär stammt aus dem Jahr 1329 und wurde nach 1758 von den Franzosen als Munitionslager genutzt. Die unterirdischen Festungsanlagen/Kasematten gehören zu den am besten erhaltenen mittelalterlichen/frühneuzeitlichen Festungsanlagen im Rheinland. Eine davon ist über das Museum öffentlich zugänglich.

Nachtwächterführung am Mühlenturm.

▸ St. Mariä Himmelfahrt in Rees
Der erste Kirchenbau aus Holz stand bereits in fränkischer Zeit um 700 an dieser Stelle. Nach einem Einsturz des Vorgängerbaus im

Jahr 1817 wurde die klassizistischen Pfarrkirche in Süd-Nord-Ausrichtung errichtet, die einen verbreiterten Straßenausbau ermöglichen sollte. Die Gottesmutter mit ihrem Kind aus dem 14. Jh. gilt als ältestes und bedeutendstes niederrheinisches Madonnenbild.

Katholische Pfarrkirche St. Vincentius in Mehr
Auch hier stand bereits vor dem Jahr 800 eine Eigenkapelle. Zwei Memoriensteine aus dieser Zeit befinden sich in der Kirche. Im 11. Jh. wurden Mittelschiff und Apsis errichtet, der dreigeschossige romanische Turm folgte kurz nach 1200, die gotische Umgestaltung 1447.

Weitere Kirchen und Sakralgebäude
Die dreischiffige Pseudobasilika mit Kreuzrippengewölbe St. Cosmas und Damian Bienen mit romanischem Turm aus dem 13. oder 14. Jh enthält eine Willis-Orgel von 1872. St. Quirinius in Millingen ist eine romanische dreischiffige Pseudobasilika mit Querhaus (1. Hälfte des 15. Jhs.) mit spätgotischer Umgestaltung, zwei Grabkammern unter der Apsis und einer Grabplatte aus Sandstein im linken Seitenschiff. Die katholische Pfarrkirche St. Georg Haldern wurde bereits 1040 gegründet. Der heutige Bau enthält eine um 1540 entstandene Holzstatue der Maria Königin. St. Lambertus in Haffen enthält einen Taufstein aus dem 15. Jh., einen Kelch aus dem 13. Jh. sowie spätgotische Skulpturen und eine Monstranz aus der 2. Hälfte des 15. Jhs.

Scholtenmühle
Die 1849 errichtete Wall-Holländermühle ist aktiv und dient als Veranstaltungsort. Aus dem gemahlenen Korn werden Mühlenbrot und Mühlenschnaps hergestellt. **Kontakt**: Zur Windmühle 6, ☏ 02851/1232 🌐 www.scholten-muehle-rees.de

Haus Aspel
Die Klosteranlage von Haus Aspel blickt auf eine 1000-jährige Geschichte zurück. Seit 1850 wird dieses Schloss als Kloster genutzt und ist bis heute das geistliche Zentrum der „Töchter vom heiligen Kreuz“. **Standort**: B8 Richtung Wesel

Museen

Städt. Museum Koenraad Bosman
Das Museum zeigt Kunst des 19. und 20. Jhs. sowie eine Ausstellung zur Stadtgeschichte und Volkskunde. Vom Museum aus ist eine um 1500 erbaute Kasematte zugänglich. **Kontakt**: Am Bär 1 / Eingang Vor dem Falltor, ☏ 02851/51187 (wochentags) oder 2321

Vom Koenraad Bosman-Museum führt ein Gang in die Kasematte.

Heimatmuseum Haffen-Mehr
In der ehemaligen Grundschule gibt es volkskundliche Objekte und lokalhistorische Exponate. **Kontakt**: Velthuysenstr., Haffen – Heimatfreunde Haffen-Mehr, ☏ 02857/80155, 🌐 www.haffen-am-rhein.de

Battenbergturm
Der um 1500 erbaute mittelalterliche Wohnturm beherbergt eine kleine lokale Dauerausstellung und ein Archiv. **Kontakt**: Wertherbrucher Str. 1, Haldern – Heimat-

verein Haldern, 02850/7206, www.haldern.de, www.facebook.com/HeimatvereinHaldern

Johannes Derksen „Leben und Werk"
Das Privatmuseum und Archiv über den Geistlichen und DDR-Schriftsteller öffnet nach Vereinbarung seine Türen.
Kontakt: Fallstr. 28, 02851/966948

Freizeit und Natur

Skulpturenpark und Planetenweg
Der Park mit begehbarer Bodensonnenuhr und Spielplatz befindet sich direkt an der alten Stadtmauer. Der Skulpturenpark zeigt abstrakte und gegenständliche Objekte deutscher und niederländischer Künstler. „Am Bär" beginnt der Planetenweg, bei dem ausgehend von der Sonne (im Skulpturenpark) im Maßstab 1:1 Milliarde unser Planetensystem dargestellt wird, und der nach 6 km in Mehr beim Pluto endet.

Wahrsmannshof
Das Naturschutzzentrum bietet auf dem Wahrsmannshof und am Reeser Meer Natur- und Umweltbildung für Gruppen an.
Kontakt: Bergswick 19, www.wahrsmannshof.de / Bootsanleger Reeser Meer Süd, Doelenweg, Rees / Naturschutzzentrum im Kreis Kleve e.V., Niederstr. 3, Bienen, 02851/ 963-321 und -323, www.nz-kleve.de

Wandern
Die Stadt Rees schlägt sechs Wanderungen mit einer Länge von 9 bis 14 km vor und bietet GPS-Daten, PDF-Downloads und QR-Codes dazu an. Eine Deichwanderung führt von Wesel über Rees nach Emmerich.
www.rees.de,
www.wanderwege-nrw.de,
www.rheinaue-erleben.de

Stadtbad Rees
Im Hallenteil des Kombibades befindet sich ein 25-m-Becken mit variablem Boden.
Kontakt: Grüttweg 26, 02851/7274, info@stadtbad-rees.de,
www.stadtbad-rees.de

Naturfreibad Millinger Meer
Direkt am Restaurant mit Biergarten liegt der See mit Steg und Nichtschwimmerbereich, Liegewiese und Sandstrand.
02851/966333,
www.strandbadmillingermeer.de

Reeser Personenschifffahrt
Es werden Rundfahrten, Tagesfahrten und Charterfahrten mit dem Fahrgastschiff Stadt Rees angeboten. Von Ende April bis Anfang September gibt es einen Liniendienst zwischen Rees, Xanten und Emmerich sowie nach Tolkamer, Doornenburg und Arnheim (NL). **Kontakt**: Anleger Rheinpromenade / Parallelstraße „Vor dem Rheintor" / Büro: Weidenweg 11,
02851/7004, laak-ree@t-online.de,
www.reeser-personenschifffahrt.de

Rheinfähren s. Kalkar

Indoor-Soccer und mehr
Kontakt: Groiner Kirchweg 22a (Navi Grüner Weg), 02851/2444,
www.sportundfreizeitcenterrees.de

Wassersport
Der Jachthafen Rees liegt am Mahnensee unterhalb der Reeser Rheinbrücke gegenüber dem Wunderland Kalkar.
Kontakt: Wassersport-Club Rees e.V.,
02851/2288 www.wsc-rees.de

Boule-Anlage
„Am Bär" befindet sich eine Boule-Anlage.
Kontakt (Ausleihe Kugel-Set): Balkan-Stübchen, Neustr. 35

Segway-Touren
Über die Stadt Rees werden vier verschiedene Routen in und um Rees angeboten.

Radwandern
Als „fahrradfreundliche Stadt" bietet Rees fünf Themenrouten im Wegweisungssystem sowie die Broschüre „Radtouren in Rees" mit 19 Radtouren von 17 bis 140 km Länge kostenlos im Bürger Service an. Mit dem „Fietsenbus" RVN61 werden von Mai bis September sonntags Fahrradfahrer ins Münsterland transportiert.
www.freizeitfietsenbusse.de

Feste und Veranstaltungen

Haldern Pop
Beim dreitägigen Open-Air-Festival im August treten neben eher unbekannten Indie-, Folk-Rock- und Pop-Künstlern und Singer-Songwritern auch internationale Größen auf. www.haldernpop.com

Rock in't Dörp
Das gemütliche Open-Air-Festival in Haffen bietet im Juni/Juli handgemachte Musik an zwei Abenden. www.rockintdörp.de

Rheinberg

(Kreis Wesel)

Die ehemalige Zoll- und Festungsstadt wurde bereits 1003 erstmals erwähnt. Mit den Stadtrechten erhielt Rheinberg 1233 die Erlaubnis zur Ortsbefestigung und bürgerliche Rechte und Freiheiten. Der ursprüngliche Wallgraben ist noch zu über 90% erhalten, ebenso wie viele alte Gebäude. Ländliche Idylle findet sich in Orsoy am Rhein.

Stadt Rheinberg,
Kirchplatz 10, 47495 Rheinberg,
02843/171-0,
02843/175-4081,
www.rheinberg.de

Sehenswertes

Historische Innenstadt
In Rheinbergs historischer Innenstadt sind die Wallanlagen noch zu über 90% erhalten. Der Zollturm (Pulverturm), der 1298 fertiggestellt wurde, lag damals direkt am Rhein und diente zur Bewachung und zum Eintreiben der Zölle ebenso wie als Gefängnis und Munitionslager. Eine Explosion führte zur weitgehenden Zerstörung der kurkölnisch-kurfürstlichen Landesburg, von der einzig die Alte Kellnerei (Innenwall 104) aus 1573 erhalten ist. Das älteste Sakralbauwerk, die vorwiegend gotische katholische Pfarrkirche St. Peter mit spätromanischem Westturm und einer barocken Kanzel aus dem Jahr 1701, stammt weitgehend aus dem Ende des 12. Jhs. Das Gebäude der evangelischen Pfarrkirche diente zunächst als Scheune. 1885 wurde der neoromanische Kirchturm angebaut. Im Haus „Im weißen Kreuz" (Gelderstr. 22) befand sich 1764–

Die Ruine des Zollturms im Nordwesten Rheinbergs.

1897 die Synagoge. Höhepunkt jeder Stadtführung ist der Marktplatz mit dem gotischen Alten Rathaus aus dem Jahr 1449 mit barockem Zwiebelturm, dem Getreidespeicherhaus Im Scheffel (1560), dem einzigen Barockhaus „Zum weißen Raben“ und dem Underberg-Stammhaus von 1878–1880. Der 53 m hohe Underberg-Turm diente früher als Kräuterturm. Das Ehren- und Mahnmal „Tor der Toten“ an den östlichen Wallanlagen erinnert an 650 Kriegsopfer.

▸ Orsoy
Das Städtchen mit dem mittelalterlichen Ortskern liegt auf der linken Rheinseite direkt am Rhein. Reste der Stadtbefestigung, der Pulverturm, Deich, Deichtor und Rheinpromenade ziehen Scharen von Ausflüglern an.

▸ Budberg
Besonders sehenswert ist die katholische Kirche St. Marien, die 1949 unter Einbeziehung des Turms einer alten Windmühle errichtet wurde.

▸ Schloss Ossenberg
Das Schloss wurde in den 1720ern erbaut. Es geht auf eine Wehranlage aus dem 12. Jh. zurück. Heute kann man im Schloss übernachten. **Kontakt**: Schlossstr. 81, ☏ 02843/160395

▸ Werkssiedlung der Firma Deutsche Solvay Werke
In Borth befindet sich die kleinste Werkssiedlung am Niederrhein mit schmucken Bauten aus der Zeit um 1937. **Standort**: Adolfstr., Alfredstr., Weseler Str. in Borth

Museen

▸ Altes Rathaus
Im Alten Rathaus befindet sich eine kleine Underberg-Ausstellung. **Kontakt**: Großer Markt 1, ☏ 02843/171-114

Freizeit und Natur

▸ ☺ TerraZoo
Im TerraZoo dreht sich alles um Reptilien. In Terrarien lassen sich Gift- und Würgeschlangen, Varane, Krokodile, Vogelspinnen, Schildkröten, Skorpione, Frösche, Insekten und Totenkopfäffchen bewundern. Spannend sind die laufend stattfindenden Kurzführungen, Vorträge, Kindergeburtstage, Abendführungen, Fotoworkshops oder die Aktion „Tierpfleger für einen Tag“ sowie die liebevoll gestalteten Infotafeln. **Kontakt**: Melkweg 7, ☏ 02843/901685, www.terrazoo.de

Reptilien zum Anfassen im TerraZoo.

▸ ☺ Erlebnispädagogischer Hof Elverich
Hier sind Erlebnispädagogik und ein Hofcafé friedlich vereint. Neben Innen- und Außengastronomie gibt es viele Tiere, einen Spielplatz, Fahrzeuge und eine Strohscheune. Es gibt Angebote für Gruppen und

Sonderveranstaltungen. **Kontakt**:Elverich2a (bei Büderich), 02803/8029913, info@elverich.de, www.elverich.de

Stadtpark
Der kleine Stadtpark mit einem angelegten See, dem spanischen Vallan (sechseckiger, 7 m hoher Turm), Spielplatz und Platanenallee liegt im Südwesten der Stadt.

Hasenpfad
Der 3,7 km lange Rundwanderweg führt rund um das „Hasenfeld“, einen Naturraum am Deich mit einer reichen Vogelwelt am Polder. **Startpunkt**: Drießen 10a, Eversael

Wandern
Die Fossa-Route entlang der Fossa Eugeniana (s. Kamp-Lintfort) ist eine beliebte Wander- und Radwanderstrecke. Bei Rheinberg befindet sich eine Schleusenkammer. Wenig später mündet der Kanal in den Moersbach, der dann in Ossenberg den Rhein erreicht. Rheinberg ist Station des niederrheinischen Jakobspilgerwegs von Köln nach Nimwegen (Stempelstation: Stadthaus, Kirchplatz 10).

Underberg-Freibad
Das 1954 erbaute Freibad befindet sich im Rheinberger Stadtpark.
Kontakt: Bahnhofstr. 2, 02843/3899, baeder@rheinberg.de

Solvay-Hallenbad
Das Hallenbad ist vor allem ein Schul- und Sportbad mit zwei Becken. Jeden Donnerstag ist Spielenachmittag. **Kontakt**: Friedrich-Stender-Weg 4, 02843/5107, baeder@rheinberg.de, www.rheinberg.de

FahrsicherheitsCentrum Rheinberg
Die Verkehrswacht bietet verschiedene Trainings für PKW, LKW und Motorräder an. **Kontakt**: Heydecker Str. 145 02843/991955, info@fahrsicherheitscentrum.de, www.fahrsicherheitscentrum.de

Feste und Veranstaltungen

Music Art Project
Das Kulturfestival verbindet im August Kunst und Musik auf dem Marktplatz, unter anderem mit einem Poetry Slam. www.map-festival.de

Tulpensonntagszug und Rosenmontagszug
Am Faschingssonntag gibt es den großen Umzug durch Orsoy, und alle zwei Jahre (ungerade Jahre) ziehen die Narren durch die Innenstadt in Rheinberg.

Stadtfest
Ein Wochenende im Juni mit einem Programm für die ganze Familie und verkaufsoffenen Sonntag.

Kirmes- und Schützenfest
Das mehrtägige Fest findet im August auf der Festwiese am Kattewall statt.

Kastanienfest in Rheinberg
Anfang Oktober an einem verkaufsoffnen Sonntag werden tonnenweise Kastanien gegen Äpfel getauscht.

Weihnachtsmärkte
Die gibt es in Budberg und in Orsoy und den Adventsmarkt in Rheinberg.

Rheurdt

(Kreis Kleve)

Die knapp 7000 Einwohner der Gemeinde Rheurdt leben im Herzen der Niederrheinischen Tiefebene. Die Landschaft wird bestimmt durch die Niederungsgebiete um die Nenneper Fleuth, den Littardschen Kendel und den Landwehrbach und durch die Schaephuysener und Rheurdter Höhen, eine Endmoräne aus der Saaleeiszeit. Rheurdt trägt den Beinamen „Ökodorf".

Gemeinde Rheurdt,
Rathausstr. 35, 47509 Rheurdt,
02845/963312,
www.rheurdt.de

Sehenswertes

Kirchen
Die neugotische dreischiffige Hallenkirche St. Hubertus in Schaephuysen mit sehenswerten Malereien und Fenstern wurde 1894 an alter Stelle errichtet. Die vierjochige neugotische Kirche St. Nikolaus in Rheurdt mit Querhaus und von Franz Stummel gestalteten Fenstern geht mindestens auf das Jahr 1400 zurück. Die viergeschossigen Westtürme beider Kirchen sind weithin sichtbar. **Standorte**: Schaephuysen, Hautpstr. 18 / Rheurdt, Rathausstr. 51

St. Quirinuskapelle
Eine Kapelle ist an dieser Stelle seit 1550 überliefert. 1714 wurde das aktuelle weißgeschlämmte Gebäude mit üppiger Ausstattung errichtet, das eine Reliquie des Heiligen Quirinus beherbergt.
Standort: Schaephuysen, Finkenberg 35

Museen

Heimatstube (Heimatmuseum)
In den Räumen der ehem. Sparkasse im Töpferdorf Schaephuysen befindet sich eine heimatgeschichtliche Sammlung. **Kontakt**: Hauptstr. 39, 02845/6398, www.vfguh-schaephuysen.de

Freizeit und Natur

Oermter Berg
Auf dem 68 m hohen „Berg" befinden sich ein Wildgehege mit Mufflons, Dam- und Rotwild, ein Waldlehrpfad, ein 2,4 km langer Trimm-Dich-Pfad und drei Spielplätze, teils in einer „Schlucht". „Auf der Höhe" lädt eine Spiel- und Freifläche mit Spielfort, Matschanlage und Grillhütten zum Verweilen ein. Am Fuß der Endmoräne befindet sich eine naturkundliche Sammlung in einer Begegnungsstätte. **Kontakt**: Volkspark Oermter Berg, Niederend 113, info@oermter-berg.de, www.oermter-berg.de

In vielerlei Hinsicht ein Freizeitparadies: der Oermter Berg.

Naturschutzgebiete
Das 144 ha große Naturschutzgebiet Staatsforst Rheurdt/Littard ist ein geschlossenes Laubmischwaldgebiet mit einer Naturwaldzelle. Hier wurden bereits Eisvögel

und Schwarzspechte gesichtet. Im Norden, Osten und Westen schließt sich das Naturschutzgebiet Rheurdt-Schaephuysener Kuhlenzug mit einem Graben- und Stillgewässersystem ehemaliger Torfkulen an.

▸ Kletterwäldchen Rheurdt
In 4 m Höhe können an neun Elementen für alle Altersklassen Herausforderungen gemeistert werden.
Kontakt: Kirchstr. 44, 02842/71233, christel.bosch@kirche-hoerstgen.de, www.jugendhoerstgen.de

▸ Vereinshallenbad
Kontakt: Am Hallenbad 3, www.schwimmfreunde-rheurdt.de

▸ Reiten
Rheurdt gilt als pferdefreundliche Gemeinde. Besonders schön sind die Reitwege im Staatsforst Littard. Der Islandpferdehof bietet Reitstunden, Reiterferien, Kindergeburtstage und geführte Ausritte und Wanderritte an. **Kontakt**: Bergdahlsweg 172, 02845/2966134, info@islandpferdereiten.de, www.islandpferdehof-niederrhein.de

Feste und Veranstaltungen

▸ Heimspiel
Das Benefiz-Musikfestival bietet im Juni Livemusik auf dem Schaephuysener Marktplatz. www.schaephuysen-heimspiel.de

▸ Rheurdter Geländelauf
Im Oktober findet auf dem Rheurdter Höhenzug ein familiärer Cross-Lauf für Läufer und (Nordic-)Walker auf Strecken von 444 m bis 10 km statt.
www.tv-rheurdt.de

▸ Pfingst- und Herbstkirmes in Rheurdt
Eine mehrtägige Veranstaltung. Höhepunkt ist die Verleihung der Festkette, Montag ist i.d.R. Familientag. Die Herbstkirmes findet im September statt.

▸ Naturmarkt in Schaephuysen
Die regionalen landwirtschaftlichen Produzenten präsentieren sich und ihre Erzeugnisse den Besuchern. Für das leibliche Wohl ist gesorgt. Zu den Terminen:
www.naturmarktschaephuysen.de

▸ Rheurdter Wiesnparty
Eine große Party ist das örtliche Oktoberfest.

Rommerskirchen

(Rhein-Kreis Neuss)

Rommerskirchen ist die südlichste Gemeinde im Rhein-Kreis Neuss und liegt in der niederrheinischen Bucht zwischen Neuss und Köln, Erft und Rhein. Scherben bei Grabungen in der Kirche förderten Funde zutage, die auf eine Siedlung der Bandkeramiker (5300–4900 v. Chr.) an dieser Stelle schließen lassen. In der Gegend gab es zahlreiche römische Landgüter. Bei Ausgrabungen wurden eine Villa Rustica in Nettesheim und Gräber aus dem 3. Jh freigelegt.

Rathaus,
Bahnstr. 51, 41569 Rommerskirchen,
02183/800-0,
02183/800-27,
info@rommerskirchen.de,
www.rommerskirchen.de,
www.wfgrkn.de
www.kultohr-rkn.de

Sehenswertes

Kirche St. Peter in Rommerskirchen
Der 1200 erbaute Turm steht an der Seite eines schlichten Neubaus. Unter der Kirche, deren Geschichte als hölzerner Sakralbau im 7. Jh. begann, wurden fränkische Gräber gefunden.
Kontakt: Kirchgasse 6, 02183/319,
www.kirche-rommerskirchen.de

St. Briktius in Oekoven
Die romanische Pfeilerbasilika stammt aus dem 12. Jh. – älteste urkundliche Erwähnung 1223. Turm, Mittelschiff und Apsis stammen noch aus dieser Zeit. **Kontakt**: Roncalliplatz 2, 02183/441657, s.o.

St. Martinus Nettesheim
Auch diese Kirche wurde bereits 1195 erwähnt. Vom ursprünglichen Bau ist noch der romanische Turm erhalten.
Standort: Martinusstr. 7 / **Kontakt**: Martinusstr. 13, 02183/7053, s.o.

St.-Lambertus-Kapelle in Ramrath
Die vorromanische Eigenkapelle des karolingischen Ramrather Hofes gilt als ältestes sakrales Bauwerk im Kreis Neuss und wurde im 9., spätestens im 10. Jh., erbaut und im 12. und 19. Jh. erweitert und umgebaut. Es wird vermutet, dass ein hölzerner Vorgängerbau bestand.
Standort: Lambertusstr. 34

St. Stephanus Hoeningen
Unter der Kirche befinden sich Gräber, die vermutlich aus dem 8./9. Jh. stammen. Der heutige Bau geht im Kern zurück auf eine um 1110 errichtete dreischiffige romanische Pfeilerbasilika aus Tuffstein. **Kontakt**: Stephanusstr. 14, 02182/7122, s.o.

Oekoven
Oekoven besticht durch dörfliche Idylle im alten Ortskern. Bei der Ausgrabung eines römischen Gutshofes in Evinghoven wurden zwei Brunnen freigelegt, in denen sich die Fragmente zahlreicher Götterdenkmäler fanden, darunter mindestens drei sitzende Jupiterfiguren.

Widdeshoven
Widdeshoven wurde bereits 793 urkundlich erwähnt und ist mit seinen Fachwerkbauten ein echtes Kleinod.

Wasserburg Anstel
Die bereits 1155 erwähnte Burg ist das älteste profane Baudenkmal in Rommerskirchen. Der Umbau in die heute sichtbare barocke Anlage erfolgte 1722. Heute befindet sich hier ein Reitbetrieb mit Landwirtschaft mit einem Angelteich in der Nachbarschaft.
Standort: Wasserburgstr. 30,
www.wasserburg-anstel.de

Museen

Feldbahnmuseum Oekoven e.V. / Gillbachbahn
Das „lebendige“ Museum umfasst 55 Feldbahnloks mit 600 mm Spurbreite, 128 Feldbahnwagen, Zubehör, Bücher und Archivalien mit einer restaurierte Dampflok als Höhepunkt. Eine Ausstellungshalle und eine Wiki-Seite sind im Aufbau. Am ersten Sonntag im Monat (Mai-Okt.) lädt die Bahn zum Mitfahren ein. Für Kinder dreht zusätzlich die kleine Gartenbahn mit einer

Spurweite von 5 und 7 1/4 Zoll und einer Streckenlänge von 70 m ihre Runden, zeitweise mit einer kleinen Dampflok. **Kontakt**: Bahnhof Oekoven / Feld- und Werksbahnmuseum, Zur Werksbahn 1, 02183/8068377, www.gillbachbahn.de

Kulturzentrum Sinsteden des Rhein-Kreises Neuss
Neben einer Sammlung zur Archäologie der Römerzeit mit Ausgrabungsfunden (zwei Särgen, einem Skelett und diversen Grabbeigaben) aus dem 3. Jh. beheimatet das Gelände des alten Gutshofes ein Landwirtschaftsmuseum, das neben Exponaten zur Entwicklung der Landtechnik auch das Archiv des Rheinischen Kaltblut-Pferdes enthält, Skulpturen-Hallen mit einer Werkschau des Prof. Ulrich Rückriem und einen wissenschaftlichen Geflügelhof mit vom Aussterben bedrohten Nutztierrassen. Im Innenhof befindet sich ein Café. **Kontakt**: Grevenbroicher Str. 29, 02183/7045, www.rhein-kreis-neuss.de

„Der Tote im Bleisarg" – bestattet im 3. Jh.

Virtuelles Gemeindemuseum
Durch einen Klick im Internet wird alles Wissenswerte aus allen Rommerskirchener Epochen in Wort und Bild vermittelt. www.vmrommerskirchen.de

Freizeit und Natur

Historischer Wanderweg Eckum
Die vom Bürgerschützenverein Eckum ausgearbeitete Wanderroute mit Hinweisschildern verbindet 35 Punkte. Erläuternde Infos gibt es auf einem Faltblatt oder als Download.

Sonnenbad
In dem familiären Hallenbad mit Liegewiese werden Kurse, Disco-Abende, 24-Stunden-Schwimmen und Spielvormittage angeboten. **Kontakt**: Nettesheimer Weg, 02183/9244, sonnenbad-roki@web.de, www.rommerskirchen.de

Golf
Auf der 27-Loch-Anlage werden Schnuppermitgliedschaften und Familientarife angeboten.
Kontakt: Golf & Country Club Velderhof e.V., Velderhof, 50259 Pulheim, 02238/923940 / 02238/922942 (Golfschule), www.velderhof.de

Radwandern
Ein 20 km langer Rommerskirchener Rundradweg verbindet alle Ortsteile.

Kindertheater
Kindertheaterveranstaltungen finden sich auf der Homepage der Gemeinde unter freizeit – kultur – kindertheater.

Feste und Veranstaltungen

▸ „Goin' to my Hometown"
Das internationale Bluesrock-Festival (Mai/Juni) findet im Kulturzentrum Sinsteden einen stimmungvollen Rahmen. Ergänzt wird dieses Angebot durch den Blues Brunch.

▸ Rhenag Rheinischer Tiertag
Rund um das Landwirtschaftsmuseum präsentieren sich an einem Augustsonntag alte Handwerkskunst, historische landwirtschaftliche Geräte, Kaltblutpferde, Schafe und andere Tiere sowie ein buntes Kinderprogramm.

Schermbeck

(Kreis Wesel)

Die Gemeinde mit etwa 14 000 Einwohnern liegt im Ostzipfel des Niederrheins auf der rechten Rheinseite an Lippe und Wesel-Datteln-Kanal im Naturpark Hohe Mark-Westmünsterland. Gahlen wird bereits 785 urkundlich erwähnt, Schermbeck selbst 799. Durch den Vertrag von Verdun 843 gehörte das Gemeindegebiet zwei unterschiedlichen Reichen an: Das heutige Schermbeck fiel an das mittelfränkische Reich unter König Lothar, das heutige Altschermbeck zum ostfränkischen Reich unter König Ludwig.

Gemeinde Schermbeck
Tourist Information,
Weseler Str. 2, 46514 Schermbeck,
02853/910-0,
tourismus@schermbeck.de,
www.schermbeck.de,
www.wir-sind-schermbeck.de
www.tourismus-kreiswesel.de

Sehenswertes

▸ Schermbeck
Schermbeck lässt sich auf eigene Faust auf dem historischen Rundgang erkunden. Hinweistafeln und eine Ortskarte weisen den Weg. Eine Audiotour ist vor Ort über QR-Codes verfügbar. Es werden auch Führungen durch den Heimat- und Geschichtsverein angeboten, vorbei an Resten der alten Stadtmauer, die 1416 erbaut wurde, an sehenswerten Kirchen und Häusern aus dem 18. Jh. Bei der Burganlage (Burgstr. 10) handelt es sich um ein ehemaliges Wasserschloss. Am Mühlenteich liegen zwei ehemalige Wassermühlen, die obere (1640 als „neue Mühle" erwähnt) und die untere Burgmühle, die mindestens auf das 14. Jh. zurückgeht. Kontakt Führungen:
www.heimatverein-schermbeck.de

▸ Gahlen
Die größtenteils spätgotische evangelische Kirche von Gahlen (Kirchstr.) ist das älteste Bauwerk der Gemeinde. Der Westturm stammt aus dem 12. Jh., gegründet wurde sie vermutlich vor 900. Bis in die 80er-Jahre gab es in Gahlen artesische Brunnen, die zufällig bei einer Bohrung nach Kohle in den 1920er-Jahren zutage traten. Ein Gedenkstein am Kneipp-Tretbecken auf der Sportanlage „Im Aap" erinnert daran. Die Dorfmühle am Mühlenteich geht auf die Zeit um 1500 zurück.
www.heimatverein-gahlen.de
Kneipp-Tretbecken: Im Aap 53,
www.tusgahlen.de

Museen

▸ Feldbahnfreunde Schermbeck-Gahlen e.V.
Die Feldbahnfreunde beschäftigen sich mit dem Aufbau und Betrieb einer 600-mm-Feldbahn mit mehreren Loks, Draisinen und Wagen für Besucher. Ein

Streckenstück wurde bereits fertiggestellt. **Kontakt**: Hof Haferkamp, Im Aap 25, ✉ vorstand@feldbahn-schermbeck.de, 🌐 www.feldbahn-schermbeck.de

Heimatmuseum

Im 1566 errichteten ältesten Wohnhaus Schermbecks befindet sich eine Ausstellung zur Kultur- und Handwerksgeschichte. **Kontakt**: Steintorstr. 17, ☎ 02853/4709, ✉ info@heimatverein-schermbeck.de, 🌐 www.heimatverein-schermbeck.der

Gahlener Heimatscheune Olle Schuer

Es wird altes Handwerk präsentiert. Gruppen zeigen Arbeitsabläufe aus alten Zeiten. Die Scheune ist Schauplatz historischer Feste. **Kontakt**: Bruchstr. 205, Gahlen, 🌐 www.heimatverein-gahlen.de

Kleinstes Strommuseum der Welt

In einem Transformatoren-Häuschen in Damm verbirgt sich das kleinste Strommuseum der Welt mit allem, was mit Strom zu tun hat, u.a. Relikte zum Thema Stromerzeugung, alte, teilweise sehr skurrile Haushaltsgeräte und andere strombetriebene Elektrogeräte. **Kontakt**: Damm, 🌐 www.turmverein-damm.de

Privatmuseum „Das Alte erhalte"

In einem ehemaligen Kuhstall befindet sich eine Privatsammlung von Gegenständen aus alten Zeiten zum Landleben allgemein, Küche, Waschküche, Wohnzimmer und Schlafzimmer sowie Schulmöbel und -gegenstände im „Klassenzimmer". **Kontakt**: Elke und Klaus Sondermann, Marienthaler Str. 20, Weselerwald, ☎ 02856/2361, ✉ info@museum-sondermann.de, 🌐 www.museum-sondermann.de

Freizeit und Natur

Eselreiten

Auf der Degisfarm werden geführte Ausritte auf Eseln für Kinder im Alter von 4–13 Jahren angeboten (maximal 4 Kinder pro Termin). Auch ein Eselführerschein kann erworben werden. Ergänzend können die Hoftiere wie Wollschweine, Hühner und Ziegen gefüttert und ein Picknick mit Stockbrot organisiert werden. **Kontakt**: Dammer Weg 38, Damm, ☎ 02853/861747, 🌐 www.degisfarm.de

Lopaka-Ranch mit Alpakas

Auf Farmtouren erleben Besuchergruppen Alpakas hautnah und lernen viel über die sanften Tiere. Fotoshootings und Kurse mit dem eigenen oder einem „Leihalpaka" sind möglich. Im Hofladen gibt es Produkte aus dem „Vließ der Götter". **Kontakt**: Alte Fährstr. 12, Bricht, ☎ 02853/ 5393, ✉ info@lopaka.de, 🌐 www.lopaka.de

Naturschutzgebiete

Das Gemeindegebiet liegt vollständig im Naturpark Hohe Mark-Westmünsterland mit den Naturschutzgebieten Lippeaue und Gahlener Torfvenn im Süden, der Wacholderheide Loosenberge, dem romantischen Dämmerwald und dem Feuchtgebiet Lichtenhagen im Westen und der Üfter Mark und Rüster Mark im Osten. Hier laden der Ameisenpfad mit 4,5 km Länge und der 19 km lange Hirschpfad zum Erkunden ein. 🌐 www.wanderwegewelt.de 🌐 www.schermbeck.de (Wanderrouten)

Weselerwald-Teufelsstein

Der Weselerwald-Teufelsstein ist ein großer, mehr als eine Million Jahre alter Findling aus Braunkohlesandstein, der unweit eines Bauernhofes auf einem Feld liegt. Die Sage erzählt, dass der Teufel sich so sehr über die betenden Mönche in Marienthal und die frommen Maurer der Kirche in Drevenack ärgerte, dass er ein Stück aus den Testerbergen herausbrach und es in Richtung Marienthal und Drevenack schleuderte. Es gibt in der Gegend gleich mehrere „Teufelssteine" zu dieser Sage. **Kontakt**: Zum Teufelstein, www.wir-sind-schermbeck.de/der-teufelsstein, www.schermbeck.de/de/adressen/naturdenkmal-teufelsstein/ – GPS 51°42'44.63"N, 6°45'34.11"E

Spannend und ein bisschen mystisch – ein Ausflug zum Weselerwald-Teufelsstein.

Künstlergruppe Nebelhorn

Im Café Lühlerheide werden Kurse für Behinderte und Nichtbehinderte angeboten. **Kontakt**: Nebelhorn e.V., Café Lühlerheide, ev. Stiftung Lühlerheim, Marienthalerstr. 10, 02856/980942, www.nebelhorn.org

Solehallenbad

Das mit Salzsole desinfizierte Bad verfügt über ein 25-m-Becken mit Hubboden, Babybecken, einen Außenbereich mit Kinderbecken, Liegewiese, einen Wellnessbereich und ein Beachvolleyballfeld. Der Verein bietet Schwimmsport, Wasserball, Tauchen und Triathlon. **Kontakt**: Wassersportverein Schermbeck e.V., Weseler Str. 11, 02853/2853, www.wsvschermbeck.de

Wellness

Im Landhotel Voshövel gibt es ein breites Wellness-Angebot auch für Tagesgäste. **Kontakt**: Am Voshövel 1, 02856/91400, www.landhotel.de

Golf

Neben dem 18-Loch Platz für Mitglieder gibt es Schnupper- und Einsteigerkurse sowie einen öffentlichen 9-Loch-Platz. **Kontakt**: Golfclub Weselerwald e.V., Steenbecksweg 12, Marienthal, 02856/91370, www.gcww.de

Reiten

Der Naturpark Hohe Mark-Westmünsterland ist ein Eldorado für Reiter. Die wetterbeständigen Kartenwerke „ReitTipp Naturpark Hohe Mark West" und „... Ost" sind im Handel und in der Tourist-Information erhältlich.

Paddeln auf der Lippe

Es gibt mehrere Anbieter außerhalb des Gemeindegebietes, die Touren ab Schermbeck anbieten:
www.lippe-kanu-touren.de,
www.nordwestkanu.de,
www.paddelstation.de,
www.funboat-touristik.de

Ballonfahren

Kontakt: Ballonfahrten Nienhaus, Dämmerwalder Str. 6, 02865/557, www.ballonfahren-nienhaus.de

Angelparks
Angelpark Schermbeck, Am Paeppelnberg, ☏ 02865/9989952 + 01577/6649497, ✉ angeln@angelpark-schermbeck.de
Angelparadies Schoel, Lichtenhagen 16c, ☏ 02853/4222, ✉ info@angelparadies-schoel.de, 🌐 www.angelparadies-schoel.de
Forellenzentrum Naroda GbR, Zum Gahlener Grind 2, ☏ 02853/3278, ✉ forellenzentrum-naroda@t-online.de, 🌐 www.forellenzentrum-naroda.de

Wasserspielplatz in Gahlen
Ideal für kleinere Kinder ist dieser vollständig eingefriedete Spielplatz mit Wasserspielanlage. **Standort**: Paßstr., Gahlen

Selecao Indoor-Soccerhalle
Neben zwei Indoor-Soccer-Feldern laden Gastronomie und Biergarten in Waldnähe zum Verweilen ein. **Kontakt**: Raiffeisenweg 34, Altschermbeck, ☏ 02853/604826, 🌐 www.selecaosoccer.de

Radwandern
Auf der Radroute „Schermbeck rundum" lässt sich auf einer Strecke von 70 km die ganze Gemeinde erkunden 🌐 www.schermbeck-rundum.de. An der Turmstation „Alter Postweg" in Bricht gibt es eine E-Bike-Ladestation, einen Rastplatz und ein naturnahes Gärtchen. Die Trafostation war 1942–2011 in Betrieb und wird heute für Ausstellungen und Veranstaltungen genutzt. 🌐 www.turmstation-schermbeck.de

Feste und Veranstaltungen

Doppelschützenfest
Im Juli werden die „Königreiche" von Altschermbeck und Schermbeck vereinigt.

Kinder- und das Bürgerschützenfest
In Gahlen wird im Juli mit der Armbrust geschossen.

Schafsmarkt in Gahlen
Unter Federführung des Heimatvereins findet im August das Schafsfest statt.

Schubkarren-Rennen
Alle vier Jahre gibt es im Karneval das Schubkarren-Rennen.

Tanz in den Mai
Die Kilian-Schützengilde-Schermbeck von 1602 e.V. bittet zum Tanz in den Mai.

Sommerstraßenfest
An einem Wochenende im Juni mit verkaufsoffenem Sonntag lädt die Schermbecker Werbegemeinschaft ein.

Bauernmarkt
Attraktive Stände, Tiere zum Streicheln und Kuchen von den Landfrauen, das macht den kleinen Bauernmarkt im September aus.

Weihnachtsmarkt
Der historische Weihnachtsmarkt versetzt seine Besucher zurück in die Zeit um 1900.

Schwalmtal

(Kreis Viersen)

Schwalmtal liegt im östlichen Teil des Naturparks Schwalm-Nette im „Tal der Mühlen". Nur etwa 1/8 des Gemeindegebiets ist bebaut und beherbergt die knapp 20 000 Einwohner der ehemaligen Gemeinden Amern und Waldniel. Gleich an mehreren Stellen wurden steinzeitliche Siedlungsreste gefunden, die auf 2000 v. Chr. datiert werden.

Gemeinde Schwalmtal,
Markt 20, 41366 Schwalmtal,
☏ 02163/946-0,
🖷 02163/946-154,
🌐 www.schwalmtal.de,
🌐 www.heimatvereinwaldniel.de,
🌐 www.heimatbote-schwalmtal.de,
🌐 www.gewerbeverein-schwalmtal.de

Sehenswertes

Waldniel

Über Waldniel thront der Schwalmtaldom, die neugotische Pfarrkirche St. Michael (1878–1883) mit ihrem 84 m hohen Glockenturm, Wasserspeiern und Simsen. Am historischen Marktplatz befindet sich das älteste Haus (Nr. 36), das 1627 erbaut wurde und noch eine „Klöntüre" besitzt. Der Brunnen stellt Leinenwäscherinnen dar. Die evangelische Kirche stammt aus 1665–1667 mit einem Türmchen mit zwei Glocken aus 1707. Haus Clee wurde im 14. Jh. erstmals als Rittersitz erwähnt. Das gegenwärtige „Phantasieschlösschen" wurde 1936–1938 neu gebaut und beherbergt das Kinder- und Jugenddorf Bethanien.

Amern

Im verkehrsberuhigten Stadtkern befinden sich denkmalgeschützte Bürgerhäuser sowie die neugotische katholische Kirche St. Georg mit einer Muttergottes von 1430. Die Pfarrkirche St. Anton stammt aus dem Jahr 1491 und enthält mehrere Heiligenfiguren aus dem 16. Jh. und ein Weihwasserbecken aus dem 15. Jh. St. Gertrudis in Dilkrath wurde 1460 im neugotischen Stil errichtet. Zum Ortsteil gehört der Hariksee (s.u.) mit dem Inselschlösschen, das 1891 als kleine Villa für Bartholomäus Rosbach errichtet wurde, und der Mühlrather Mühle. Sie wurde 1447 erbaut und gilt als älteste Wassermühle am Niederrhein.

Lüttelforst

Das „Waldhufendorf" Lüttelforst verläuft etwa vier km an einer Dorfstraße entlang parallel zur Schwalm. Die Lüttelforster Mühle – heute ein Restaurant – wurde bereits um 1300 erwähnt. Die Pfarrkirche St. Jakobus aus 1802 geht auf eine Kapelle zurück, die 1258 zur Pfarrkirche erhoben wurde.

Museen

Mühlenturm Amern / Galerie – Der Turm

Der zu Beginn des 19. Jhs. erbaute Turm ist genauso breit, wie er hoch ist. Er wird für Kunstausstellungen genutzt und enthält die temporäre Galerie der Gemeinde Schwalmtal. **Kontakt**: Dorfstr. 1, ☏ 02163/946121, 🌐 www.schwalmtal.de

Heimatstube Waldniel

In der ehemaligen Kaplanei werden historische Stuben, Kammern, Möbel, Bilder, Gegenstände und Arbeitsgeräte und gemeindebezogene Exponate, auch zur Geschichte von Haus Clee, gezeigt. **Kontakt**: Niederstr. 52, 🌐 www.heimatvereinwaldniel.de

Freizeit und Natur

☺ Ponyhof Lüttelforst mit Maislabyrinth

Eine große bunte Shettyherde steht für kleine und große Reitrunden durch die Natur zur Verfügung. Neben der Reithalle lockt ein Spielplatz mit Hüpfburg und Strohberg, und Bauer Matthias und sein Oldtimer-Traktor laden zur wilden Fahrt um das Feld. Ab Ende Juni bis tief in den Herbst hinein ruft das Abenteuer im 1,6 ha großen Maislabyrinth mit Stempelpunkten und Aussichtsturm. **Kontakt**: AB Ponyhof Matthias Bongartz, Lüttelforst 25, ☏ 02163/888871, ✉ info@ponyhofundmaislabyrinth.de, 🌐 www.ponyhofundmaislabyrinth.de

Auf dem Weg ins Ungewisse – die Jagd nach Stempeln beginnt.

Wandern
Direkt bei Lüttelforst liegt das Wandergebiet Schomm mit kleinen Routen durch den Wald und an der Schwalm entlang. Ein Faltblatt zum „Rundgang durch Alt-Waldniel" ist im Rathaus erhältlich. Auch rund um den Heidweiher (s.u.) und am Hariksee (s.u.) gibt es vielfältige Möglichkeiten zum Radfahren, Wandern und Erkunden.

Hariksee
Der 20 ha große Hariksee hat viel zu bieten: Im Südwesten befindet sich eine große Marina mit Bootsverleih (und Angelscheinerwerb), Minigolf, der Gastronomie „Inselschlösschen" und dem Ausflugsschiff „Patschel". Im Norden gibt es einen Hafen mit Bootsverleih und der Mühlrather Mühle (Restaurant). Am Ufer befinden sich zahlreiche Ferienhäuser. **Kontakt**: Obere Hariksee oHG, Harikseeweg 74 (Navi über Buschweg), 02163/5754418, info@hariksee.com, www.hariksee.com / Anlegestelle am Nordufer an der Mühlrather Mühle

Auf dem „Patschel" lässt sich der ganze Hariksee gemütlich erkunden.

Heidweiher in der Happelter Heide
Zwischen Amern und Brüggen-Born liegt der Heidweiher mit Strandbad und Picknickplatz. Das benachbarte Restaurant besitzt eine baumbestandene Terrasse direkt am See, auf der auch Trauungen durchgeführt werden können, und einen Spielplatz. Es werden Sonderveranstaltungen wie DinnerKrimis angeboten. **Kontakt**: Gastronomie „Am Heidweiher", Heidweiher 1, 41366 Schwalmtal, 02163/929422, 0171-2855050, info@heidweiher.de, www.heidweiher.de

Kornbrennerei Hartges
Den Besucher erwarten Destillationskurse, Führungen, Ladenverkauf und ein Veranstaltungsservice.
Kontakt: Birgen 21, 41366 Schwalmtal, info@hartges-kornbrennerei.de, www.hartges-kornbrennerei.de

Solarbad
In dem Hallenbad gibt es ein Variobecken, ein Babybecken, Kurse und Veranstaltungen. Mittwochs ist für Kinder „Spielenachmittag mit dem Krokodil". **Kontakt**: Schulstr. 54, Waldniel, 02163/45794, www.schwalmtalwerke.de

Indoor-Fußballplatz
Kontakt: Siemensstr. 8 (Grenzland Fitness), Amern

Boule-Bahn
Standort: Kaiserpark, Lange Str., Waldniel

Generationenspielplatz
Auf dem Marktplatz in Waldniel.

Radwandern
Eine Radwanderung durch das Tal der Mühlen gibt es als GPX-File zum Download.

Theater
Kindertheater PurPur (im Gemeindezentrum „Die Brücke“ Amern) und Kindertheater Tintenklecks sorgen für Abwechslung. Die Theater-AG des Gymnasiums St. Wolfhelm ist weit über Gemeindegrenzen hinaus bekannt.

Schwalmtalzupfer
Das größte Gitarrenorchester Europas veranstaltet regelmäßig Konzerte.
www.schwalmtalzupfer.de

Feste und Veranstaltungen

Kinderfest für Forscher und Entdecker / Martinsmarkt
Das Bethanien Kinder- und Jugenddorf veranstaltet jährlich im Juni ein großes Sommerfest für Familien und einen stimmungsvollen Martinsmarkt am Haus Clee.
www.bethanien-kinderdoerfer.de

Lüttelforst kreativ
Auf dem Kreativmarkt im Juli gibt es Selbstgemachtes, Bücher und Kulinarisches zum Kaufen und Selbermachen. Treckerfahrten und eine „Märchentante“ ergänzen das bunte Angebot.

Tage der Kunst
Alle zwei Jahre präsentieren Künstler ihre Werke an verschiedenen Orten.
www.tagederkunst.de

Selfkant

(Kreis Heinsberg)

Die 10 000-Seelen-Gemeinde, die zugleich namensgebend für die ganze Region „Der Selfkant“ ist, ist wie List auf Sylt, Oberstdorf und Görlitz Mitglied im „Zipfelbund“. Hier zwischen Wald- und Bruchlandschaften befindet sich der westlichste Punkt Deutschlands. Übernachtungsgäste können sich einen „Zipfelpass“ abstempeln lassen. Wer es lieber spannend liebt, kann die Gegend im Selfkant-Krimi „Kaffee, Kunst und Kaviar – letzte Ausfahrt Selfkant“ auf sich wirken lassen.

Gemeinde Selfkant,
Am Rathaus 13,
52538 Selfkant-Tüddern,
02456/499-0,
02456/3828,
www.selfkant.de,
www.derselfkant.de,
www.heinsberger-land.de
www.westblicke.de
www.natoura-heinsberg.de

Sehenswertes

Historischer Ortskern Millen
Millen blickt auf eine 1000-jährige Vergangenheit zurück. Chor und Apsis der Nikolauskirche sowie die Propstei stammen noch aus der Zeit um die Jahrtausendwende. Im 12. Jh. entwickelte sich Millen zum Wallfahrtsort, da sich hier Reliquien des

heiligen Quirinius befinden. Die Zehntscheune dient als Versammlungszentrum. Ein Balken trägt die Jahreszahl 1655.
Kontakt: Informationsstelle und Café in der Zehntscheune, Johann-Grein-Str., 52538 Millen, ☏ 02456/508420
🌐 www.zehntscheune.eu,Förderkreis 1000 Jahre Millener Kirche e.V., Millen,
☏ 02456/3956 (Kirche: 3103),
🌐 www.millen.de

Museen

▸ ☺ Bauernmuseum Selfkant-Tüddern
Hier lassen sich landwirtschaftliche Maschinen, altes Handwerk und ein Steinbackofen bewundern. Draußen lockt ein Abenteuerspielplatz. **Kontakt**: Kämpchen 16a, 52538 Selfkant-Tüddern, ☏ 02456/5070365,
🌐 www.bauernmuseum-selfkant.de

Freizeit und Natur

▸ Erlebnisraum Westzipfel
Über einen Bohlensteg am Rodebach erreichen Besucher den westlichsten Punkt Deutschlands. Sie können den „Westzipfel“ und das „schmalste Stückchen Niederlande“ erkunden oder dem Rodebach folgen. Es gibt eine Infotafel und ein interaktives Entdeckerelement, einen Parkplatz, einen Bushaltepunkt, einen Unterstand mit WC und einen Rastplatz im Grünen. Auf der niederländischen Seite verläuft ein Radweg.
Standort: K1 in Isenbruch(D) – IJsstraat in Susteren/NL 51°03'03N, 5°51'59E

Am Rodebach entlang geht es zum Westzipfel.

▸ Naturschutzgebiete
Die Naturschutzgebiete Tüdderner Fenn, Eiländchen, Hohbruch, Höngener und Saeffeler Bruch und das die niederländische und belgische Grenze überschreitende Erholungsgebiet Maasland laden zum Erkunden ein.

▸ Paddel & Pedale Event-Kanuvermietung an der Rur
Kanu an der Rur (Einstiege in Linnich, Hückelhoven-Hilfarth und in Wassenberg-Orsbeck), Soft-Rafting, mobile Fahrradvermietung, mobiles Bogenschießen, Hallenbogenschießen, Planwagenfahrten und Winter-Rafting – für (fast) jeden ist etwas dabei.
Kontakt: Hans-Jörg Koch, Messweg 16a,
☏ 02456/504860,
✉ webmaster@mit-paddel-und-pedale.de,
🌐 www.mit-paddel-und-pedale.de

▸ Rundflüge
Kontakt: Uli Peters, ☏ 02452/180206 oder 01512/1131005, ✉ ul.peters@gmx.de

Feste und Veranstaltungen

▸ Pfingst- und Bauernmarkt
Alle zwei Jahre zu Pfingsten findet ein Oldtimer- und Traktortreffen mit Handwerkermarkt und „Baumstammpulling“ beim Bauernmuseum statt.

Oldtimertreffen
In Hillensberg gibt es jedes Jahr im Juni alte Autos, Traktoren, Motorräder und LKW zu bewundern.
www.oldtimerfreunde-hillensberg.de

Saisoneröffnung
Mit vielen Aktionen wird im April die Freizeit-Saion der Region „Der Selfkant" eröffnet.

Sonsbeck

(Kreis Wesel)

Knapp 9000 Einwohner leben in der Gemeinde am Westrand des Kreises Wesel. Die Landschaft ist geprägt durch die Sonsbecker Schweiz und die Niersniederung im Süden. Zur Römerzeit sicherte ein Wachturm auf dem Balberg die Heerstraße zwischen Vetera (bei Xanten) und Blerick (NL).

Gemeindeverwaltung Sonsbeck, Herrenstr. 2, 47665 Sonsbeck, 02838/36-0, 02838/36-109, info@sonsbeck.de, www.sonsbeck.de

Sehenswertes

Römerturm
Der alte römische Wachturm wurde später als Wehr- und Wohnburg ausgebaut. Der aktuelle „Römerturm" genannte Rundturm wurde 1417 errichtet. Er diente als Mühlenturm der landesherrlichen Mühle, die bereits 1319 belegt war.
Standort: Bögelscher Weg

Gerebernus-Kapelle (Wallfahrtskapelle)
Die um 900 errichtete Kapelle bildete die Keimzelle des alten Sonsbeck. Das aktuelle Gebäude wurde 1478 an gleicher Stelle errichtet. Der Sage nach war Gerebernus im 6./7. Jh. Priester am Hof eines irischen Königs, der seine eigene Tochter Dymphna zur Frau nehmen wollte. Gerebernus gewährte ihr Schutz und floh mit ihr gemeinsam. Sie wurden entdeckt und erlitten den Märtyrertod. Seine Reliquien gelangten nach Sonsbeck, wo eine Kapelle errichtet wurde. Bemerkenswert ist der Unterbau des Altars aus Blaustein, der noch auf die ursprüngliche Kapelle zurückgeht und einer von zwei in Deutschland noch erhaltenen „Kriechaltären" ist, unter denen die Pilger hindurchkrochen, um Heilung zu erlangen.
Standort: Dassendaler Weg 10

Stadtkirche St. Maria Magdalena
Um 1425 wurde mit dem Bau der Stadtkirche begonnen. Nach Umbauten und dem Wiederaufbau nach dem Krieg erlangte die Pfarrkirche ihre heutige Erscheinung. Außergewöhnlich sind der vergoldete Hochaltar und der „Kalvarienberg", ursprünglich ein Friedhofkreuz mit einem lebensgroßen Heiland.

Brunnen
Der Hamber Schutzpatron St. Antonius ist mit Stab und Schwein bei einer Rast am Dorfbrunnen zu bewundern. In Sonsbeck lockt vor dem Rathaus der als wassergefüllte Suhle gestaltete Schweinemarktbrunnen mit Sau und Ferkelchen, Händler und Bauern, während der Brunnen mit Quellstein, Rinne und Hase auf dem Labbecker Dorfplatz auf die römische Wasserleitung und den Quellort am Forsthaus Hasenacker hindeutet.

Forsthaus Hasenacker
Der Altbau stammt aus dem Jahr 1779, die Geschichte der heutigen Jugendbildungsstätte ist jedoch weit älter. Am benachbar-

ten Weiher mit mehreren Quellen befindet sich ein Fragment einer römischen Wasserleitung. **Kontakt**: Dassendaler Weg 71, Labbeck, 02838/3268, www.jubi-hasenacker.de

Museen

Traktorenmuseum Pauenhof

In Deutschlands größtem Traktorenmuseum sind über 400 Traktoren ab 1924, 400 landwirtschaftliche Maschinen und weitere, teils deutlich ältere technische Geräte ausgestellt. Es gibt einen Kinderspielplatz und einen Grillplatz. Oldtimer-Traktoren können selbst gefahren werden. **Kontakt**: Balberger Str. 72, 02838/2271, www.traktorenmuseum-pauenhof.de

Klein und Groß können im Traktorenmuseum selbst einen Traktor steuern.

Gommansche Mühle

In der vermutlich 1840 erbauten Turmwindmühle (Typ Bovenkuyver) finden Trauungen, Lesungen, Weinproben und Konzerte statt. Im Obergeschoss befindet sich ein kleines Töpfereimuseum. **Kontakt**: Auf der Mauer, 02838/1500 (für Hochzeiten 36150), www.sonsbeck.de, www.denkmal-sonsbeck.de

Keramikmuseum Tietz

Die private Ausstellung zeigt Werke des Töpfers und Plastikers Josef Hehl. **Kontakt**: Kastellstr. 3, 02838/910120, www.keramikmuseum-sonsbeck.de

Freizeit und Natur

Sonsbecker Schweiz/Geologischer Wanderweg/Findlingsweg

Die Sonsbecker Schweiz erhebt sich als Teil des Niederrheinischen Höhenzuges bis 87,2 m über NN. Ein 1,2 km langer geologischer Wanderweg zur Entstehung der Sonsbecker Schweiz beginnt am Römerturm (s.o.) und endet am Aussichtsturm (s.u.). Im Anschluss beginnt der „Findlingsweg". Zwischen „Dassendahler Weg" und der Landdrostschen Huf sind 13 verschiedene Findlinge aus Auskiesungen am Niederrhein zu bestaunen. **Kontakt**: Gemeindeverwaltung, Herrenstr. 2, 02838/36-0, Führungen 02838/1500, www.sonsbeck.de, www.geowanderweg-sonsbeck.de

Naturschutzgebiete Grenzdyck und Uedemer Hochwald

Zwischen Alpen, Sonsbeck und Xanten befindet sich das extensive Feuchtwiesengebiet Grenzdyck. Bei Labbeck lädt der Uedemer Hochwald zum Wandern, Radfahren und Reiten ein (s. Uedem).

Winkelscher Busch

Das Mischwaldgebiet mit großem Esskastanienbestand ist ideal zum Wandern und Reiten. Ein Waldsportpfad, eine Waldlaufbahn, ein Reiterpfad, ein Rasensportplatz mit Fußballtoren, ein Reitzentrum und zwei Ausflugslokale locken Freizeithungrige von nah und fern. Wanderparkplatz: Gelderner Str. / Wanderrouten: www.wanderwegewelt.de

Senioren- und Behindertenwanderweg

Der barrierefreie Wanderweg bietet Ruhebänke und Schutzhütten. Die kleine Runde ist 3,9 km lang, die große 5,6 km. Startpunkt: Neutorplatz

Aussichtsturm am Dürsberg
Die markante Holzkonstruktion ermöglicht einen weiten Blick über Sonsbeck und Xanten. 154 Stufen führen auf eine 26 m hohe Aussichtsplattform 100 m über NN. Der Turm ist wegen Sanierungsbedarfs geschlossen. Ein Förderantrag zur Wiederherstellung ist gestellt.
Standort: 1 km nördlich von Sonsbeck am Dürsberg, GPS 51°37'28.5"N, 6°23'4.4"E

Spielplatz an der Parkstraße
Die Anlage bietet eine Spielburg, Rutsche am (Rodel-)Hang, Schaukeln, Wippen und Klettermöglichkeiten, Eine Halfpipe, eine Tischtennisplatte und Sportanlagen.
Standort: Parkstr., Ecke Vollmühle

Boule-Platz
in der kleinen Parkanlage zwischen Sparkasse und Herrenstr.

Minigolf
Das Forsthaus Winkel verfügt in seinen Gartenanlagen über einen Spielplatz, ein Tiergehege und einen behindertengerechten Minigolfplatz. **Kontakt**: Gelderner Str. 75, 02838/ 7790530, office@forsthaus-winkel.de,
www.forsthaus-winkel.de

Reiten
Rund um Sonsbeck gibt es zahllose Reitwege. Auf dem Islandpferdehof Grenzdyck gibt es neben Reitunterricht, Zucht und Pensionspferdehaltung auch die Möglichkeit, Ausritte, Tagesritte oder Wanderritte zu unternehmen. **Kontakt**: Islandpferdehof Grenzdyck, Grenzdycker Str. 15,
02801/70451, info@iph-grenzdyck.de,
www.iph-grenzdyck.de

Segway-Spaß Sonsbeck
Das Unternehmen bietet in folgenden Orten Segway-Touren an, auch in Kombination mit Gastronomie, Draisine, Kanutour, Geschicklichkeitsparcours und anderem: Duisburg-Innenhafen, Geldern, Goch, Kerken, Kevelaer, Moers, Neukirchen-Vluyn, Sonsbeck, Wachtendonk, Walbeck, Wesel, Xanten. Eine Segway-Tour ist nur für Personen ab 16 Jahren mit gültigem Mofa- oder PKW-Führerschein möglich. **Kontakt**: Bruchheideweg 4, 0179/1731976,
www.segwayspass-sonsbeck.de

Paddeln auf der Niers
Kontakt: Niederrhein-Kanu, Blatehof 23,
02838/779060,
www.niederrhein-kanu.de

Feste und Veranstaltungen

Brunnenmarkt
Der Handwerkermarkt mit verkaufsoffenem Sonntag findet jährlich im Juni auf der Hochstraße und der Wallstraße statt.

Straelen

(Kreis Kleve)

Das Wahrzeichen des heutigen Straelen ist das grüne, mit Rasen bewachsene Sofa vor dem Rathaus. Es steht für Straelen als Blumen- und Gemüsestadt im größten geschlossenen Gartenbaugebiet Europas. Die 15 000 Bewohner der Stadt blicken auf eine lange und stolze Vergangenheit zurück. So wurden auf dem Gebiet jungsteinzeitliche Feuersteinwerkzeuge sowie römische und frühmittelalterliche Gräber gefunden.

Stadt Straelen,
Rathausstr. 1, 47638 Straelen,
02834/702-0,
02834/702-101,
info@straelen.de,
www-straelen.de

Sehenswertes

Innenstadt
Auf dem historischen Marktplatz fällt neben denkmalgeschützten Bürgerhäusern und dem Glockenspiel der Marktbrunnen von Bonifatius Stirnberg aus Aachen sofort ins Auge, dessen Figuren man verstellen und bewegen kann. Er wurde mit Namurer Blausteinen aus dem 14. Jh erbaut. Die Pfarrkirche St. Peter und Paul aus dem Jahr 1387 enthält einen Taufstein von 1180, Antwerpener Schnitzaltäre von 1520, ein Sakramentshäuschen aus dem Jahr 1500 sowie eine Glocke und Chorgestühl aus dem 15. Jh. Auf dem Klosterplatz befindet sich eine Kanone, die 1591 von niederländischen Truppen zurückgelassen wurde. In der Kuhstraße 15 befindet sich das Europäische Übersetzer-Kollegium mit einer Spezialbibliothek (125 000 Bände) für Literatur- und Sachbuchübersetzer in einem Komplex von sieben denkmalgeschützten Häusern. Das Stadtarchiv im 450 Jahre alten ältesten Haus der Stadt verfügt über Bestände, die bis ins Jahr 1326 zurückreichen. Sehenswert sind auch die Nachbarschaftsbrunnen. Durch den jährlichen Blumenschmuck und Blumenmärkte erblüht die ganze Innenstadt jedes Jahr aufs Neue in bunten Farben. Führungen werden vom Stadtmarketing angeboten.

Nordkanal in Herongen / Louisenschleuse
Die einzige weitgehend fertiggestellte Schleusenanlage des von Napoleon angelegten nie vollendeten Schifffahrtskanals befindet sich in Louisenburg, das nach Napoleons Frau benannt wurde. Die 65 x 6,6 m große Kammer ist von Gras überwachsen, aber deutlich erkennbar. Nördlich sieht man den Kanalverlauf.
Standort: westlich der B221 in einem Waldstück, GPS ca. 51°22'34.54"N, 6°15'5.34"E

Freizeit und Natur

Paesmühle – Tal der Sieben Quellen
Das Tal der Sieben Quellen ist ein idyllischer Ort in einem Waldstück voller kleiner Wasserläufe und Brückchen. Kinder kommen auf dem Waldspielplatz mit Waldlehrpfad auf ihre Kosten, Romantikern schlägt das Herz beim Anblick des Weihers und der Hochzeitskapelle höher. **Kontakt**: Paesmühlenweg – Infos und Waldrallye:
www.straelen.de/de/inhalt/waldlehrpfad-paesmuehle/ – GPS Waldspielplatz: 51°25'5.16"N, 6°15'11.01"E

Idylle am Weiher im Tal der Sieben Quellen.

Schmugglerpfad am Grenzweg
In Kastanienburg befindet sich direkt an der niederländischen Grenze ein 2,6 km langer Schmugglerpfad mit zweisprachigen Schildern. Auf niederländischer Seite gibt es ebenfalls einen kleinen Schmugglerpfad hinter dem Pfannkuchenhaus.
Standort: Am Bauerncafé Jacobs, Grenzweg 35, GPS 51°26'3.79"N, 6°12'53.17"E

Mit etwas Glück lassen sich die Schmuggler auch heute noch erspähen.

Audioguide „Römer, Ritter, Mönche, Hexen – Auf Spurensuche in der Holthuyser Heide bei Zand“
Der geführte Spaziergang (nicht nur) für Kinder vom Kalvarienberg bis zum Panzergraben dauert 41 Minuten. Der Audioguide wird auf der Internetseite der Stadt angeboten und ist per QR-Code auf der Infotafel abrufbar. **Kontakt**: 02834/702-212 www.straelen.de/de/inhalt/audioguide/ Startpunkt Infotafel am Kalvarienberg, GPS Kalvarienberg ca. 51°26'6.84"N, 6°15'57.22"E

Ruinen des Fliegerhorstes Venlo-Herongen
Auf dem Gelände des ehemaligen Fliegerhorstes Venlo-Herongen, in dem sich im Zweiten Weltkrieg ein KZ-Außenlager befand, stehen Ruinen und Anlagenreste sowie Gedenktafeln und Mahnmale. Ein Deutsch-Niederländischer Förderverein bietet Führungen und Vorträge an.
www.fliegerhorst-venlo.net
Parkmöglichkeiten „Tor 9“ an der B221 (Zufahrt gegenüber Schlossallee), GPS 51°21.332N, 6°14.122 E / Infozentrum Groote Heide 51°21.066 N, 6°13.685 E)

Wandern und Skaten
Es gibt reichlich Angebote für Wanderungen in und um Straelen. Die buchbare „Landpartie mit Gartenbau und Genuss“ führt durch die Gartenbauregion. Auch der Jakobsweg führt durch Straelen.

Freizeitbad Wasserstraelen
Der Schwerpunkt des Bades liegt im Bereich Gesundheit und Gymnastik. Sport-, Fitness-, Baby- und ein Nichtschwimmer-Aktionsbecken mit Strömungskanal, eine 50-m-Rutsche, Whirlpool, Sprungturm und ein Bistro sorgen für Abwechslung.
Kontakt: wasserstraelen – das fitnessbad, Lingsforter Str. 100, 02834/942460, info@wasserstraelen.de, www.wasserstraelen.de

Modellschiffsee Straelen-Brüxken/Rieth
Ein kleiner See in der Nähe des Landschulheims dient als Modellschiffsee.
Kontakt: info@smc-pamir.de, www.smc-pamir.de

Modellflugplatz Kastanienburg
Unweit des Grenzübergangs befindet sich ein Modellflugplatz für Flugmodelle bis 20 kg Abfluggewicht. **Kontakt**: Modellsportclub 75 Straelen e.V., An der Kleinbahn 5, 47669 Wachtendonk,
www.msc75-straelen.de, Flugplatz (Navi): Kiwittsdyck 1, 47638 Straelen

Spielplätze
Auf 3000 m² finden sich am Gieselberg Spielgeräte rund um eine Burg auf einem Hügel mit Wellenrutsche neben einem Bolzplatz mit Rasenplatz und einem asphaltierten Hockeyfeld. Ein ähnlich geräumiges und umfangreiches Spielangebot gibt es an der Walbecker Straße.
Standort: Am Gieselberg (Ecke Backespad / Berghsweg) / Walbecker Str.

▸ Radwandern
Einen Überblick über eine Vielzahl an Radrouten bietet die Broschüre „Radrouten im Grünen Bereich“.

Feste und Veranstaltungen

▸ Karnevalszug
Der Karnevalszug findet in geraden Jahren am WE vor Großkarneval statt.

▸ Musikfestivals
„Couch 'n' Concert“ im Juni auf dem Straelener Marktplatz mit bekannten Headlinern und „Straelen Live“ mit mehreren Bands in verschiedenen Kneipen bieten im September Livemusik vom Feinsten.

▸ Internationaler Orgelherbst
Meisterhafte Organisten aus aller Herren Länder zeigen im September ihr Können in St. Peter und Paul.
🌐 www.geistliche-musik-straelen.de

▸ Straelener Stadtfest
Das Fest für alle Generationen findet Ende Juni statt.

▸ Blumenmarkt
Kurz vor Muttertag findet der Blumenmarkt statt.

▸ Schützenfest
Im September gibt's das große Schützenfest.

▸ Weihnachtsmarkt
Eine Veranstaltung am ersten Adventswochenende.

▸ Weihnachtsmärchen
An mehreren Tagen sorgen Märchentheateraufführungen für vorweihnachtliche Stimmung.
🌐 www.kulturring-straelen.de

Tönisvorst

(Kreis Viersen)

„Die Apfelstadt am Niederrhein“ mit etwa 29 000 Einwohnern erhielt ihre Stadtrechte erst 1979 und entstand im Zuge der kommunalen Neugliederung aus den vier eigenständigen Orten St. Tönis, Vorst, Laschenhütte und Kehn. Jungsteinzeitliche Funde (zum Beispiel ein Steinbeil) und Siedlungsspuren aus der Bronze- und Eisenzeit sind ebenso Zeugen einer weit zurückreichenden Vergangenheit des Gebiets wie die römisch-germanischen Brand- und Urnengräber bei Vorst.

Stadt Tönisvorst,
Bahnstr. 15
Tourist-Information
in der Stadtbücherei,
Hochstr. 20a, 47918 Tönisvorst,
☏ 02151/999-107,
📠 02151/999-311,
✉ tourismus@toenisvorst.de,
🌐 www.toenisvorst.de

Sehenswertes

▸ St. Tönis
Das Alte Rathaus wurde um 1800 erbaut und beherbergt Ratssaal, Fraktionszimmer, Standesamt und Stadtbücherei. Das älteste Haus in St. Tönis ist der Mertenshof, ein Patrizierhaus am Kirchplatz aus dem Jahr 1745. An dieser Stelle gab es schon 1454 einen Hof. Sehenswert sind der Wasserturm mit dem Café Eigenwillig und die Pfarrkirche St. Cornelius, bei der sich der Aufstieg zu den 5 Glocken lohnt.

▸ Vorst
In Vorst gibt es gleich mehrere alte Adelssitze, die sich z.B. im Rahmen einer Radtour

von außen bewundern lassen.
www.heimatverein-vorst.de,
www.haus-neersdonk.de,
www.facebook.com/Gelleshof/

Streuff-Mühle
Die Turmwindmühle wurde 1769/70 erbaut und ist das Wahrzeichen von St. Tönis. **Standort**: St. Tönis, Gelderner Str./Nordring 167

St. Töniser Obsthof
Neben einem Hofladen mit Obst frisch vom Baum und regionalen Hausmacher-Spezialitäten unterhält der Hof eine Straußwirtschaft, in der saisonal begrenzt Apfelwein angeboten wird. **Kontakt**: Düsseldorfer Str. 4, 02151/799586,
www.st-toeniser-obsthof.de

Führungen
Die Stadt Tönisvorst bietet Apfelstadt-Schlemmertouren zu Fuß, mit dem Rad oder mit dem Teambike an, auch zum Download zur Erkundung auf eigene Faust. Stadtführungen und eine historische Radtour ergänzen das Angebot.

Museen

Schluff Museumseisenbahn
Die als bewegliches Denkmal anerkannte Museumseisenbahn verkehrt von Mai bis Mitte Oktober fahrplanmäßig jeden Sonntag zwischen St. Tönis und Krefeld-Hülser-Berg (s. Krefeld). In St. Tönis fährt der Zug ab dem Gleis am „Gasthof zum Schluff" (Wilhelmplatz 13) und benötigt für die 13,6 km bis „Hülser Berg" 55 Minuten. Fahrpläne sind bei der Stadt Tönisvorst erhältlich. **Kontakt**: Bahnstr. 15, Zimmer 26, 02151/999-174 – ausführliche Infos: SWK MOBIL GmbH, St. Töniser Str. 124, 47804 Krefeld, 02151/984482,
schluff@swk.de,
www.swk.de (Freizeit & Schluff)

Jeden Sonntag nutzen zahllose Ausflügler, Wanderer und Radfahrer den „Schluff".

Heimathaus Vorst
Im Heimathaus gibt es u.a. eine Schusterwerkstatt zu sehen.
Kontakt: Kuhstr. 6, 02156/7103

Heimathaus im Porzellanladen
Im ehemaligen Haus „Porzellan Dahmen" wurde ein Heimatmuseum eingerichtet. **Kontakt**: Antoniusstr. 6, 02151/791200,
www.heimatbund-st-toenis.de

Kulturcafé Papperlapapp
Im historischen Gebäude aus dem Jahr 1845 erlebt der Cafébesucher wechselnde Ausstellungen, Konzerte, Lesungen und Vorträge. **Kontakt**: Clevenstr. 15, Vorst, 02156/9158850,
mail@papperlapapp-kulturcafe.de,
www.papperlapapp-kulturcafe.de

Spaßbad H2Oh
Das Spaßbad bietet im Innenbereich ein Freizeit-, ein Kleinkinder- und ein 25-m-Sportbecken mit 3-m-Sprungturm sowie eine Sauna- und Wellnesslandschaft und eine 60 m lange Röhrenrutsche.
Kontakt: Schelthofer Str. 80, St. Tönis, 02151/995499, www.new-baeder.de

Spielplätze
Die Spielplätze „Im Buysch" und „Kuhlenhof" werden nach Plänen der Kinder neu gestaltet. Im Kniebeler Park ist Mehrgenerationen-Spielgerät vorhanden. Integrative Spielgeräte sind geplant.

Feste und Veranstaltungen

Apfelblütenlauf
Im Rahmen eines Familientages mit Kinderprogramm und Livemusik laufen im April 1500 Sportler 5, 10 oder 21 km zugunsten der action medeor durch die blühenden Apfelplantagen.
www.apfelbluetenlauf.de

Tönisvorster Rocknacht
Ende September „rockt es" live auf der Bühne im Forum Corneliusfeld.
www.tvrocknacht.de

Apfelfest
Alle zwei Jahre veranstaltet „Vorst aktiv e.V." Ausstellungen und Aktionen rund um das Apfelthema. www.vorstaktiv.de

Lumpenball
Der Lumpenball der Rheinischen Landjugend Tönisvorst e.V. findet kurz vor Karneval statt.

Schützenfest mit Gotthardusprozession
Das Vorster Schützenfest findet im Mai statt.

Übach-Palenberg

(Kreis Heinsberg)

Die Stadt Übach-Palenberg liegt 17 km nördlich von Aachen im südlichsten Zipfel des Kreises Heinsberg und des Niederrheingebiets. Palenberg wurde bereits in einer Urkunde vom 20. Januar 867 erwähnt. Landschaftlich bestimmend ist das Wurmtal, in dem sich auch die Überreste einer römischen Therme frei besichtigen lassen.

Stadt Übach-Palenberg,
Rathausplatz 4, 52531 Übach-Palenberg,
02451/979-0,
02451/979-1150,
info@uebach-palenberg.de,
www.uebach-palenberg.de,
www.heinsberger-land.de
www.westblicke.de
www.natoura-heinsberg.de

Sehenswertes

Römisches Badehaus im Naherholungsgebiet Wurmtal
Das zu einem römischen Gutshof gehörende Badehaus stammt aus dem 2. Jh. n. Chr. Die erhaltenen antiken Mauerreste befinden sich unterhalb einer breiten Fuge, auf der zur besseren Erkennbarkeit noch ei-

Die Ruine des römischen Badehauses ist jederzeit frei zugänglich.

nige Lagen Mauerwerk aufgesetzt wurden. Das Bodendenkmal liegt frei zugänglich am Obersee. **Standort**: 50°55'43.13"N, 6° 5'47.15"E (Parkgelegenheit: „In der Schley")

‣ Schloss und Mühle Zweibrüggen
Schloss und Mühle liegen direkt an der Wurm. Das „weiße Schloss" stammt aus dem Jahr 1788 und wird für Trauungen und Veranstaltungen genutzt. Die Wassermühle geht auf das 15. Jh. zurück. Hier wurden Korn und Öl gemahlen. Nach einer Feuersbrunst am 8. November 1878 wurde sie von Grund auf neu aufgebaut. Jährlich gibt es ein großes Mühlenfest. **Standort**: Zweibrüggen 40 / Mühle Zweibrüggen 85, Führungen: 🌐 www.westblicke.de

‣ Wasserturm der ehemaligen Steinkohlezeche Carolus Magnus
Der Wasserturm an der Berghalde in Übach wurde 1912 als Kugelbodenbehälter gebaut und ist heute eines der Wahrzeichen der Stadt. **Standort**: 50°55'24.48"N, 6° 7'2.84"E (Zufahrt über „Am Wasserturm")

‣ St.-Petrus-Kapelle in Palenberg
Die „Karlskapelle" stammt aus dem 11./12. Jh. und war möglicherweise eine Jagdkapelle Karls des Großen. Unter den Mauern befinden sich Reste von Vorgängerbauten und ein Gräberfeld aus dem 7. Jh. Der Fund einer achteckigen Taufanlage bestätigt die baugeschichtliche Bedeutung. Anbauten aus dem 17. Jh. mit Schießlöchern lassen auf die Notwendigkeit zur Verteidigung schließen. In der Nähe befinden sich Grabkreuze aus der fränkischen Zeit. **Kontakt**: Frankenstr. 1, ☏ 02451/48282-0, 🌐 www.petrus.de, 🌐 www.petruskapelle-palenberg.de

‣ Denkmäler und Skulpturen
Das Friedensmal an der Wurmbrücke (von Rimburg/NL nach Rimburg/D) dient als Zeichen für Frieden und Völkerverständigung. Das Platschhonk-Denkmal auf dem Marktplatz in Übach erzählt die Geschichte eines Fabelwesens, während nicht weit entfernt den Übacher „Müüs" (Mäuseplage) gedacht wird. Palenberg gedenkt den Bergarbeitern und der ehemaligen Mühle am Rathausplatz, und Frelenberg feiert sein Wappentier, den Esel.

Freizeit und Natur

‣ „Stadtflüsse"
Auf der Homepage der Stadt werden interessante Geschichten über Wurm und Übach erzählt.

‣ ☺ Naherholungsgebiet Wurmtal
Im Wurmtal liegt auf einem leicht hügeligen Gelände ein Erholungsgebiet mit Grün- und Seenanlage, Fietscafé und Musikpavillon, Minigolfplatz und Tretbootverleih. Es gibt die Möglichkeit, Fußball, Basketball und Boccia/Boule zu spielen und einen großen Mehrgenerationen- und Kinderspielplatz. Am südlichen Ende des Gebietes befindet sich die „konservierte Ruine" einer römischen Hypocaustanlage (Badehaus – s.o.). **Kontakt**: ☏ 02451/979-0 🌐 www.uebach-palenberg.de / Gastronomie/Bootsverleih/Minigolf: Seetreff-Wurmtal, ☏ 02451/47645 (tägl. 10-21 Uhr)

‣ Willy-Dohmen-Park (Windhausen)
Der Park ist ganzjährig bei freiem Eintritt geöffnet. Eine Klangbrücke führt über das Wurmtal. 🌐 www.willy-dohmen.de/wir/natur/natur.htm / Standort: 50°56'22.41"N, 6° 5'44.85"E

‣ Scherpenseeler Heide / Naturschutzgebiet Teverener Heide (Heidenaturpark)
Im Westen von Übach-Palenberg befindet sich das Naturschutz- und Naherholungsgebiet Teverener Heide (s. Gangelt). Wanderparkplatz: Scherpenseel

Ü-Bad
Das Erlebnis-HallenFreibad lässt mit 80 m Spaßrutsche, Schwimmer- und Nichtschwimmerbecken, Planschbecken, großer Liegewiese, Spielmöglichkeiten, Massagespeier, Ruheraum, Sonnenterrasse und Sauna keine Wünsche offen. **Kontakt**: Dammstr. 79, 02451/910314

Jacht- und Boot fahren
Sportführerscheine Binnen und See, Vorbereitung auf die Seenotsignalprüfung **Kontakt**: Yacht- und Bootschule Kremer, Boschstr. 4, 02451/909095

Feste und Veranstaltungen

Übach-Palenberger Familientage (ÜPF)
Zwei Tage lang wird im Juli im Freibad Action für die ganze Familie geboten.
www.funtasie-ev.de

NRW-Musiksommer meets Winzerfest
Mitte Juni verwandelt sich der Rathausplatz in einen Biergarten mit Livemusik und Lagerfeuer.

Kaiser-Karl-Fest Palenberg
Das dreitägige Straßenfest im September lockt mit Livemusik, Budenstadt, Modenschau und Feuerwerk.

Uedem

(Kreis Kleve)

Die 8000-Seelen-Gemeinde ist geprägt durch Landwirtschaft, Mühlen und Gerbereien. Über Jahrhunderte ist sie traditionell als „Schusterstadt" bekannt. Eine erste Besiedelung an dieser Stelle ist bereits für die erste Hälfte des 7. Jh. belegt.

Rathaus Uedem,
Mosterstr. 2, 47589 Uedem,
02825/88-37,
02825/88-45,
rathaus@uedem.de,
www.uedem.de

Sehenswertes

Historischer Rundweg
16 Infostelen geleiten den Besucher über den 1,5 km langen Rundweg entlang der Uedemer Wälle und informieren über Sehenswürdigkeiten, die bewegte Geschichte der ehemals klevischen Stadt (14. Jh. bis 1798), große Ereignisse, religiöse Entwicklungen, Landwirtschaft, Mühlen, Gerbereien und Schuhherstellung. Es werden auch Gästeführungen angeboten.
Startpunkt: Am Markt

Alte Schlüterei und Stadtmauer
Der Stadtturm ist der einzige noch erhaltene Teil der mittelalterlichen Stadtbefestigung. Bei Tafel 7a des Historischen Rundwegs befindet sich ein Stück Stadtmauer, das 2016 anlässlich der Erinnerung an die erste urkundliche Erwähnung am 5. Oktober 866 rekonstruiert wurde.
Standort: Turmwall

Denkmäler und Gedenkstätten
Das Schusterdenkmal an der Lohstraße, das Ehrenmal im Park, die „Uemse Knoll" (Bronzeplastik einer Rübe vor dem Rathaus), der Seemannbrunnen auf dem Marktplatz sowie Bronzefiguren an den ehemaligen Stadttoren (Viehhirtin mit Ziege, Müller, Gerber und Bauer) erinnern an die Geschichte und handwerkliche Tradition Uedems.

Museen

Ausstellung „Hohe Mühle"
Das Uedemer Wahrzeichen wurde erstmals 1319 urkundlich erwähnt und ist damit eine der ältesten aus Stein gebauten Windmühlen am Niederrhein. Im Inneren der Mühle ist eine ständige Ausstellung über die Geschichte des Uedemer Schuster- und Holzschuhhandwerks untergebracht. Zudem dient sie als Aussichtsturm, Begegnungsstätte, Café und Trauzimmer. **Kontakt**: Mühlenstr. 101, Gruppen 02825/6810, Trauungen 02825/8861

Die Hohe Mühle liegt am Ortsrand mitten in der Natur.

Freizeit und Natur

Uedemer Hochwald / Tüschenwald
Das 9,5 km² große Waldgebiet liegt größtenteils auf Uedemer Gebiet und grenzt im Südosten an Xanten und Sonsbeck. Weite Teile sind als Naturschutzgebiet ausgewiesen. Durch seine Lage auf einem Höhenrücken bieten sich besonders in Richtung Xanten schöne Ausblicke. Im Westteil befindet sich ein Hügelgräberfeld aus der Hallstattzeit, 2012 wurden Überreste römischer Übungslager gefunden, die Teil des Limes waren. In Labbeck befindet sich eine römische Wasserleitung.

Wandern
Hilfreich sind die Wanderkarten NRW „Kalkar und Uedem am Niederrhein", „Kalkar-Xanten-Hamminkeln". Das Stadtmarketing hat die Broschüre „Schätze des Niederrheins" herausgegeben, in der auf erlebnisorientierte Landschafswege hingewiesen wird.

Lehrschwimmhalle
Die Lehrschwimmhalle wird liebevoll geführt und bietet spaßige Kindergeburtstage an. **Kontakt**: Schulweg 7, 02825/100631

Freizeitstätte an der Hohen Mühle
Die Freizeitstätte bietet neben einem asphaltierten Skaterplatz auch einen Bolzplatz mit Kunststoffrasen sowie Sitzgelegenheiten und Toiletten. Der Bikerparcours mit rund 900 m² wurde von Jugendlichen selbst mitgestaltet. Gleich nebenan befindet sich ein Waldspielplatz. **Standort**: Mühlenstr./Vorplatz der Hohen Mühle

Poenenhof Uedem
Der Hof bietet Bauernhofurlaub, Klassenfahrten und Kindergeburtstage sowie eine Bauernhof-Olympiade oder Floß- oder Paddeltouren. **Kontakt**: Günter und Margret Derksen, Kirsel 111, 02825/6729, kontakt@poenenhof.de, www.poenenhof.de

Reiter-Camp Hötzenhof
Der Hof ist als Ziel für Klassenfahrten, Reiterferien und Kindergeburtstage bekannt

und bietet vielfältige Spielmöglichkeiten. **Kontakt**: Fam. Terhoeven-Urselmans, Hardtscher Weg 14, Keppeln, 02825/7978, info@reitercamp-hoetzenhof.de, www.reitercamp-hoetzenhof.de

Reiten
In Uedem gibt es mehrere Wanderreitstationen, die im „Reitatlas" aufgeführt sind. www.grenzenlos-reiten.de

Feste und Veranstaltungen

Karneval
Q-Treiben (Karnevalsparty) und der Rosenmontagszug in Keppeln.

Dinner für DU
Der deftige Jahresrückblick mit schwarzem Humor im März ist eine feste Größe im Uedemer Kalender.

Uedemer Volkslauf
Läufer aller Altersklassen, Skater und Walker messen sich im Juni auf Strecken unterschiedlicher Länge. www.uedemer-volkslauf.de

Springfestival und Fuchsjagd
Das Keppelner Springfestival am Hötzenhof bietet im Februar hochkarätigen Reitsport bis zur Klasse S. Spaß und Geschicklichkeit stehen bei der Fuchsjagd des RV Uedem auf dem Programm. www.rv-keppeln.de, www.reiterverein-uedem.de

Novemberleuchten
Der besonderen Markt im Tannenwäldchen Keppeln verzaubert Menschen aus der ganzen Region.

Brunnenfest
Uedems Volksfest im Juli. Gerühmt werden u.a. die Kuchen der Landfrauen.

Fliegenkirmes
Im Oktober mit Fahrgeschäften und Buden.

Weihnachtsmarkt
An einem Adventswochenende strahlt der Ort mit seinem Büdchenzauber.

Viersen

(Kreis Viersen)

Die Kreisstadt Viersen bietet ihren 77 000 Einwohnern und ihren Besuchern eine bunte Mischung aus historischen und kulturellen Sehenswürdigkeiten, außergewöhnlichen Freizeitaktivitäten, vielfältigen Veranstaltungen und Naturerlebnis.

Stadt Viersen,
Bahnhofstr. 23-29, 41747 Viersen,
02162/101-272,
02162/101-106,
citymanagement@viersen.de,
www.viersen.de

Sehenswertes

Alt-Viersen
Die spätgotische Pfarrkirche St. Remigius stammt aus dem 15. Jh. Vor ihrem Portal liegen ein Weisenstein (Gerichtsstein) und ein Prangerstein. Ebenfalls beeindruckend sind der Remigius-Brunnen, die Gründerzeithäuser auf der Rektoratsstraße und die Generatorenhalle des ehemaligen Elektrizitätswerkes.

Dülken
Es sind noch Teile der mittelalterlichen Stadtmauer und mehrere Türme erhalten, darunter der „Gefangenenturm". Die fünfschiffige neugotische kath. Pfarrkiche

St. Cornelius, auch Dülkener Dom genannt, ist die größte Pfarrkirche im Bistum Aachen.

‣ Süchteln
Süchtelns Altstadt beeindruckt mit einer alten Propstei, einer Zehntscheune aus dem Jahr 1771, dem Weber- und Tendyckhaus (Hochstr. 10), der neugotischen Pfarrkirche St. Clemens mit ihrem alten Turm und der evangelische Kirche aus dem Jahr 1669.

‣ Boisheim
Im kleinsten Stadtteil wurden Backsteinwohnhäuser rund um die 1487 erbaute gotische Pfarrkirche St. Peter errichtet. Die weiß gekälkte Lucia-Kapelle stammt aus dem Jahr 1616.

‣ Irmgardiskapelle
Im 11. Jh. führte Irmgard Gräfin von Zytphen auf dem Heiligenberg ein „demütiges, gottgefälliges“ Leben als Einsiedlerin. Eine Kapelle gibt es mindestens seit 1498, das aktuelle spätgotische Gebäude mit barocker Ausstattung stammt aus dem Jahr 1664. Jährlich wird hier das Irmgardisfest mit Prozession begangen. Auf der Rückseite der Kapelle befindet sich der Irmgardisbrunnen. **Standort**: Ecke Äquatorweg/ Süchtelner Höhen, GPS ca. 51°16’45”N, 6°21’30”E

‣ Bismarckturm und Steinlabyrinth
Das Denkmal für den Fürsten Bismarck wurde 1901 im Hohen Busch erbaut. Ganz in der Nähe im geografischen Mittelpunkt der Stadt befindet sich ein quadratisches begehbares Steinlabyrinth um einen Apfelbaum herum in der klassischen Form des kretischen Labyrinthes.
Standort: Josef-Kaiser-Allee 1, GPS 51°15’46”N, 6°22’11”E / neben dem Parkplatz des Stadions Hoher Busch/Aachener Weg, GPS 51°15’33.50”N, 6°21’54.65”E

Museen

‣ Dülkener Narrenmühle
In der 1809 erbauten Bockwindmühle befindet sich die Dülkener Narrenakademie mit einem Narrenmuseum. Am 11.11. reiten die Jecken auf Steckenpferden um die Mühle. **Kontakt**: Rheindahlener Str. 4, ☏ 02162/55226,
🌐 www.narrenakademie.de

‣ Städtische Galerie im Park
Das Museum zeigt Wechselausstellungen und enthält die grafische Sammlung der Stadt Viersen. Als „Kunst im öffentlichen Raum“ befindet sich im Park eine Skulpturensammlung. Audio-Guides können ausgeliehen werden. **Kontakt**: Rathauspark 1, ☏ 02162/101160, Führungen Skulpturensammlung 02162/7430,
🌐 www.skulpturensammlung-viersen.de

‣ Süchtelner Heimatmuseum
Im „Jakobgut“, einem Fachwerkhaus aus dem 17. Jh., befindet sich eine Sammlung zur Wohnkultur des 18. und 19. Jhs. und von Gerätschaften früherer Handwerkskunst. **Kontakt**: Propsteistr. 15, Süchteln, ☏ Erhard Braun 02162/8413

‣ Clörather Mühle
Die im Privatbesitz befindliche Wassermühle geht auf das Jahr 1230 zurück. Hier finden Kunstausstellungen mit Bezug zum Niederrhein statt. **Kontakt**: Clörather Mühle 36, ☏ 02156/490456,
🌐 www.cloerather-muehle.de

‣ Bongartzmühle
Die Wassermühle am Hammer Bach wurde schon 1246 urkundlich erwähnt. Sie beherbergt ein privates Mühlenmuseum.
Kontakt: Bachstr. 38a, Unterbeberich, ☏ 02162/815030,
🌐 www.bongartzmuehle.de

Freizeit und Natur

Wildgehege Süchtelner Höhen
Auf den 86 m hohen Süchtelner Höhen befinden sich Wildgatter mit Damwild, Wildschweinen, Kamerunschafen, Insektenhotel und Barfußpfad.
Standort: Süchtelner Höhen 9.

Naturschutzgebiete und Naturerlebnis
An der in Teilen renaturierten Niers können Wanderer Eisvogel, Graureiher, Weißstorch und Steinkauz bewundern. In der Bockerter Heide leben Nachtigall, Turteltaube und Baumpieper. Pflanzen wie Honiggras, roter Fingerhut, Weißdorn, Birke und Schwarzerle sind dort heimisch. Es gibt drei kurze Rundwanderwege von maximal 3 km Länge. **Standorte**: Salbruch-Clörather Weg / Wanderparkplatz „Bockerter Heide" über Haardter Str. und Bockerter Busch

Parks und Gärten
In zahlreichen Parks und Gärten lässt es sich schön entspannen. Am Konrad-Adenauer-Ring befindet sich ein Kreativspielplatz mit zwei Riesenrutschen, künstlichem Wasserlauf, Wassermatschmaschine, Skateboardbahn, Rasenflächen für Ballspiele, Seilbahn, Bodentrampolin, Tischtennis, Bocciabahn, Sandspielbereich und Teich mit Spielkombination. Die Viersener Fußgängerzone wird parallel von Parkanlagen begleitet. Hier findet man den historischen „Alten Stadtgarten" mit Wasserbecken und strengen Formelementen, einige Meter weiter als Kontrast den natürlichen Wildstaudengarten sowie den Casinogarten mit Boulebahn, Wiesenflächen und Spielplatz. Der Stadtgarten Dülken bietet als Landschaftspark Spazierwege, Bänke, große Wiesenflächen und entlang der Wege verteilte Spielinseln, die Berg-Spiellandschaft mit Luftikus, Hopserplatz und Kraxelfelsen. Kunstinteressierte finden im Stadtpark Robend Anatols Steinkreis aus 10 Findlingen, der den den Lebenszyklus von der Geburt bis zum Tod symbolisiert.

Wandern
Es werden geführte Wanderungen angeboten. Zudem gibt es mehrere (Rund-) Wanderwege.
www.wanderwegewelt.de/blog/category/rundwanderwege/kreis-viersen/

Kletterwald Niederrhein
7 Kletterparcours mit über 100 Kletterelementen auf 27 500 m² Waldfläche befinden sich auf bis zu 16 m Höhe. Eingesetzt wird dabei das Sicherungssystem „Coudou Pro", bei dem immer eine Sicherung vorhanden ist. Für Kinder bis 9 Jahre gibt es eine „kleine Kletterschule". **Kontakt**: Süchtelner Höhen 8, Süchteln, 02153/1389844 (Reservierung), 02153/1066645, info@kletterwald.net, www.kletterwald.net

Im Kletterwald sind Mut und Koordination gefragt.

Clip'n'Climb Niederrhein
35 Kletterelemente in jeweils drei Schwierigkeitsgraden bieten Höhenerlebnisse zum Klettern, Balancieren, Springen und

Rutschen. Durch das vollautomatische Sicherungssystem ist das Klettern ab vier Jahren ohne zweite sichernde Person möglich. **Kontakt**: Ransberg 31, Dülken, 02162/8177988, info@clipnclimb.de, www.clipnclimb.de, www.ticket.clipnclimb.de

Vielfältige Kletterelemente bieten Spannung und Abwechslung.

Stadtbad Viersen

Das restaurierte Jugendstilschwimmbad stammt aus dem Jahr 1906, der wilhelminischen Epoche, und verfügt über einen Saunabereich mit mehreren Saunen, Tepidarium und Kältegrotte, Erlebnisduschen, Wärmebänken, Aufenthalts- und Ruhebereichen, Mini-Bistro und Massageangebot. **Kontakt**: Burgstr. 60, 02162/371-4714, www.new-baeder.de

Familienbad Ransberg

Das Hallenbad bietet ein 25-m-Mehrzweck-, ein Lehr-, ein Kleinkinderbecken, eine 65 m lange Doppel-Acht-Rutsche mit Landungsbecken und Zeitmessung, einen großen Garten und diverse Kursangebote. **Kontakt**: Heesstr. 80, 02162/371-4731, www.new-baeder.de

Live Escape Team Exit Viersen

Neben drei Räumen, aus denen Gruppen innerhalb von 60 Minuten entkommen müssen, gibt es auch Angebote für Kinder zwischen 7 und 12, zwei Outdoor-Aufgaben, die mithilfe eines iPad gelöst werden müssen und eine Virtual-Reality-Erfahrung. **Kontakt**: Gladbacher Str. 189, 02162/8972410, info@teamexit.de, www.teamexit.de

Nordic Walking

Angeboten werden vier Routen mit drei Schwierigkeitsgraden auf den Süchtelner Höhen sowie weitere Wege durch Felder und Flussauen entlang der Niers. **Kontakt**: „DSV nordic aktiv Walking Zentrum Niederrhein“, www.lg-viersen.de

Süchtelner Höhen

In der Natursportanlage Hoher Busch gibt es neben Fussball-, Tennis-, Beachvolleyball- und Basketballplätzen auch einen BMX- und Dirt-Park. 2017 wurde dort ein „Skateplaza“ eröffnet. www.asv-suechteln.de

Skateboard

Es gibt eine Skateboard-Stadtmeisterschaft sowie Skateparks am Konrad-Adenauer-Ring, in Süchteln (Am Höhenbad) und am Hohen Busch. www.facebook.com/Skateculture-Viersen/

Paddeln auf der Niers

In Süchteln befindet sich ein öffentlicher Ein- und Ausstieg mit Parkplatz und WC (Tönisvorster Str./Niersbrücke).

BAKO-SPECIAL-TOURS, Neuwerker Str. 288, 02162/350416, info@bakotours.de, www.bakotours.de
Freizeit Hammans GmbH, Rheinstr. 25, 02162/266550, info@hammans-freizeit.de, www.hammans-freizeit.de

Reiten
Eine Reitwegekarte ist auf der Internetseite der Stadt verlinkt und beim Kreis Viersen erhältlich. Dort gibt es auch eine Übersicht über Reiterhöfe. Vor allem die Süchtelner Höhen bieten schöne Routen für Ausritte.

Geocaching
Touren sind verlinkt unter www.viersen.de (Wandern und Laufen) oder buchbar über Hammans Freizeit (s. Nierspaddeln).

Radwandern
Viersen ist Station der NiederRheinRoute, des Niersradwegs, der Fietsallee am Nordkanal, des Bahnradwegs Kreis Viersen und der Viersener Mispelroute. Weitere Touren sind auf der Internetseite der Stadt verlinkt. Geführte Radtouren werden angeboten.

Feste und Veranstaltungen

Karneval
Karneval und Kirmes wird in Viersen Süchteln und Dülken geboten. Der Schöppenmarkt am Aschermittwoch in Dülken ist einer der größten deutschen Krammärkte.

Internationales Jazzfestival
Neben Theater und Konzerten findet jährlich im September in der 1913 mit klassizistischen Formelementen erbauten Festhalle Viersen ein internationales Jazz-Festival statt.

Open-Air-Musikfestival
„Eier mit Speck", so heißt dieses mehrtägige Festival im Juli. www.eiermitspeck.de

„Dülkener Gartenwelt" und „Viersen blüht"
Zum ersten Mai wird der Frühling mit offenen Armen empfangen. Jährlich wechseln sich das Stadtfest „Viersener Note" (im Juni) und „Viersen blüht" ab.

Irmgardisoktav
In der Woche nach dem 4. September werden auf dem Heiligenberg Gottesdienste und Andachten gehalten.
www.irmgardisoktav.de

Dülkener Bierbörse
Der größte Biergarten am Niederrhein öffnet im Juli seine Pforten.

Stoffmarkt
Der Stoffmarkt findet zweimal jährlich statt. www.werbering-viersen.de

Stadt.Land.Markt Viersen
Im Mai holt sich Viersen das Land in die Innenstadt mit regionaltypischen Produkten und einem verkaufsoffenen Sonntag.

Oldtimer Rallye
Ende Mai können historische Automobile bestaunt werden. Ein Augenschmaus – nicht nur für Autoliebhaber.

„Süchtelner Vielfalt"
Im Juni lädt das Süchtelner Stadtfest ein mit leckerem Essensangebot, Kunst, Musik und zahlreichen Marktständen. Mit verkaufsoffenem Sonntag.

Dülkener Kindertag
Am zweiten Sonntag im Juni hat die ganze Familie Spaß bei den zahlreichen Mitmachaktionen.

Viersen openart
Kunstausstellung im August.

‣ Dülkener Herbstmarkt
Am 3. Oktober werden u. a. regionale Spezialitäten angeboten.

‣ Weihnachtsmärkte
Der stimmungsvolle und beliebte Dülkener Weihnachtstreff findet am dritten Adventswochenende am Kirchenvorplatz der St. Corneliuskirche statt. Der Erlös kommt einem wohltätigen Zweck zugut. Außerdem gibt es noch den Martinsmarkt und den Adventsmarkt.

‣ Young Talents Band Contest
Ein Wettbewerb für Musikbands aus allen Sparten mit mindestens drei Mitgliedern unter 25 Jahren im Juni.

Voerde

(Kreis Wesel)

Die 36 000-Seelen-Stadt zwischen Dinslaken und Wesel bietet jede Menge Natur, Entspannung und Erlebnis. In Götterswickerhamm können Ausflügler vorzüglich am Rhein die Seele baumeln lassen. Der Name geht zurück auf eine Furt über den Rheinarm zur Römer- und Frankenzeit, und in der Nähe des alten Bürgermeisteramts befindet sich ein frühmittelalterliches Gräberfeld aus dem 6.–8. Jh.

Stadt Voerde,
Rathausplatz 20, 46562 Voerde,
02855/80-0,
02855/9690-0,
info@voerde.de,
www.voerde.de

Sehenswertes

‣ Rheinpromenade Götterswickerhamm
Von den Terrassen der Cafés und Restaurants auf der Deichpromenade können die Besucher die Schiffe auf dem Rhein und die Anlegestelle beobachten.

Am Rhein bei Götterswickerhamm lässt es sich hervorragend speisen und entspannen.

‣ Haus Voerde
Die mittelalterliche, barock und klassizistisch umgestaltete Wasserburg wurde vor 1200 erbaut und dient als Standesamt und Kulturzentrum. Im Kellergeschoss mit flachen Kreuzgratgewölben ist ein Restaurant. **Kontakt**: Allee 65, Restaurant El Basco: 02855/3611 www.hausvoerde.de

‣ Katholische Kirche St. Peter Spellen
Bereits im 9. Jh. stand hier eine Holzkirche. Reste aus dem 11. Jh. finden sich im Fundament des heutigen Kirchturms. Vom barocken Altar sind noch zwei Figuren der Apostel Petrus und Paulus erhalten. Der Taufbrunnen stammt aus dem 17. Jh. **Kontakt**: Mehrumer Str. 12, 02855/6202, www.katholische-kirche-voerde.de

‣ Evangelische Kirche Götterswickerhamm
Die Kirche mit romanischem Turm und einem Taufstein aus dem 12. Jh wurde nach Plänen von Schinkel ab 1830 umgestaltet.

Standort: Dammstr., Tel. 02855/6443,
www.ev.kirchengemeinde.
www.goetterswickerhamm.de

Rhein-Freileitungskreuzung
Über eine Distanz von 526 m überwindet die 220-kV-Freileitung den Rhein. Bei der Errichtung 1926 galten sie als höchste Freileitungsmasten der Welt mit 138 m Höhe (heute 96 m). **Standorte**: Nordufer (Götterswickerhamm) GPS 51°34'47"N 6°39'26"E Ä/ Südufer (Orsoyer Rheinbogen) 51°34'32"N, 6°39'22"E

Emmelsumer Schleuse
Die Doppelschleuse am Wesel-Datteln-Kanal in der Nähe des Emmelsumer Hafens benötigt für 8 m Hub im 220 m langen Schleusenbecken ca. eine Stunde. **Kontakt**: Emmelsumer Str. 241, Friedrichsfeld, 0281/4855

Mahnmal „Buschmannshof"
Hier wird der 99 Kinder osteuropäischer Frauen gedacht, die vor Ort im Zwangsarbeiterlager zwischen 1943 und 1945 ums Leben kamen. **Standort**: „Am Kindergarten"

Freizeit und Natur

Gerichtslinde
Die 1327 erwähnte Gerichtsstätte und nachgewiesene Thingstätte liegt leicht erhöht nah an der Straße und wird durch eine große Linde markiert. Es gibt auch zwei uralte Grabsteine. **Standort**: „Unterer Hilding", Götterswickerhamm, GPS 51° 34'52,45" N, 6° 39' 57,27" E

Wandern
Eine beliebte Wanderstrecke führt vom Strandhaus Ahr in Götterswickerhamm bis nach Walsum.

Hallenbad Voerde
Es gibt ein Mutter-Kind-, ein Nichtschwimmer- und ein Schwimmerbecken mit Sprungbereich sowie eine 90°-Sauna, Ruheräume, Abkühl- und Fußbecken.
Kontakt: Am Hallenbad, Friedrichsfeld, 02855/6560

Hermann-Breymann-Bad/ Freibad Voerde
Es gibt ein Kombi- und ein Mutter-Kind-Becken, einen Matsch-Spielplatz, Beach-Volleyball- und -Fußballfelder, ein Groß-feld-Schachspiel und einen Kiosk.
Kontakt: Allee, 02855/3469

Strandbad Tenderingssee
Die Badebucht bietet auch eine Beach Bar und abendliche Events und ein breites Sportangebot: Stand-Up-Paddling, Tauchen, Yoga, Beachvolleyball, -soccer und -handball. **Kontakt**: Tenderingsweg 1, 02855/15244, www.strandbad-tenderingssee.com

Minigolf
Die Urweisse-Hütte Rheinwacht hat einen Minigolf- und einen Spielplatz. **Kontakt**: Dammstr. 46, Götterswickerhamm, 02855/306163, www.rheinwacht.com

Planwagenfahrten
Kontakt: Heinrich Schürmann, Rahmstr. 156, Möllen, 02855/3423 /
Kurt Rissel, Schulstr. 42, Mehrum, 02855/17695

Feste und Veranstaltungen

Drachenbootregatta
Am Pfingstsonntag findet auf dem Wesel-Datteln-Kanal das traditionelle Drachenbootrennen statt.
www.kanuclub-friedrichsfeld.de

Voerder Schlossabende
Anfang August werden an fünf Abenden Open-Air-Events geboten.
www.schlossabende.de

Schützenfest und Karneval
11 Vereine stellen neun Schützenfeste auf die Beine. Zudem wird kräftig Karneval gefeiert.

Sternenmarkt
Am 1. Advent findet in Spellen der gemütliche Sternenmarkt statt.

Wachtendonk

(Kreis Kleve)

Die idyllisch an Niers und Nette gelegene Gemeinde mit 8000 Einwohnern gilt als nördliches Tor zum Naturpark Schwalm-Nette. Bemerkenswert sind die vielfältige Natur und der mittelalterliche Ortskern von Wachtendonk. Es gibt Funde aus der Römerzeit, und der Ortsteil Wankum wurde bereits um das Jahr 500 als Martinspfarre gegründet.

Tourist-Information Haus Püllen, Feldstr. 35, 47669 Wachtendonk,
02836/9155-65,
02836/9155-765,
tourist-information@wachtendonk.de
www.wachtendonk.de

Sehenswertes

Ortskern
Der mittelalterliche Ortskern von Wachtendonk mit alten Häusern und winkeligen Sträßchen steht vollständig unter Denkmalschutz. Zahlreiche Einzelgebäude wurden bald nach dem Ortsbrand von 1708 errichtet. Die Straßenführung ist seit mehr als 300 Jahren unverändert. Das von einem Türmchen gekrönte weiße Rathaus wurde 1841 unter Beibehaltung des alten Rathaus-Grundrisses erbaut.

Pulverturm
Im ehemaligen Pulverturm befindet sich ein Restaurant. **Kontakt**: Ristorante Pulverturm da Francesco, Am Pulverturm 12, 02836/971470, www.ristorante-pulverturm-wachtendonk.de

Ruine der Burg Wachtendonk
Die konservierte Ruine der Niederungsburg, die 1326 erstmals urkundlich erwähnt wurde, befindet sich am Ufer der Niers. Der Stumpf eines Bergfrieds und der Wohnbau im Südosten bilden den ältesten Teil. Die Form des Kernburgareals mit Ringmauer und Wehrgang und Treppenturm weist in das 14. Jh als Entstehungszeitraum. Keramikfunde stammen aus dem frühen 15. Jh. Ein Grillplatz kann über die Tourist-Information angemietet werden. **Standort**: Dammweg, GPS 51°24'13.73"N, 6°20'17.98"E

Ein guter Ort für eine gedankliche Zeitreise an der Niers: die Burgruine Wachtendonk.

Katholische Kirche St. Michael
Mit dem Bau einer Kapelle zu Ehren der Heiligen Dreifaltigkeit an dieser Stelle wurde um 1380 begonnen. Im heutigen gotischen Backsteinbau mit Querschiff,

Dachreiter und Westturm, der noch Spuren aus der Belagerungszeit aufweist, befinden sich alte Grabstätten bedeutender Wachtendonker. **Standort**: Kirchplatz

Museen

▸ Naturparkzentrum Wachtendonk Haus Püllen

Im 1634 erbauten Haus Püllen befinden die Tourist-Info, eine Ausstellung über den Naturpark Schwalm-Nette und ein Bauerngarten. **Kontakt**: Feldstr. 35 (s.o.)

▸ Dorfstube Wankum

Das Gebäude der alten Kaplanei dient als Heimatmuseum. **Kontakt**: Martinsplatz 4, 🌐 www.geschichtskreis-wankum.de

Freizeit und Natur

▸ Naturpark Schwalm-Nette

Informationen über den 435 km² großen Naturpark gibt es u.a. im Haus Püllen (s.o.). Das durch Wald und Wasser und verschiedenste Naturräume geprägte Gebiet ist ein Eldorado für Wanderer, Radfahrer und Reiter. Mehrere Wanderwege wurden als Premium-Wanderwege ausgezeichnet. **Kontakt**: Willy-Brandt-Ring 15, 41747 Viersen, ✆ 02162/81709-408, Fax: -424, ✉ info@naturparkschwalm-nette.de, 🌐 www.npsn.de, 🌐 www.freizeitregion-schwalm-nette.de, 🌐 www.naturpark-msn.de, 🌐 www.wa-wa-we.eu

▸ Heronger Buschberge und Wankumer Heide mit Teufelsstein

Teile der Buschberge und der Wankumer Heide stehen unter Naturschutz, u.a. eine Orchideenwiese. Die erhaltenen Heide- und Moorflächen weisen wertvolle Tier- und Pflanzenarten auf. Bei einem Findling aus tertiärem Quarzit soll es sich um den Pferdefuß des Teufels handeln, der eine pilgernde Jungfer vergeblich bedrängte. Nach einer anderen Überlieferung warf der Teufel im Wettstreit mit einem Hinsbecker Bauern den Stein bis an diese Stelle.
Wanderparkplatz: u.a. Scharenbergweg/ Wolfsgrabenweg, GPS 51°22'24.94"N, 6°16'55.40"E
Teufelsstein: Jülicher Str./Schürkesweg, ca. 400m nördlich der Flootsmühle
🌐 www.bsks.de/Schutzgebiete/ Wankumer-Heide.html (Wanderkarte)

▸ Niersfähre AIWA („Anlage im Wasser")

Mithilfe der „Seilkurbelfähre" kann die Niers aus eigener Kraft überquert werden. Sie ist Bestandteil des u.g. Wanderwegs 12. **Standort**: nahe der Nettemündung nördlich der Wankumer Str. und östlich des Ponter Weg, GPS 51°24'48.55"N, 6°19'31.46"E

▸ Wandern

An den barrierefreien 3,2 km langen Erlebnispfad Kulturlandschaft Wachtendonk schließen sich 11 km mit 19 Info-Stationen mit QR-Code und Audio-Info an. Zu den Wanderrouten 10 und 12 gibt es Info-Material. In Wachtendonk liegen die Wasser. Blicke 01 (Nette trifft Niers) und 02 (Ruine Wachtendonk). Über eine Bodenplatte werden Informationen zum Standort vermittelt. Für das „Nette"-Dorf Wankum wird der Rundgang „Geschichte zum Anfassen" angeboten. Kontakt: Tourist-Information, 🌐 www.npsn.de

▸ ☺ Freizeitanlage Wankumer Heidesee / Blaue Lagune

Das Naturfreibad bietet einen großen Sandstrand und Aktivitäten wie eine Wasserskiseilbahn und einen Hochseilklettergarten. Camping, ein Reisemobilstellplatz, Aqua-Golf, Wakeboard, Stand-Up-Paddling, Tubing und Tauchen werden angeboten. **Kontakt**: Freizeitanlage Wankumer Heidesee GmbH, Am Heidesee 5 (Navi: Jülicher Str.), 02839/277, info@blaue-lagune.de, www.blauelagune.de

SV Naturbad Wachtendonk
Es gibt Liegewiesen mit altem Baumbestand, Sport- und Kleinkinderbereiche. Piratenfest, Nachtschwimmen und Oktoberfest sind Höhepunkte im Jahreslauf. **Kontakt**: Wankumer Str. 10a, 02836/85233, info@svnaturbad, www.svnaturbad.de

Holleshof
Der Hof bietet einen Waldspielplatz mit außergewöhnlichen Spielgelegenheiten, Hüpfkissen, handbetriebener Achterbahn, Matschanlage, Strohburg, Naturerlebnispfad und Maislabyrinth. An der Niers markiert ein begehbarer Leuchtturm die Anlegestelle. Boote und Funbikes können gemietet werden. **Kontakt**: Schlecker Deich 2, 02836/1576, info@holleshof.de, www.holleshof.de

Ein Paradies für Kinder: der Holleshof mit Maislabyrinth, Waldspielplatz und Naturerlebnispfad.

Heuhotel Dümpenhof
Neben Schlafen im Heu für Gruppen gibt es Planwagenfahrten und Nierspaddeln. **Kontakt**: Genenger Weg 7 02836/1672, www.heuhotel-duempenhof.de

Paddeln auf der Niers
An der Moorenstraße befindet sich ein öffentlicher Ein- und Ausstieg.
Holleshof Wachtendonk (s.o.)
Bootsverleih/Heuhotel Dümpenhof (s.o.)
Bootsverleih Hotz / HotzSpots, Schopsweg 3a, 02836/971801, info@hotzspots.de, www.hotzspots.de
Kajak- und Kanuverleih Goetzens, Schlick 2, 02836/900795 oder 0174/9818411, info@nierstour.de, www.nierstouren.de

Skateranlage
Schoelkensdyck 1

Boule
Friedensplatz/Niersuferpromenade (Kugelverleih in der Tourist-Information)

Tennisanlage Wachtendonk
Kontakt: Achter de Stadt 34a, 02836/1822 oder 0151/83941559, vorstand@tc-wachtendonk.de

Reiten
Reitrouten und Übernachtungsmöglichkeiten (auch als App) unter www.grenzenlos-reiten.de

Geocaching
www.hotbina.de

Radwandern
Neben NiederRheinRoute, Niersradweg, Herrensitz-Route und der Kempener Grenzsteinroute gibt es ortsbezogen den Bürgermeister-Radweg, „Rund um Wankum und Wachtendonk" und die Fahrradtour rund um das „Nette"-Dorf Wankum. Routen des Kreises Kleve (Radwanderkarte Kreis Kleve), des Radroutenplaners NRW und des Radverkehrsnetzes NRW führen durch das Gemeindegebiet.

Feste und Veranstaltungen

▸ Burgfest & Treckertreffen
Jährlich Anfang August findet an der Burgruine ein Fest mit Open-Air-Disco und Familientag statt.
🌐 www.kijb-wachtendonk.de

▸ Wachtendonker Nacht & Weinfrühschoppen
Am zweiten Wochenende im September verwandelt sich die Weinstraße in ein Lichtermeer mit Ständen aus bekannten Weinbauregionen.

▸ Jazz & More
Verschiedene Bands präsentieren Ende August Jazz und andere Musikrichtungen an der Burgruine.

▸ Sparkassen-Stadtlauf
Jährlich im September wird der historische Ortskern Schauplatz gleich mehrerer Laufwettbewerbe von den Bambini bis zum Volkslauf. 🌐 www.niersrunners.de

Waldfeucht

(Kreis Heinsberg)

Waldfeucht liegt im Naturraum Selfkant an der Grenze zu den Niederlanden. Die heutigen Ortschaften der Gemeinde mit insgesamt knapp 9000 Einwohnern gehen auf fränkische Siedlungen aus dem 6./7. Jh. oder auf Rodesiedlungen im 9./10. Jh. zurück. Bodenfunde belegen, dass die Region bereits im 4. Jahrtausend v. Chr. besiedelt war. Im 13. Jh. war Waldfeucht bereits eine Stadt mit Marktrechten.

Gemeinde Waldfeucht,
Lambertusstr. 13, 52525 Waldfeucht,
☏ 02455/399-0,
📠 02455/399-77,
✉ gemeinde@waldfeucht.de,
🌐 www.waldfeucht.de
🌐 www.westblicke.de
🌐 www.natoura-heinsberg.de

Sehenswertes

▸ Historisches Waldfeucht
Von der um 1200 entstandenen und 1370 in der heutigen Form mit Wall, Graben und zwei (nicht mehr existierenden) Stadttoren angelegten Stadtbefestigung ist ein Großteil erhalten. **Kontakt**: Historischer Verein Waldfeucht e.V., Luisenweg 9,
☏ 02455/2068

▸ „Schlösschen“
Das heute als Rathaus und Sitz der Gemeindeverwaltung genutzte „Schlösschen“ stammt aus dem 17.–18. Jh.
Standort: Lambertusstr.

▸ Pfarrkirche St. Lambertus Waldfeucht
Hier wurde bereits im 9. Jh. eine Hallenkirche errichtet. Die dreischiffige spätgotische Backstein-Basilika wurde unter Verwendung von älteren Teilen um 1500 erbaut.
Standort: Brabanter Str.

▸ Waldfeuchter Windmühle
Der „Erdholländer“ aus dem Jahr 1897 wird heute als Getreidemühle genutzt.
Kontakt: Kapellenstr., Tel. 02455/1872 o. 0163/9747862

▸ Feldkapelle/„Marienkapelle“
Der von Bäumen umringte spätbarocke Saalbau aus dem Jahr 1772 wird auch „Zuflucht der Sünder“ genannt. Die Legende

Weithin sichtbar: die Waldfeuchter Windmühle.

besagt, dass ein Tongefäßhändler aus Teveren an der Stelle vorbeikam und sein Wagen plötzlich nicht mehr von der Stelle zu bewegen war. Der Händler fand eine hölzerne Madonna mit Jesuskind. Erst als er sie hier in die Sträucher setzte, ließ sich der Karren weiterziehen. Die Madonna wurde entdeckt und auf den Marienaltar der Waldfeuchter Kirche gestellt. Doch am nächsten Morgen befand sie sich wieder dort, wo heute die Feldkapelle steht. Nach mehreren weiteren Versuchen wurde an dieser Stelle ein Bildstock errichtet. **Standort**: Kapellenstr.

▸ Motte Bolleberg
Unweit des „Brüggelchens" liegt ein mit Hecken markierter Erdhügel, die Motte einer Burg, die im 9. Jh. errichtet wurde. **Standort**: Bollbergstr., 🌐 www.brueggelchen.de

▸ Haarener Windmühle
Der aktive „Bergholländer" wurde 1842 errichtet. **Kontakt**: Elsweg, ✆ 02452/7131 o. 0163/9747862, 🌐 www.muehlenverein-selfkant.de,

▸ St. Jans Klus
Vor der Tür des restaurierten Gebäudes mit Fachwerk (17./18. Jh.) steht eine 300 Jahre alte Kastanie. Auf niederländischer Seite liegt ein römisch-fränkisches Gräberfeld. Die 1328 erstmals erwähnte Kapelle „St. Jans Klus" war ein viel besuchter Wallfahrtsort. Die Taufkirche wurde vermutlich bereits im 8./9. Jh. errichtet. Broschüren sind im Café erhältlich. **Kontakt**: Café „Zur Klus", Kluserweg 27, Haaren, ✆ 02452/106299

▸ Ortssymbole
Bronzeplastiken zeigen Handwerker aus alten Zeiten.
Vöchter Schörskaarschörjer (Waldfeuchter Schubkarrenschieber): Brabanter Str.
Kluser Pappmuhle (Haarener Milchsuppenmäuler): Brauereistr.
Dr Röer Sennengsbuuk met sin Vrau (Braunsrather Molkebäuche): Clemensstr.

Museen

▸ Heimatmuseum Gerhard-Tholen-Stube
Das Museum zeigt alte Möbel, Schmuck- und Gebrauchsgegenstände sowie eine Steinzeit- und Fossiliensammlung, Bildhauerwerkzeuge, Gewänder, Waffen und Bilder. Es gibt eine Bibliothek mit mehr als 2000 Bänden zu regional- und lokalhistorischen Themen. **Kontakt**: Brabanter Str. 32, 🌐 www.hist-waldfeucht.de

▸ Radiomuseum Bocket
Auf der Radiowiki-Seite des privaten Museums gibt es Informationen zu historischen Radios mit Schaltplanservice. **Kontakt**: Hans Stellmacher, Kirchstr. 57, ✆ 02455/636, 🌐 www.radiomuseum-bocket.de

Freizeit und Natur

Waldmärchenpfad Haaren
Auf 4 km mit zwölf Stationen führt ein Naturerlebnispfad durch den Kitscher Bruch in den Eichenwald und den Erlenbruch, vorbei an einem Gedichtstein und einem privaten Biotop-Gelände über einen Barfußpfad zu Imkerlehrpfad, Lysimeteranlage und Obstwiese. Broschüren bieten Informationen oder „Mellis Abenteuer im Kitscher Bruch“, eine liebenswerte Geschichte aus der Sicht einer Honigbiene.
Startpunkt + Info: Café „Zur Klus“ (s.o.)

Die Stationsstelen helfen bei der Orientierung auf dem Waldmärchenpfad.

Erlebnisbauernhof Blomland
Neben einem Hofladen bietet der Hof gegen den Kauf einer Futtertüte einen Aufenthalt auf dem Erlebnisbauernhof. Es gibt Lamas, Wallabys, Minischweine, Wollschweine, Ziegen, Hauskaninchen und Meerschweinchen, Ponyreiten, eine Strohscheune und ein Maisbad. Zwergesel und Zwergponys können geführt werden. **Kontakt**: Heinz-Josef Vogels, (Ende der) Kirchstr., Bocket, 0160/1579785, www.blomland.de

Hallenbad Haaren
Es gibt ein Nichtschwimmer-, ein Plansch- und ein Schwimmerbecken mit Sprungbrett sowie eine Cafeteria, Ruhezonen, einen Wintergarten mit Spielbereich und eine Außenanlage. **Kontakt**: Alter Klauser Kirchweg 18, Haaren, 02455/624, www.hallenbad-haaren.de

Freizeitzentrum Brüggelchen
Das Restaurant „Am Bolleberg“ bietet eine Minigolfanlage am Weiher und einem Strandspielplatz. **Kontakt**: Tilderweg 1, Brüggelchen, 02455/9306797
www.am-bolleberg.de

Angeln
Am Freizeitzentrum Waldfeucht liegt ein Angelteich/Fischgrund.Tagesscheine für den Altarm der Rur können erworben werden. **Kontakt**: Vogteistr. 36, 02455/2334

Kutsch- und Planwagenfahrten
J. Schröders, Hartweg 36, Bocket, 02455/591, info@die-kutschen-oase.eu
Kutschen u. Planwagen Schnitzler, Stiftsgasse 2, 02455/398764 oder 01603215333, EllisKutschen@gmx.de

Radwandern
Waldfeucht ist Station der der Fernradwanderwege R9 und R18. Ein Waldfeuchter Radwanderweg steht auf der Homepage zum Download bereit. Fahrradbus und Radroutenplaner: s. Erkelenz

Feste und Veranstaltungen

▸ Haarener Oktoberfest
Kirmes und Riesen-Gaudi für Klein und Groß.

▸ Weihnachtsmarkt in Waldfeucht
An einem Sonntag im Dezember.

Wassenberg

(Kreis Heinsberg)

Hoch über Wassenberg am Rande der Nationalparkregion MeinWeg thront der rechteckige Bergfried über den gut erhaltenen mittelalterlichen Befestigungsanlagen der Stadt mit 18 000 Einwohnern, die auf eine Schenkung von Burg und Land im Jahr 1020 zurückgeht. Lokale Spezialitäten sind das Rurtaler und das Rossberger (Bier), der Wassenberger Sämling (eine Pfirsichart) und Spargel aus dem Spargeldorf Effeld.

Naturparktor Wassenberg,
Pontorsonallee 16,
41849 Wassenberg,
02432/4900-603,
info@wassenberg.de,
www.wassenberg.de
www.westblicke.de
www.natoura-heinsberg.de

Sehenswertes

▸ Mittelalterliche Stadtbefestigung
Auf der Ostseite ist die Stadtmauer fast vollständig erhalten. Interessant sind der Wehrturm von 1420 (Kirchstr.), das Roßtor aus dem 14. Jh. und der Verlorenenturm von vor 1400, in dem Räuber und Mörder auf ihre Hinrichtung warteten. An der Stadtmauer liegen Park- und Gartenanlagen. Besonders schön sind der Küstersgarten und der Gondelweiher.

▸ Bergfried und Burg
Burg und Bergfried stammen aus dem Jahr 1420. Der viergeschossige quadratische Bergfried thront hoch über der Stadt und dient als Ausstellungsraum und Aussichtsturm. Von oben bietet sich ein Ausblick über das Rurtal und bis in die Niederlande hinein. Es gibt behindertengerechte Zugangsmöglichkeiten am Berg (Liftanlage) und im Bergfried (Innenaufzug)., geöffnet: jeden 2. So 14–16 Uhr – außerhalb der Zeiten Schlüssel erhältlich beim Naturparktor Wassenberg.

▸ Historischer Altstadtrundweg
Auf eigene Faust lässt sich die Altstadt sehr gut anhand dieses Rundwegs erkunden. Download: www.wassenberg.de („Besucher" – „Sehenswürdigkeiten" – „Historische Altstadt")

▸ Entdecker-Stadtführer
Für Kinder gibt es auf 64 Seiten die Geschichte von vier Kindern aus Wassenberg, Roerdalen (NL, Pontorson (F) und Highworth (GB) auf Entdeckungstour – in deutscher, niederländischer, französischer und englischer Sprache. Das Büchlein ist für 3 Euro beim Naturparktor erhältlich.

▸ Wallfahrtskirche St. Mariä Himmelfahrt Ophoven
Die romanische dreischiffige Pfeilerbasilika aus Tuffstein wurde 1196 errichtet. Das Madonnen-Gnadenbild aus 1350, ein Antwerpener Schnitzaltar von 1520, Kanzel, Holzfiguren und das Kruzifix sind absolut sehenswert. **Standort**: Marienstr. 29, Ophoven, 02432/2240

Birgelener Pützchen
Die idyllische Marien-Wallfahrts-Kapelle mit dem Willibrordus-Brunnen (Pütz) zieht viele Pilger an. **Standort**: im Birgeler Wald (nahe Ortskern Birgelen)

Wingertsmühle (Windmühle)
Die um 1500 erbaute ehemalige Ölmühle dient u.a. als Trauzimmer. Sie gehört zum Restaurant „Tante Lucie".
Standort: An der Windmühle 31

Freizeit und Natur

Parkanlagen
Der Gartenpark Wassenberg erfreut mit einem Lichtkonzept und bietet den Landschaftspark am Bergfried, ein Arboretum im „Küstersgarten" mit einem über 30 m hohen Mammutbaum von 1878, Gondelweiher, Rosengarten und den Waldpark „Judenbruch". **Standort**: an der Stadtmauer entlang; Parkmöglichkeit: z.B. Parkstr.

Blick über den Gondelweiher auf die Befestigungsanlagen und auf die Kirche St. Georg.

Poetischer Spaziergang
Der Rundweg führt mit 13 Stationen 3 km um das Spargeldorf Effeld. Parkgelegenheit: Waldseestr./Ecke Bruchstr., Effeld. Faltblatt mit Karte und Beschreibung u.a. im Hotel Restaurant Landhaus Effeld, Dorfstr. 9

Premium-Wanderwege
Der „Birgeler Urwaldweg", eine mittelschwere, knapp 15 km lange Strecke durch urtümlichen Wald vorbei an Relikten des Westwalls, „Haus Wildenrath" und dem „Birgelener Pützchen", „Rode Beek", der grenzüberschreitend 11,5 km an der Gitstapper Wassermühle, am Effelder Waldsee und Schloss Daelenbroeck vorbeiführt, und „Meinvennen" 19 km durch Wald und Heide und das Naturschutzgebiet Lüsekamp und vorbei an der Eisenbahntrasse „Eiserner Rhein". Startpunkte:
„Birgeler Urwald": Hotel-Restaurant Rosenhof, Rosenthaler Str. 84. oder Naturschutzstation „Haus Wildenrath", Wegberg
„Rode Beek": u.a. Parkplatz an der L117 (Grenzübergang) in Rothenbach
„Meinvennen": Parkplatz gegenüber Ferienpark Elfenmeer, Meinweg 1 NL-6075 NA Herkenbosch www.wa-wa-we.eu

Wandern / Nordic Walking
In Wassenberg werden Wanderknotenpunkte und Glückspunkte (mit Schnitzeljagd für Kinder) eingeführt.
Sinnvolle Kartenwerke 1:25.000: Wanderkarte NRW 66 „Naturpark Maas-Schwalm-Nette (Südwestteil)", Wanderkarte NRW 67 „Naturpark Maas-Schwalm-Nette (Südostteil)", „Wandern in der Nationalparkregion Meinweg"

Radwandern
Radlern werden u.a. eine 63 km lange Kulinarische Schmugglerroute und die Effelder Radeltage geboten.

Effelder Waldsee/ Amici beach
Der See mit Naturfreibad bietet eine Liegewiese mit Sandstrand, Beach-Klub, Hüpfburgen, einen Aquapark (treibender

Sprungkissenparcours) sowie Möglichkeiten zum Wasserskifahren und Wakeboarden, Flyboarden/Hoverboarden, Tauchen und Segeln. Wald- und Wiesenwege laden zum Wandern und Laufen ein. **Kontakt**: Bruchstr. 32 Effeld, 069120066644, www.amicibeach.com
Segelclub Wassenberg-Roermond e.V., Waldseestr. 7, Effeld, 0162/2472727, www.segelclubwassenbergroermond.jimdo.com

Parkbad Wassenberg
Es gibt ein 25-m-Sportbecken, ein Entspannungs- und ein Kleinkinderbecken sowie eine 65-m-Black-Hole-Rutsche mit LED-Effekten und Bestzeitmessung und ein Außenbecken. **Kontakt**: Auf dem Taubenkamp 2, 02432/8911423, parkbad@wassenberg.de

Golfklub Residenz Rothenbach
Es gibt Einsteigerangebote und Schnupperkurse. **Kontakt**: Belgenstr. 10, Rothenbach, 02432/902209, info@gc-rothenbach.de

Tauchen
Wassenberger Tauchkeller Rolf Verheyden, Gebr.-Wright-Str. 2, 0163/2820621
Tauchschule Barakuda Peter Hilfgers, Johannes Gehlen-Str. 10, Orsbeck, 02432/2510, info@peters-diveshop.de

Angeln
Tagesscheine für das Angeln an der unteren Rur: Angelcenter Rupp, Jülicher Str. 28, 41836 Hückelhoven, 02433/2903, info@zoo-angelcenter.de
ARAL Tankstelle Karken, Roermonderstr. 41, 52525 Heinsberg, 02452/7601
Köder-Kiste, Vossemer Str. 46, 41812 Erkelenz-Gerderath, 02432/9331029

Kutsch- und Planwagenfahrten, Reiten und Reiterferien
Der Hof bietet Kutschfahrten und Reitkurse ab 5 Jahren und für Erwachsene, Ponyreiten, Ausritte, Reitturniere und Reitabzeichen. **Kontakt**: Reitstall Kringshof Marion Kaiser, Ophoven, 02432/20561 oder 0170/5818725, Mjtkaiser@aol.com

Reiten und Ponyfreizeit
Das Angebot ist vielfältig: Ausritte/Tagesritte, Reiten mit Handicap, Wiedereinsteiger/Angstreitertraining, Reiterferien, Ponyfreizeit, Kindergeburtstage, Motto-Ponywanderungen und Ponyspielgruppe. **Kontakt**: Freizeitreitschule Cremer Verena Jaroniak, Herrschaftliche Heide 2, 0176/63300279, www.freizeitreitschule-cremer

Feste und Veranstaltungen

Schlemmen und genießen
Neben dem Wassenberger Abendmarkt (April-Okt. 1. Fr ab 17 Uhr) gibt es das Effelder Dorf- und Spargelfest und das Waldfest in Birgelen an Christi Himmelfahrt, den Schlemmermarkt Rhein-Maas (August), das Weinfest (August) und den Weihnachtsmarkt.

Gartenzauber
In Verbindung mit der „Offenen Gartenpforte" feiert die Stadt im Mai für einen Tag ihre Grünanlagen.

Kunst- und Kulturtag
Rund um den Burgberg werden im Juni Malerei, Skulpturen, Literatur und Mitmachprogramme geboten.

Limburg Festival
In Wassenberg und Roerdalen (NL) werden im August internationales Straßentheater, Naturerlebnis und Radfahren kombiniert.

Weeze

(Kreis Kleve)

Die Gemeinde mit rund 10 500 Einwohnern liegt direkt an der niederländischen Grenze. Erste Spuren der Besiedelung des Gemeindegebiets stammen aus der Alt- und Mittelsteinzeit. Bedeutendster Fund ist ein Holzbrunnen, der auf etwa 450 v. Chr. datiert wird. Heute bietet Weeze Natur und Erholung rund um die Niers, alte Herrensitze und einen modernen Flughafen.

Büro für Kultur und Fremdenverkehr, Cyriakusplatz 13-14, 47652 Weeze, 02837/910-116, 02837/910-170, tourinfo@weeze.de, www.weeze.de

Sehenswertes

Haus Hertefeld

Das ehemalige Rittergut (1322 erstmals erwähnt) und spätere Barockschloss ist „Deutschlands einzige bewohnbare Schlossruine". Es verfügt über Säle, einen Schlosspark und 24 herrschaftliche originelle Übernachtungszimmer für Geschäftsleute und Familien, Schlossführungen, einen festlichen Rahmen für Konzerte, Veranstaltungen, Trauungen und Feiern und ist Teil des Projekts „Culture & Castles" (www.culture-castles.de). **Kontakt**: Hotel Schloss Hertefeld, Hertefeld 2, 02837/2035, schloss@hertefeld.com, www.hertefeld.com, www.uhu-lodge.com

Schloss Wissen

Das Wasserschloss aus dem 14. Jh mit Bauten aus dem 15.–19. Jh und einer neugotischen Schlosskapelle (1876–1878) bietet im Rahmen des Projekts „Cultures & Castles" Übernachtungszimmer, ein Trauzimmer, prächtige Säle, eine historische Mühle und stilvolle Veranstaltungsräume. **Kontakt**: Schloss Wissen Hotellerie, Schlossallee 21, 02837/53796958, 02837/9619-11, hotel@schloss-wissen.de, www.schloss-wissen.de

Alte Schmiede

Die Alte Schmiede dient als Kulturhaus Weeze für Veranstaltungen, Konzerte, Ausstellungen, Lesungen und Trauungen. **Kontakt**: Weeze denk mal kultur e.V., Alte Schmiede – Kulturhaus Weeze, Wasserstr. 7, info@schmiede-weeze.de, www.schmiede-weeze.de

Kriegsgräberstätte

Über 2000 deutsche Soldaten sind hier zur Ruhe gebettet. **Standort**: Uedemer Str.

Museen

Royal Air Force (RAF) Museum Laarbruch-Weeze e.V.

Alle Facetten aus 45 Jahren (1954–1999) Royal Air Force in Weeze werden anhand von Original-Exponaten wie Flugzeugcockpits, Uniformen, Flugabwehr, Schleudersitzen, Raketen, einer russischen Flak, Flugabwehrgerät, Aufklärungsmaterial und Tarnvorrichtungen und einem Diorama dargestellt. **Kontakt**: Flughafen-Ring 6 , 0178/1356324, laarbruch-museum@t-online.de, www.laarbruch-museum.net

Freizeit und Natur

Tierpark mit Waldlehrpfad und Greifvogelstation
Am Nierswanderweg liegt dieser schöne Tierpark mit Waldlehrpfad, Wildschweinen, Damwild und Eichhörnchen, Ziegen, Federvieh, Kaninchen, Pferden, Eseln, Nandus, Schafen, Vögeln, Spielgelegenheiten und einem Streichelzoo. Die Greifvogelstation Niederrhein ist hier beheimatet. **Kontakt**: Hertefeld 4 (an der B9/Fährsteg), 0172/ 2883923, tierpark.weeze@gmail.com www.greifvogelstation-niederrhein.de

Tiere zum Anfassen im frei zugänglichen Tierpark an der Schlossruine Hertefeld.

Natur-Erlebnis-Pfad
Entlang eines Niers-Altarms verläuft ein 2 km langer Naturerlebnispfad mit Barfußpfad, Waldmikado, Klanghölzern, Klettergarten am Waldrandparcours, Tierweitsprung und Zapfenzielwurf. **Standort**: östlich der B9, Zugang u. a. vom Tierpark aus

Wildschweingatter im Laarer Bruch
Der Wanderweg von Laar zur Wember Straße (Verlängerung der Flughafen Start- und Landebahn) führt durch ein Wildschweingatter. **Standort**: Eingang Laar GPS 51°36’21.25”N, 6°12’24.80”E

Niersfähre
Mithilfe einer Kurbel befördert die Seilfähre Fußgänger und Radfahrer über die Niers. **Standort**: Restaurant „Jan an de Fähr“, Höst-Vornicker Weg 9

Die Niersfähre am Restaurant „Jan an de Fähr“.

Wandern
Zum Wandern bieten Feld, Wald und Wiesen rund um Weeze, Nierswanderweg und Jakobsweg reichlich Gelegenheit.

Kartbahn Weeze
Es gibt auf 460 m Strecke neben Renn-,Ticket- und Doppelkarts Kinderkarts und -trainings, Karts für Menschen mit Handicap sowie Angebote für Gruppen und Events. **Kontakt**: GPN Grand-Prix-Niederrhein, Industriestr. 23-27, 02837/ 95105, info@kartbahn-weeze.de, www.kartbahn-weeze.de

Indoor Soccer Weeze
Katharinenstr. 1, 02837/963505, www.indoor-soccer-weeze.de

Kutschfahrten / Planwagenfahrten
Kutschfahrten Litjes, Niederhelsum 23a, 0172/2142249, www.kutschfahrten-litjes.de

Paddeln auf der Niers
Anlegestellen befinden sich am Schloss Wissen (Umtragestelle flussaufwärts), an der Wasserstraße 50 und beim Restaurant „Jan an de Fähr" (s. Niersfähre). Freizeit Schwarz, Holtumsweg 4, 02837/6760, info@freizeit-schwarz.com, www.freizeit-schwarz.com
Kevin's Pub, Weeze, 02837/8570, www.kevins-pub.de

Feste und Veranstaltungen

Großveranstaltungen am Airport Weeze
Mud Masters im Mai bietet Matsch und Hindernisse für sportliche Teilnehmer.

Parookaville
Ein überregional bekanntes Riesenfestival für elektronische Tanzmusik im Juli mit mehreren 10 000 Besuchern.

Q-Base
Gilt als kleiner Bruder von Parookaville und bietet im September Techno-Musik.

Halbmarathon
Diese sportliche Veranstaltung am Pfingstmontag gibt's seit 1979.

Schafschur
Im Mai werden die Schafe im Tierpark öffentlich geschoren. Die Besucher werden mit Getränke- und Essensständen versorgt.

Weezer Straßenparty
An einem Juliwochenende mit verkaufsoffenem Sonntag schlendern die Besucher entlang der Trödel-, Informations- und Verkaufsmeilen.

Der 5 x 5 km Staffellauf
Sportliche Veranstaltung im September, an der mehr als 200 Staffeln teilnehmen.

Weezer Weihnachtsmarkt
Am Samstag vor dem 1. Advent.

Wegberg

(Kreis Heinsberg)

Wegberg am Naturpark Schwalm-Nette wird „Stadt im Tal der Mühlen" genannt. Es liegen 14 Wassermühlen an der Schwalm und ihren Nebenflüssen. Der grenzüberschreitende Nationalpark De Meinweg lädt zum Wandern, Radfahren, Reiten und Lamawandern ein. Die Burg Wegberg und alte Burgmotten erinnern an die Vergangenheit der Region. Alte Reetdach-Fachwerkhäuser in Schwaam und im Angerdorf Rickelrath vervollständigen das idyllische Bild.

Stadtmarketing,
Rathausplatz 25,
41844 Wegberg,
02434/83-109,
02434/83-888,
stadtmarketing@stadt.wegberg.de,
www.wegberg.de

Sehenswertes

Burg Wegberg
Burgturm und Torbau stammen aus dem 14. Jh. Im Hotel-Restaurant wird Rittersessen angeboten. **Kontakt**: Burg Wegberg Catering GmbH, Burgstr. 8, 02434/9822-0, kontakt@burg-wegberg.de, www.burg-wegberg.de

▸ Pfarrkirche St. Peter und Paul mit Kreuzherren-Kloster
Die Kirche stammt im Kern aus dem 15.–16. Jh. Im 1744 erstmals erwähnten Kloster kann standesamtlich geheiratet werden. Zwischen Kirche und Rathaus befindet sich ein Gedenkstein für die Opfer des Nationalsozialismus. **Standort**: Rathausplatz 6

▸ Heiligkreuzkapelle
Die Kapelle stammt aus dem Jahr 1492 und enthält spätgotische Wandmalereien aus dem Jahr 1522. **Kontakt**: An der Kapelle4, Kipshoven, ✆ 02161/580661, GPS 51°07'49"N, 6°19'58,9"E

▸ Tüschenbroicher Mühle und Schloss
Am Schlossteich liegen das in Privatbesitz befindliche Schloss, die als Restaurant genutzte Getreidemühle mit oberschlächtigem Rad, ein Bootsverleih, ein Minigolfplatz, die Ölmühle, die frühbarocke Ulrichskapelle und eine Burgmotte auf einer Insel. **Kontakt**: Gelderhahner Str. 1, ✆ 02434/4280 (Restaurant), 🌐 www.tueschenbroicher-muehle.de

Die Tüschenbroicher Ölmühle.

▸ Ophover Mühle
Die Mühle, die ein Restaurant beherbergt, wurde bereits 1623 erwähnt. Innen befindet sich ein Balken mit der Jahreszahl 1795. **Kontakt**: Forst 14, ✆ 02434/8085385, 🌐 www.ophover-muehle.de

▸ Motte Aldeberg
Die Turmhügelburg gilt mit 12 m Höhe und 60 m Durchmesser als größte Burgmotte am Niederrhein, je nach Quelle sogar als größte und besterhaltene in Europa. Funde deuten auf eine Anlage Ende des 12. Jhs. hin. Um das Bodendenkmal ranken sich Spukgeschichten und ein Fürbitte-Kult mit Bindezauber-Brauchtum. Oben erinnert ein Kreuz an eine dort errichtete Kapelle. Eine weitere Motte befindet sich unmittelbar neben Haus Beeck. Standort: Anton-Raky-Str., Arsbeck, ab Schranke ca. 500 m SW, GPS ca. 51°8'47,6"N 6°11'45,4"E

Ein magischer Moment auf der Motte Aldeberg kurz vor Sonnenuntergang.

▸ Anton-Raky-Schlösschen, Aussichtsturm und Weinkeller
Malerisch im Wald liegt der ehemalige Aussichtsturm von Anton Raky, dessen alter Wein- oder Eiskeller sich an der Straße befindet, schräg gegenüber des hübschen Pförtnerhauses der Villa des Konstrukteurs und Unternehmers. Zwischen den Raky-Weihern hindurch geht ein Weg zur Motte Aldeberg (s.o.). **Standorte**: Anton-Raky-Str. 18, Aussichtsturm GPS 51°08'54,7"N 6°11'36,5"E / Eiskeller 51°08'54,1"N 6°11'36,9"E

▸ Grenzlandring (L3)
Der Grenzlandring galt 1948 bis 1952 als schnellste Rennstrecke der Welt. Nach Unfällen mit insgesamt 13 Todesopfern dient er heute als Umgehungsstraße.

Museen

▸ Flachsmuseum Beeck
In der fränkischen Scheune wird an den Flachsanbau erinnert. Es gibt ein kinderfreundliches Außengelände mit Grillhaus, Streuobstwiese, Bauerngarten und historischer Waschküche, alte Gerätschaften, Mundartnachmittage, Informationen zu Aussaat und Ernte sowie einen jährlichen „Flachstag“. **Kontakt**: Holtumer Str. 19a, ☏ 02434/927614 🌐 www.flachsmuseum.de, 🌐 www.heimatverein-beeck.de

▸ Museum für Europäische Volkstrachten
Festtagstrachten aus verschiedenen Jahrhunderten und ein kleines Leinenlädchen. **Kontakt**: Kirchplatz 7, Beeck, ☏ 02434/927615, 🌐 www.volkstrachtenmuseum.de, 🌐 www.heimatverein-beeck.de

▸ Mühlenmuseum Schrofmühle
Die 1558 erstmals erwähnte „einzige voll funktionsfähige Getreide- und Ölmühle dieser Art im Rheinland“ beheimatet die Dauerausstellung „Wegberg und das Tal der Mühlen“. **Kontakt**: Schrofmühle (Navi: Dülkener Str. 2), Rickelrath, ☏ 02431/2642, 🌐 www.schrofmuehle.de, GPS 51°09’30.93” N, 6°16’57.41”E

Freizeit und Natur

▸ ☺ Haus Wildenrath / Naturpark Schwalm-Nette und NABU-Naturschutzstation
Hier befindet sich ein Informationszentrum des Naturparks Schwalm-Nette. Das Außengelände beherbergt alte heimische Sorten im 1. Rheinischen Obstsortengarten, alte Haustierrassen, ein Weidenlabyrinth, einen Barfußlehrpfad und einen Wasserblick. **Kontakt**: Naturparkzentrum Wegberg-Wildenrath, Naturparkweg 2, ☏ 02432/ 902620, 🌐 www.npsn.de, 🌐 www.naturparkschwalm-nette.de
NABU Naturschutzstation „Haus Wildenrath“ e.V., ☏ 02432/933400, 🌐 www.nabu-wildenrath.de

▸ ☺ Lamawandern
Auf geführten Touren geleiten drei Lamas den unternehmungslustigen Naturfreund, der während der Wanderung den sensiblen Umgang mit den Tieren ebenso erlernt wie Wissenswertes über die Nationalparkregion Meinweg. **Kontakt**: Lama Tours, Unter den Buchen 9 (nicht der Startpunkt!), Dalheim, ☏ 02436/339795, ✉ dalheim@lama-tours.de, 🌐 www.lama-tours.de, 🌐 www.npsn.de

Bei der Lama-Tour wurden die beiden echte Freunde.

▸ Mühlentour
Die „Wegberger MühlenTour“ für Wanderer und Radfahrer besucht 27 Mühlen. Auf der Homepage gibt es Hintergrundinformationen. 🌐 www.wegbergermuehlen-leudalmolens.eu/

Wandern
Der Premium-Wanderweg „Birgeler Urwald" beginnt am Haus Wildenrath (s. Wassenberg). Weitere lohnenswerte Wanderziele sind die Erlebniswelt Schwalm und die Naturschutzgebiete Helpensteiner Bachtal / Schaagbachtal / Schwalmquellen, Schwalmbruch, Mühlen- und Knippertzbachtal, Meinweg und der Tüschenbroicher Mühlensee. Wanderrouteninformationen, Wanderroutenkarten (West und Ost und Naturpark Schwalm-Nette), Nordic-Walking-Routen und eine Broschüre mit Karte der Mühlentour gibt es beim Stadtmarketing. **Kontakt**: www.wegberg.de (unter Tourismus&Freizeit / Wandern und Radfahren)

Hallen-Indoorspielplatz Alpimaro
Auf 1600 m² werden ein Kleinkinderbereich, eine Spielburg, Indoor-Soccer, Billard, Airhockey, Tischtennis, ein Bällebad und ein Minikarussell geboten. Entspannung bietet eine Außenterrasse mit Waldblick. **Kontakt**: Industriestr. 9, 02434/992460/0163-2874924, alpimaro@aol.com, www.alpimaro.de

GrenzlandRingBad im Schul- und Sportzentrum
Es gibt ein Schwimmer-, ein Lehrschwimm- und ein Planschbecken und eine Sprunganlage. **Kontakt**: Masseiker Str. 67, 02434/5312 hallenbadwegberg@freenet.de, www.hallenbad-wegberg.de

Segeln
Kontakt: Sailing Dolphin, Flachsstr. 1, Beeck, 02434/2485 info@sailing-dolphin.de, www.sailing-dolphin.de

Angeln
Angelpark Tüschenbroicher Mühle, Gerderhahner Str. 1, 02434/4280
Angelpark an der Molzmühle, Im Bollenberg 34, . 02434/5840, info@angelpark-molzmuehle.de, www.angelpark-molzmuehle.de

Golf
Golf- und Landclub Schmitzhof, Arsbecker Str. 160, Merbeck, 02436/390902, www.golfclubschmitzhof.de
Golfclub Wildenrath e.V., Friedrich-List-Allee, Wildenrath, 02432/81500, www.gc-wildenrath.de

Nordic Walking
Im Nordic Walking Park Wegberg gibt es auf 41 km sieben Routen ab 5,8 km bis 10,4 km.

Kutsch- und Planwagenfahrten, Ponyreiten, Ausritte
Kontakt: Alexa's Ponyparadies, Alexa Jakobs, In Tüschenbroich 41, 02434/925665, info@alexas-ponyparadies.de, www.alexas-ponyparadies.de

Skateranlage, Basketballfeld und Dirtbike-Strecke
Standort: Masseiker Str.

Radwandern
Wegberg bietet Radrouten im Tal der Mühlen. Fahrradbus und Radroutenplaner: s. Erkelenz.

Feste und Veranstaltungen

Rosenmontagszug
Er findet alle zwei Jahre statt.

Frühlingsfest, Autoschau und Büchermarkt
Im April wird ein vielseitiges Fest gefeiert.

„Wegberg is(s)t gut"
Ein Schlemmerfest für Genießer im Juni.

Stadtfest
Buntes Fest im September mit verkaufsoffenem Sonntag.

Antoniusmarkt und Schützenfest
Im Juli.

Wegberger Mühlentour
Am zweiten Sonntag im September öffnen acht der mehr als 20 Mühlen ihre Türen für Besucher.

Kunsttour und „Kunst-Offensive“
Neben der Kunsttour im Kreis Heinsberg am 1. Sonntag im Mai präsentieren sich Ende August Künstler am und im ehemaligen Kloster. www.kunsttour-hs.de
www.kulturring-wegberg.de

Oldtimertreff
Von April bis Oktober treffen sich am 1. Sonntag im Monat Oldtimer auf dem Rathausplatz.
www.oldtimertreff-wegberg.de

Wegberger Winterzauber
Mit Eisbahn, Bierkasten-Curling und einem gemütlichen Weihnachtsmarkt.

Wesel

(Kreis Wesel)

„Wie heißt der Bürgermeister von Wesel?“ – „Esel!“ – Der Kinderreim sorgt dafür, dass jeder die Stadt mit gut 63 000 Einwohnern kennt. Tatsächlich findet sich der Esel überall im Stadtbild wieder. Die Kreisstadt am Rhein und an der Lippemündung ist stark durch ihre Geschichte geprägt und macht ihren Beinamen Festungsstadt und Hansestadt alle Ehre. Zur Hansezeit wurden hier Tuche hergestellt, und die prachtvolle Zitadelle gilt als die größte des Rheinlands. Rund um die Stadt laden Naturschutzgebiete zum Erkunden ein.

Stadtinformation Wesel
Weseler Verkehrsverein e.V.,
Großer Markt 11, 46483 Wesel,
0281/24498,
0281/20349980,
stadtinformation@weselmarketing.de
www.wesel-tourismus.de,
www.eaw-kreiswesel.de,
www.niederrhein-tourismus.de

Sehenswertes

Großer Markt mit Historischem Rathaus und Willibrordi-Dom
Das Rathaus wurde in der Mitte des 15. Jhs. erbaut und im Zweiten Weltkrieg zerstört. Die historische Fassade wurde 2010/11 rekonstruiert. An der Stelle des Willibrordi-Doms stand bereits 800 n. Chr. eine kleine Kirche. Die heutige spätgotische Basilika mit fünf Kirchenschiffen wurde 1501–1540 erbaut, der Turm bereits 1477/78. Interessant sind die spätgotischen Ziergewölbe und Standbilder des Großen Kurfürsten und Kaiser Wilhelms I.
www.historisches-rathaus-wesel.de,
www.dombauverein-wesel.de,
www.kirche-wesel.de

Berliner Tor und Hanseband
Das 1718–1722 erbaute Berliner Tor ist ein prachtvolles Zeugnis des preußischen Barocks. Von hier bis zum Großen Markt zieht sich das Hanseband, ein gepflastertes Band mit den Namen der 185 Städte des neuzeitlichen Hansebunds.
www.hanse-gilde-wesel.de

Denkmäler
Es wird u.a. der Schillschen Offiziere gedacht, die sich 1809 gegen Napoleon Bonaparte erhoben (Schillwiese 13), der Bombenopfer im Zweiten Weltkrieg (Alter Friedhof, Caspar-Baur-Str.) sowie der

großen Söhne und Töchter der Stadt wie Peter Minuit, „dem Mann, der Manhattan kaufte“ (Moltkestr. 13).

Alte Eisenbahnbrücke

Die damals nördlichste Rheinbrücke Deutschlands wurde 1872–1874 erbaut. Mit einer Gesamtlänge von 1950 m war sie zu ihrer Zeit die längste Rheinbrücke. Nach der Sprengung 1945 existieren lediglich noch Teile der Vorlandbrücken.

Die alte Eisenbahnbrücke auf der linksrheinischen Seite.

Schloss Diersfordt

Die Burg stammt aus dem frühen 14. Jh. Das heutige Schloss wurde ab 1929 erbaut. Es existieren noch das Porthaus aus 1432 und eine Rokoko-Kirche. Das Schloss beherbergt ein Hotel mit Veranstaltungsräumen, u.a. einem Kreuzgewölbesaal. Auf dem Gelände findet alljährlich im August das Sommerton-Festival statt. **Kontakt**: Am Schloss 3, 46487 Wesel, 02859/909630, www.schlosshotel-diersfordt.de, www.sommerton.de

Wallfahrtskirche St. Mariä Himmelfahrt in Ginderich

Die Marienwallfahrt ist wie die Kirche selbst bereits für 1190 urkundlich belegt. Der Westturm stammt noch aus dieser Zeit, Chor und Langhaus wurden zu Beginn des 14. Jhs. erbaut. Im Spätsommer findet eine Großeltern-Enkel-Wallfahrt statt.

Museen

Kulturzentrum Zitadelle mit dem LVR-Niederrheinmuseum Wesel, dem Städtischen Museum und den Schill-Kasematten

Im Kernbereich der früheren Festung, der Zitadelle, erwarten den Besucher ein beeindruckender Wall- und Grabenbereich und ein historisches Gebäudeensemble, das zwischen dem 17 und 19. Jh. erbaut wurde. Die gewaltigen Festungsanlagen rund um die Stadt entstanden seit 1687 auf Befehl des Großen Kurfürsten Friedrich Wilhelm von Brandenburg.

Das LVR-Niederrheinmuseum (früher Preußen-Museum) zeigt ab 2018 die Ausstellung „Wesel und die Niederrheinlande. Schätze, die Geschichte(n) erzählen“, die sich der Kulturgeschichte des Niederrheins vom frühen Mittelalter bis zum Ende der napoleonischen Epoche widmet. Es versteht sich als deutsch-niederländisches Museum und vermittelt die Geschichte der Region als Teil einer großen, heute grenzüberschreitenden Kultur- und Wirtschaftslandschaft.

Die Abteilungen „Festungsgeschichte“ (Anfang 2018 vorübergehend geschlossen) und „Schill-Kasematte“ des Städtischen Museums beschäftigen sich mit dem Leben in der Garnison und mit dem Aufstand der elf preußischen Offiziere gegen Napoleon Bonaparte im Jahr 1809 – dies im Zitadellen-Haupttor, in dem sie gefangen gehalten wurden. **Kontakt**: LVR-Niederrheinmuseum Wesel, An der Zitadelle 14-20, 46483 Wesel, 0281/33996-0 oder -320, preussenmuseum-wesel@lvr.de, www.preussenmuseum.de, www.lvr.de, www.rheinische-museen.de

Städtisches Museum -Abteilung Schill, An der Zitadelle 6 / Städtisches Museum – Abteilung Festungsgeschichte, An der Zitadelle 14-20, 0281/26623, staedtischesmuseum@wesel.de

Städtisches Museum – Galerie im Zentrum
Das Museum beherbergt in seiner „Schatzkammer“ spätmittelalterliche Tafelmalereien niederrheinischer Meister sowie das „Weseler Silber“. Zudem gibt es stadt- oder regionalgeschichtliche Sammlungen und Ausstellungen zeitgenössischer Kunst. **Kontakt**: Ritterstr. 12-14 (Am Kornmarkt), 46483 Wesel, ☏ 0281/2032350, ✉ staedtischesmuseum@wesel.de

Museum und Heimathaus Eiskeller im Schloss Diersfordt
Die Sammlung zeigt Exponate aus einem Gräberfeld der frühen Eisenzeit und eine Ausstellung zur 700-jährigen Geschichte des Schlosses und des Eiskellers sowie zur regionalen Tier- und Pflanzenwelt. **Kontakt**: Am Schloß 1A, 46487 Wesel, ☏ 02859/355 oder 375 ✉ info@heimatverein-diersfordt.de 🌐 www.heimatverein-diersfordt.de

Heimat- und Rheindeichmuseum Bislich
Hier finden sich Zeugnisse der Bislicher Geschichte, zur Entwicklung des Niederrheingebiets seit der Eiszeit über Deichbau, Hochwasserschutz, alte Handwerkstechniken bis hin zu einem historischen Nachen, einem Ziegelmuseum und einer Schmiede. **Kontakt**: Dorfstr. 24, 46487 Wesel, ☏ 02859/1519 ✉ museum@bislich.de 🌐 www.bislich.de

Historischer Schienenverkehr Wesel
Die Museumseisenbahn verkehrt mehrmals im Jahr zwischen der Rheinpromenade und der Haltestelle „Hohe Mark“. Beliebt sind die Nikolausfahrten. **Kontakt**: Historischer Schienenverkehr Wesel, Kiefernhügel 18, 46485 Wesel, 📠 0281/953066, 🌐 www.hsw-wesel.de

Altes Wasserwerk an der Lippe
Zu besichtigen sind ein Schachtbrunnen, eine Dampfpumpenanlage aus dem Jahr 1903 und eine 1924 gebaute Elektro-Kreiselpumpe. Es gibt einen Trinkwasser-Lehrpfad. **Kontakt**: Fusternberger Str. 90, 46485 Wesel ☏ 0281/9660242

Freizeit und Natur

Lippefähre „Quertreiber“
Die Gierseilfähre wird mit Muskelkraft bewegt. Sie ist Bestandteil mehrerer Rad- und Wanderrouten. Zufahrt: RWE-Str. 46485 Wesel (Norden) / HeikesBerg, 46485 Wesel (Süden)

Mit einer Handkurbel können sich Fußgänger und Radfahrer selbst über die Lippe befördern.

Bärenschleuse
Die betriebsfähige kleine Schleuse an der Issel stammt aus dem frühen 17. Jh. und versorgte die Gräben der Stadtbefestigung mit Wasser. **Standort**: Bei Lackhausen zwischen „Wurmflakstr.“ und „An der Issel“, GPS 51°41’3.47”N, 6°40’6.17”E

NABU Naturarena
Auf 7000 m² befinden sich Lebensräume wie Streuobstwiesen, Totholz- und Käfer-, Kräuter- und Schmetterlingsgärten, eine Insektenwand, Nistmöglichkeiten, Naturteiche, Feuchtwiesen und vieles mehr. **Kontakt**: Auf dem Mars, 46487 Wesel, 02859/492 wwww.nabu-wesel.de

Naturschutzgebiete
Das Naturschutzgebiet und NATURA 2000-Projekt Diersfordter Wald mit Wildgatter (Schwarz-, Rot-, Dam- und Muffelwild) und dem Schwarzen Wasser, einem Heideweiher, der bereits seit 1936 als Naturschutzgebiet anerkannt ist, gilt als der größte zusammenhängende bodensaure Eichenwald in NRW und weist eine vielfältige Tier- und Pflanzenwelt auf. Im Norden befindet sich das Heidemoor „Großes Venn". Das europäische FFH-Gebiet und Renaturierungsprojekt „Weseler Aue" lässt sich auf eigene Faust mithilfe einer App erkunden. In den Rhein- und Lippeauen und an der Lippemündung befinden sich weitere Naturschutzgebiete. In Bislich lassen sich sowohl Wildgänse als auch Störche bewundern. **Kontakt**: Biologische Station, Freybergweg 9, 46483 Wesel, 0172/1041639, www.bskw.de www.wildgaense-niederrhein.de www.biostation-wesel.de Storchencam: www.bislich.de www.wesel-tourismus.de www.natur-erleben-nrw.de

Wandern
Nach, um und durch Wesel führen der Jakobsweg, der Klompenweg Arnheim-Duisburg und der Hohe-Mark-Steig sowie verschiedene Wanderwege von 2 bis 14 km Länge.
www.wesel-tourismus.de
www.hohe-mark-tourismus.de
www.lwl.org/LWL/Kultur/jakobspilger

Auesee und Rheinauepark
Der Auesee bietet eine Badebucht mit Liegewiese, Sandstrand, gekennzeichnetem Nichtschwimmerbereich und Kiosk, einen Hundestrand, einen Strandabschnitt für Surfer, eine Slipanlage für kleine Segelboote und ein Tauchrevier. **Kontakt**: Auedamm, 46487 Wesel, 0281/27229, www.wesel.de www.barakuda-wesel.de www.tauchen-wesel.de www.sv-bislich.de www.surfen-wesel.de www.yachtclubwesel.de www.yachtabteilung.de, Angeln (auch im Rhein) www.asvwesel.com

Flugplatz Wesel-Römerwardt
Rundflüge mit Segel- oder Motorflugzeugen, Gyrokopterflüge und Fallschirm- oder Tandemsprünge werden angeboten. **Kontakt**: Karl-Jatho-Str. 10, 46487 Wesel, 0281/23668 www.lsf-wesel-rheinhausen.de

Minigolfanlage
Die Anlage steht Besuchern offen. Jährlich im August findet ein „Jedermann-Turnier" statt. **Kontakt**: 1. Minigolf-Sportclub Wesel e.V. Rheinpromenade 11, 0281/25369, msc-wesel@web.de, www.minigolf-wesel.de

Rheinbad
Das beheizte Freibad bietet einen Blick auf den Rhein, Sport- und Sprung-, Erlebnis- und Kinderbecken, einen Wasserspielgarten und einen Bachlauf. **Kontakt**: Rheinpromenade 1, 0281/29043, www.baeder-wesel.de

Heubergbad & Heubergsauna
Ein Familien-Spaßbad mit Saunabereich, Kursen und Veranstaltungen. **Kontakt**: Gantesweilerstr. 6, 46483 Wesel, 0281/9660-400, www.baeder-wesel.de

Bislichbad
Ein kleines Schulbecken mit Hubboden – regelmäßig Spiel- und Aktionstage. **Kontakt**: In den Plenken, Bislich, 02859/596, www.baeder-wesel.de

Eislaufcenter Wesel
Kontakt: Ackerstr. 149, 46483 Wesel,
0281/60446/7,
eislaufcenter@eistreff-wesel.de,
www.eislaufcenter-wesel.de

Rundfahrten auf dem Rhein
Der Nachbau eines Mississippi-Dampfers bietet Rundfahrten ab Wesel nach Xanten oder Rees sowie Tages- oder Kombifahrten in Richtung Düsseldorf, Duisburg, Arnheim und Nimwegen. Weitere Anlegestellen sind Rheinberg-Orsoy und Voerde-Götterswickerham. **Kontakt**: Fahrgastschiff River Lady, 0281/82422, www.river-lady.de

Fährverkehr Bislich – Xanten
Personenfähre „Keertröch" (keine Autos)
Kontakt: Heimatverein Bislich e.V., Marwick, 46487 Wesel, 0151/22988089, faehre@bislich.de, www.bislich.de

Kanu fahren auf der Lippe
www.kanufreundelippe.de
www.weseler-kanu-club.de

Radwandern
Neben Rheinradweg, NiederRheinRoute, Römer-Lippe-Route, Boxteler Bahn und 3-Flüsse-Route hat die Stadt Wesel einige Touren ausgearbeitet.
www.wesel-tourismus.de

Städtisches Bühnenhaus Wesel
Das Theater bietet ein breitgefächertes Programm. www.wesel.de

Veranstaltungen

EselRock
Das Open-Air-Festival findet bei freiem Eintritt im Frühsommer im Heubergpark statt.
www.eselrock.de

Drachenbootregatta
Im August findet auf dem Auesee ein spannendes Rennen statt.
www.drachenboot-wesel.de

Frühlingsfest
Mit „Immobilia" sowie „Rund ums Grün" werden am ersten April-Wochenende u.a. Trends für Haus und Garten präsentiert.

Wesel erleben
Innenstadtfest mit verkaufsoffenem Sonntag im Mai.

Sommerton-Festival
Auf dem Schlossgelände Diersfordt wird im August/September an drei Tagen Jazz und Weltmusik geboten.
www.sommerton.de

Weseler Kulturnacht mit Kinderkulturnacht
Im September werden verschiedene Orte in der Innenstadt bespielt, und zwar drinnen und draußen. Zielgruppe der Kinderkulturnacht sind Kinder ab sechs Jahren, die die kunterbunte Welt der Kultur erleben können.

Oktoberfest
Für zwei Tage findet Bayern am Niederrhein statt, mit Festzelt und Gaudi-Musik.

Historisches Hansefest
Am letzten Wochenende im Oktober wird mit einem mittelalterlichen Fest an den Beitritt Wesels zur Hanse im Jahre 1407 erinnert.

Nikolausmarkt
An drei Tagen im Dezember stimmen sich die Menschen in Wesel auf Weihnachten ein.

Weseler Winter
Mit Eisfläche vor dem Berliner Tor (Ende Nov. bis Mitte Dez.), einer Stadtmeisterschaft im Eisstockschießen und selbstverständlich den traditionellen Weihnachtsständen.

Willich

(Kreis Viersen)

Den 50 000 Einwohnern der Festspielstadt Willich bieten sich vielfältige Freizeitmöglichkeiten. Überregional bekannt sind die Schlossfestspiele im Park von Schoss Neersen.

Stadt Willich,
Hauptstr. 6, 47877 Willich,
02156/949-165,
02156/949-101,
info@stadt-willich.de,
www.stadt-willich.de

Sehenswertes

Schloss Neersen
Das Schloss entstand als „Motte" vor ca. 800 Jahren. 1661 und 1696 wurde es als Schloss ausgebaut, das von einem Brand vernichtet wurde. Heute dient es der Stadt Willich als Verwaltungssitz. Im Park finden im Sommer die Schlossfestspiele statt (s.u.). **Kontakt**: Hauptstr. 6, 02156/949-132, www.festspiele-neersen.de

Alt-Willich
In Alt-Willich gibt es mehrere Patrizierhäuser, besonders auf der Bahnstraße.

Wallfahrtskapelle Klein-Jerusalem in Neersen
Die Kapelle wurde 1660 erbaut, um den Menschen die „ersten und die letzten Tage des Herrn" nahezubringen. Heute kommen Pilger und Hochzeitspaare hierher. Rund um die Kapelle wird eines der acht Willicher Schützenfeste gefeiert. **Kontakt**: Vinhovenplatz, 47877 Willich-Neersen, 02154/5205 und 811929, www.ig-kapelle-klein-jerusalem.de

Museen

Temporäre Galerie der Stadt Willich Schloss Neersen
Hier präsentieren Künstler ihre Werke in wechselnden Ausstellungen.
Schloss Neersen 02156/949-605, www.stadt-willich.de

Historisches Gefängnismuseum Niederrhein
Die Königlichen Potthusaren (Schützengruppe aus JVA-Bediensteten) zeigen alltägliche Dinge und Kuriositäten. **Kontakt**: Gartenstr. 3, Anrath, 02156/4998-518 oder 825, www.jva-willich1.nrw.de/behoerde/museum/index.php

HALLE 31, Nutzfahrzeugmuseum Willich e.V.
Eine Sammlung von LKW, Traktoren und Nutzfahrzeugen mit Spezial-Buchladen für Oldtimer- und Nutzfahrzeug-Literatur. **Kontakt**: Halle 31, Gießerallee 9, 02154/48280, www.lkw-museum.de,

Heimatmuseum KampsPitter Schiefbahn
Ausstellung heimatlicher Geschichte bis zurück in die römische, fränkische und

preußische Zeit. **Kontakt**: Albert-Oetker-Str. 108, Schiefbahn, 02154/9540180, www.heimatverein-willich.de

Freizeit und Natur

Eva-Lorenz-Umweltstation

In der Umweltstation im Schlosspark dreht sich alles um Fragen und Antworten für Kinder rund um die Natur. Verschiedene Programme, auch für Kindergeburtstage, werden angeboten. 02156/949267, www.stadt-willich.de/de/bauenundumwelt/eva-lorenz-umweltstation-6904822/

Parks und Gärten

Öffentliche Parks und Gärten sind u.a. die Schlossgärten Neersen mit Rosarium, der Theodor-Heuss-Park Anrath und der Konrad-Adenauer-Park Willich mit Sport- und Freizeitzentrum.

Okidoki-Kinderland

Ein riesiger Indoorspielplatz mit Piratenschiff-Kletterturm, Kleinkinderbereichen, Rutschen Wabbelberg, Leuchtturm, Indoor-Fußball, Außenbereich, Nischen für Kindergeburtstage u.v.m. **Kontakt**: Frankenseite 85, 02154/95420, www.okidoki-kinderland.de

Piratenschiff und Burg im Okidoki-Kinderland.

Waldpark Willich

Biergarten, Holzspielplatz und Spielparadies mit Hüpfburgen und luftgefüllten Attraktionen, teils mit Wasser. **Kontakt**: Im Eschert 41, 02154/4868590, www.waldpark-willich.de

Ein „Leuchtturm" zum Klettern im Waldpark Willich.

Freizeitbad De Bütt

Ein großes Freizeitbad mit Hallenbad (mehrere Becken), Freibad, Variobad, Sauna, 90-m-BlackHole-Rutsche und 3-m-Sprungturm, Kursen und Veranstaltungen. **Kontakt**: Zum Schwimmbad 1, 47877 Willich, 02154/949494, www.debuett.de

Golfclub Duvenhof e.V.

18-Loch-Anlage und Übungszentrum mit öffentlichem 9-Loch-Platz und Golf-Trimm-Dich-Pfad. **Kontakt**: Hardt 21 47877 Willich 02159/911093 www.duvenhof.de Golfschule: www.GolfAcademy-MB.de

„Sport im Park"

Von Mai bis September gibt es im Schlosspark kostenfrei und ohne Anmeldung Sportkurse: funktionelles Training, Zumba, Tai Chi, Capoeira, Yoga und Qigong. **Kontakt**: Hauptstr. 6, 47877 Willich www.ksb-viersen.de

Polo
Deutschlands zweitgrößter DPV-Verein spielt und trainiert auf dem Feld am Hülsdonker Hof. Es finden regelmäßig Turniere statt. Zuschauer sind willkommen. **Kontakt**: Zum Hülsdonker Hof 31 (Navi Am Klapptor 122), 02154/40025, www.rheinpolo.de

Radball/Kunstradsport
Kontakt: RSC „Blitz" Schiefbahn 1932 e.V. mit Radball-, Kunstrad- und Radtouristik-Abteilung, Sporthalle Albert-Oetker-Str. 98, www.blitz-schiefbahn.de
Radsportverein OPEL 1924 e.V. Neersen (Kunstradfahren), 02154/429548 oder 7321 www.rsvopelneersen.npage.de

American Football Schiefbahn Riders e.V.
Kontakt: Sportanlage Jahnstadion, Siedlerallee 27, 02156/4965582, www.schiefbahn-riders.de

Skateboardanlagen
Willich: am Sport- und Freizeitzentrum / Anrath: am Bahnhof / Wekeln: Aktionsraum am Bonnenring

Boßeln und Bügeln
Das „Bügeln" ist mit dem Kegeln und dem Boulespiel verwandt. Das ähnliche Boßelspiel stammt aus den deutschen Küstenregionen. **Kontakt**: Bügelbahn: Domgarten 11 / Geschäftsadr.: BBC-Willich 1979 e.V., Peterstr. 42, 02154/896494, www.bbc-willich.de/

Veranstaltungen und Feste

Neersener Schlossfestspiele
Fast zwei Monate lang gibt es in den Sommermonaten Freilicht-Theateraufführungen für Groß und Klein. Bei den „Jungen Schlossfestspielen" können junge Menschen Schauspielunterricht nehmen und an einem „Impro-Battle" teilnehmen.
www.festspiele-neersen.de

Anrather Tulpensonntagszug
Straßenkarneval, veranstaltet vom Karnevalszugverein Aach Blenge 1969 Anrath e.V.

Neersener Kinder-Rosenmontagszug
Um 14.11 Uhr startet der Umzug am Minoritenplatz.
www.kg-schlossgeister.de

Schützenfeste
Das Willicher Schützenfest ist nach Neuss das zweitgrößte am linken Niederrhein und wird im Juli gefeiert.

Stadtfest
u.a. City-Fest im September mit vielseitigem Programm.

Weihnachtsmarkt
Der Weihnachtsmarkt am Schloss verbreitet eine besondere Atmosphäre.

Xanten

(Kreis Wesel)

Der Luftkurort Xanten mit ca. 22 000 Einwohnern blickt auf eine mindestens 2000-jährige Geschichte zurück, deren Anfänge im Archäologischen Park eindrucksvoll dargestellt sind. Zudem ist sie Schauplatz der Siegfriedsage. Der Ortsteil Marienbaum ist bekannt für seine Marienwallfahrt. Xanten ist die einzige deutsche Stadt mit dem Anfangsbuchstaben X.

Tourist Information Xanten GmbH, Kurfürstenstr. 9, 46509 Xanten, ✆ 02801/772-200, 🖷 02801/772-199, ✉ info@xanten.de, 🌐 www.xanten.de

Sehenswertes

▸ Altstadt

Ein historischer Stadtführer ist bei der Tourist Information erhältlich. Höhepunkte sind das Klever Tor, das Mitteltor aus dem Jahr 1392 (ein Relikt aus der Teilung der Stadt in einen kurkölnischen und einen klevischen Bereich), Mauerreste der Bischofsburg aus dem 10. Jh., ein romanischer Turm aus dem 11. Jh. (heute Teil der Xantener Marienschule) und die Stadtbefestigung mit Mauerturm und Meerturm am Westwall sowie Schweineturm und Rundturm am Nordwall. Zeugnisse der Vergangenheit sind ebenso das Gotische Haus von 1540 mit original erhaltenem Holzwerk, das Arme-Mägde-Haus mit gotischem Treppengiebel aus dem späten 16. Jh., das um das Jahr 1493–1509 errichtete Südportal der Stiftsimmunität und die 1648/49 erbaute evangelische Kirche mit darunter liegender Begräbnisstätte.

▸ St.-Viktor-Dom

Viktor von Xanten war im 4. Jh. ein christlicher Legionär und wurde im Amphitheater Veteras hingerichtet. Seitdem gilt er als Märtyrer und Schutzpatron. Der prachtvolle, Ehrfurcht gebietende Dom wurde möglicherweise über seiner Grabstätte errichtet. Er wurde mit der Stiftsbibliothek und dem heutigen Stiftsmuseum ab 1263 erbaut. **Kontakt**: Kapitel 8, ✆ 02801/71310, 🌐 www.sankt-viktor-xanten.de, 🌐 www.xantener-dombauverein.de

Ehrfurcht gebietend und eindrucksvoll: der Xantener Dom.

▸ Kriemhildmühle

Auf der Stadtmauer thront diese voll funktionsfähige Mühle. Im Laden gibt es frisch gebackenes Brot und Naturprodukte, am Fuße der Mühle werden Kaffee und Kuchen serviert. Es werden Führungen und Workshops angeboten. **Kontakt**: Nordwall 5, ✆ 02801/6556, 🌐 www.kriemhild-muehle.de, 🌐 www.muehle.xanten.de

▸ Amphitheater Birten

Auf dem Fürstenberg wurde ca. 13/12 v. Chr. das römische Legionslager Vetera errichtet. Ein begehbares Zeugnis dieser Zeit ist das Amphitheater in Birten, in dem Freilicht-Aufführungen stattfinden. **Standort**: Römerstr. 30

Museen

Archäologischer Park / LVR Römermuseum

Deutschlands größtes archäologisches Freilichtmuseum ist vollgestopft mit Wissen zum Anfassen und Staunen. Die Ausstellung präsentiert sich mit Audio-Guides und Apps auf dem neuesten Stand der Technik. Jedes Jahr findet ein großes Fest statt, an vielen Sommerwochenenden kleinere, nicht weniger interessante Veranstaltungen. Besonders prachtvoll ist das Römerfest „Schwerter, Brot und Spiele“, das jedes zweite Jahr (gerade Jahreszahlen) stattfindet.

Auf dem historischen Gelände werden in Original-Dimensionen Nachbauten und Überreste der römischen Stadt Colonia Ulpia Traiana präsentiert, die um 100 n. Chr. gegründet wurde. Im 2. Jh. bewohnten 10–15 000 romanisierte Gallier und Germanen und ehemalige Legionäre und deren Angehörige die Stadt, die nach dem Kaiser Marcus Ulpius Traianus benannt wurde. Sie war der zweitwichtigste Handelsposten in der Provinz Germania inferior nach Claudia Ara Agrippinensium (Köln).

Das monumentale Amphitheater mit seiner Arena und der schneeweiße Hafentempel mit seinen Säulen zeigen eindrucksvoll parallel zueinander Originalfundamente und -relikte und den Nachbau der alten Herrlichkeit. An der nahe gelegenen Werft werden römische Schiffe rekonstruiert und nachgebaut. In Handwerkshäusern und auf der Stadtmauer lässt sich das Leben in dieser römischen Stadt lebhaft nachvollziehen. Im Museum können neben vielfältigen Exponaten, deren Höhepunkt sicherlich der alte römische Lastkahn bildet, Überreste der Großen Thermen aus greifbarer Nähe bewundert werden. Sie wurden mit einem Schutzbau aus Stahl und Glas überbaut

Kein Modell, sondern eine echte Luftaufnahme: Das Amphitheater und Teile des LVR-Archäologischen Parks mit der Xantener Südsee im Hintergrund.

und sind mit begehbaren Stegen „überbrückt".
Eingänge: Am Rheintor / Am Amphitheater / LVR-RömerMuseum: Siegfriedstr. 39
Verw.: Bahnhofstr. 46-50, 02801/712-0
www.apx.lvr.de
Führungen: 02801/ 988-9213,
xanten@kulturinfo-rheinland.de,

Stiftsmuseum

Der Besucher begibt sich auf eine Zeitreise durch 2000 Jahre Kirchengeschichte und kann den prachtvollen Kirchenschatz, Reliquien, Handschriften, erste Buchdrucke und kirchliche Gewänder bestaunen. Für Kinder gibt es einen Audioguide, ein Entdeckerhandbuch und Rätsel.
Kontakt: Kapitel 21, 02801/9877820,
info@stiftsmuseum-xanten.de,
www.stiftsmuseum-xanten.de

Siegfried-Museum

Der Betrachter erfährt alles über die Siegfriedsage und die zugehörige Dichtung, das Nibelungenlied und seine Ursprünge vor 1500 Jahren. Ein Teil der Sammlung befasst sich mit der Wirkungsgeschichte und dem Missbrauch der Sage zu Propagandazwecken. **Kontakt**: Kurfürstenstr. 9,
02801/772-200,
www.siegfriedmuseum-xanten.de

Dreigiebelhaus

Das historische Gebäude enthält neben Stadtbücherei und Dom-Musikschule eine Galerie, das LVR-Kulturschaufenster Rheinblick und die Dauerausstellung des Keramikkünstlers Josef Hehl. **Kontakt**: Kapitel 18 – Verein Stadtkultur: 02801/772-243,
www.stadtkultur-xanten.de
Galerie: 01520/1798532

Wallfahrtsmuseum Marienbaum

1430 erschien einem gelähmten Hirten im Traum eine Eiche, in deren Krone er das Bildnis der Mutter Gottes erblickte. Der Hirte fand den Baum und das Bild, betete und wurde wieder gesund. Seitdem suchen Wallfahrer die Stelle auf, an der 1438–1441 eine Kapelle errichtet wurde. Im Wallfahrtsmuseum werden echte Reliquien oder deren Nachbildungen und eine Statue des Heiligen Jakobus aus dem 18. Jh. ausgestellt. Das Gnadenbild befindet sich in einem Barockaltar in der Kirche. **Kontakt**: Wallfahrtsbüro St. Mariä Himmelfahrt, Klosterstr. 23, Marienbaum, 02804/370,
www.sankt-viktor-xanten.de

Museum rund ums Geld

In diesem „ersten Geldmuseum NRWs" beeindrucken alte Münzen und Scheine, eine Münzprägemaschine, Schilder, Spielautomaten, Geldwechsler, Kassenschalter, Zeitungsartikel u.v.m. **Kontakt**: Am Kerkend 7, Wardt, 02801/9856888,
info@geldmuseum-xanten-wardt.de,
www.geldmuseum-xanten-wardt.de

Freizeit und Natur

Naturforum Bislicher Insel

In der Auenlandschaft auf der Halbinsel am Altrheinarm wurden neben Bibern, Amphibien, Wildgänsen, Weißstörchen, Kormoranen, Reihern, Buntspechten, Uferschnepfen, Austernfischern, Fisch- und Seeadler gesichtet. Rinder und Schafe begleiten den Besucher. Das Naturforum mit benachbartem Café bietet eine interaktive Ausstellung auch für Kinder. **Kontakt**: Bislicher Insel 11, 0 28 01/98 82 30,
naturforumbislicherinsel@rvr-online.de,
www.naturforum-bislicher-insel.de,
www.auencafe.de, GPS: 51°39'14.98"N, 6°30'6.87"E, Zugang: 51°39'17.20"N, 6°29'54.72"E

Archehof Gamerschlagshof
Am Lernort Bauernhof gibt es Hofführungen, Schatzsuchen für Kinder, Rundgänge und vieles mehr. **Kontakt**: Grenzdyck 3, 0171/3716008, http://archehofundlernbauernhofxanten.chayns.net/aboutus

Weidenhof
Der erlebnispädagogische Hof bietet Urlaub und Programme für Gruppen und Schulklassen. **Kontakt**: Trajanstr. 14a, 02801/7009652, www.weidenhof-xanten.de/

Naturlernpfad Marienbaum
Auf 3 km gibt es 14 Stationen rund um das Leben in Wald, Feld und Wiese. Startpunkt: Parkplatz Korte-Veens-Weg/Ecke Uedemer Str. www.xanten-live.de
www.wanderwegewelt.de

Wandern
Neben dem Europäischen Fernwanderweg E8 führt Weg 4 der Rheinischen Jakobspilgerwege durch Xanten. Die Stadt bietet Rundwanderwege von 7,2 bis 13,5 km Länge an. Uedemer Hochwald, Fürstenberg, Hees, das Naturschutzgebiet Grenzdyck, Gut Grindt, Rheinaue und Reeser Schanz und die Xantener Nord- und Südsee laden zum ausgiebigen Erkunden ein.

Freizeitzentrum Xanten
„Xantener Südsee" und „Xantener Nordsee" bieten ein buntes Freizeitprogramm. Im Hafen Xanten können Fun-Tretboote und Donuts (Funboote für max. 10 Pers.) ausgeliehen werden. Adventure-Golf, Boule und Cross-Boccia sowie ein Spielplatz ergänzen das Angebot. In Wardt gibt es ein Strandbad mit Stand-Up-Paddling und einem Wibit Sports-Park mit verbundenen Spielmodulen zum Rutschen, Klettern, Rennen und Springen, sowie die Möglichkeit, Wasserski (mit Seilbahn) zu fahren. Im Hafen Vynen gibt es einen Bootsverleih mit Fun-Tret- und Elektrobooten, Kanus und Partyflößen sowie eine Segelschule und einen Spielplatz. **Kontakt**: FZX Info-Center, Am Meerend 2, 02801/715656, info@f-z-x.de, www.f-z-x.de

Fahrgastschiff Seestern
Das Ausflugsschiff fährt von April bis Oktober von allen drei Häfen aus über beide Seen. Fahrtdauer gesamt: 1,5 Stunden. **Kontakt**: Nachtigall GmbH, Alt-Vynscher Weg 5a, 02804/9489958, info@seestern-xanten.de, www.seestern-xanten.de

Adventure Park
Der Hochseilgarten mit drei Ebenen in 1,5 bis 10 m Höhe funktioniert nach dem Durchlaufsystem, bei dem die Teilnehmer das Sicherungsseil während des Durchlaufs nicht umhängen müssen. Es gibt einen Niedrigseilgarten, einen Kinderparcours und eine Riesenschaukel mit freiem Fall. **Kontakt**: Strohweg 2, Wardt / Büro: Alter-Rhein-Weg 31, 02801/9879472, info@adventurepark-xanten.de, www.adventurepark-xanten.de

Schul- und Sportbad Xanten (Hallenbad)
Kontakt: Heinrich Lensing Str. 5 (im Schulzentrum), 02801/9589, www.schwimmfreunde-xanten.de

Bauerngolf am Moerenhof
Neben Schlafen im Heu und einem Café werden Bauerngolf und ein erlebnispädagogisches Programm geboten. **Kontakt**: Mörmterer Str. 7, 02804/375 oder 02804/182851, moerenhof@gmail.de, www.moerenhof.de

Ballon fahren
Michael Krämer, Holzweg 24, 02801/70877 info@wolkentaxi.de

www.wolkentaxi.de
Aeronautics Ballonfahrt, Veener Weg 46, Beek, 02801/90298, info@aeronautics-qb.de

Reiten
Ausgeschilderte Reitwege im Waldgebiet Hees, Uedemer Hochwald, Tüschenwald.

Fährverkehr Bislich – Xanten s. Wesel

Angeln
Angeln im Rhein: Angelscheine bei Angelsport Elsner, Niederstr. 40a
Angeln in der Xantener Nord- und Südsee: Bootshäfen Xanten, Vynen und Wardt, 02801/7156-56

Radwandern
Neben den Radwegen Boxteler Bahn, Römerroute, Via Romana, 2-Länderroute, Rheinradweg, NiederRheinroute gibt es 12 „hauseigene" Tagesrouten mit GPS mit 16–57 km Länge.

Feste und Veranstaltungen

Siegfried-Spektakel
Ab Christi Himmelfahrt findet am Nordwall das viertägige Mittelalterfest mit Reiterspielen, Markt und feuerspeiendem Drachen statt.

Schottisches Festival
Im Kurpark am Ostwall finden im Juni musikalische und sportliche Wettbewerbe wie eine Dudelsackmeisterschaft und Highland Games statt. www.scotfest.de

Römerfeste im LVR-APX
Neben Sonderveranstaltungen an den Wochenenden gibt es jährlich im Wechsel das spektakuläre Römerfest „Schwerter, Brot und Spiele" und ein Museumsfest.
www.apx.lvr.de/de

Oktoberfest
Das F-Z-X ist Schauplatz zahlreicher Veranstaltungen. Höhepunkt im Jahreslauf ist das große Oktoberfest. www.f-z-x.de

Karneval („Blutwurstsonntagszug")
Alle zwei Jahre gibt es diesen Karnevalsumzug, auf dem statt Bonbons Blutwurst verteilt wird.

Wein- und Musikfest
Im Mai stellen zahlreiche Winzer ihre Weine vor.

„Viktortracht"-Prozession
Die Propsteigemeinde St. Viktor feiert im Oktober ihr Patronatsfest. Die Reliquien des Heiligen werden in dem kleinen Viktorschrein durch die Straßen der Stadt getragen.

Weihnachtsmarkt
Das Turmblasen an Heiligabend gehört für viele Xantener, neben dem eigentlichen Weihnachtsmarkt, zu den traditionellen Ritualen im Dezember.

SEHENSWERTES

In (fast) jedem Ort finden Besucher Burgen, Schlösser und Kirchen, Frei- und Hallenbäder, Heimat- und Regionalmuseen sowie Wanderwege und Fahrradrouten.

Altstädte und historische Ortskerne

Brüggen ... 9
Dinslaken ... 13
Dormagen ... 16
Erkelenz ... 23
Geldern ... 29
Goch ... 33
Grevenbroich ... 39
Hamminkeln ... 41, 42
Hünxe ... 49
Isselburg ... 52
Issum ... 54
Kaarst ... 59
Kalkar ... 61
Kempen ... 68
Korschenbroich ... 81, 82
Kranenburg ... 84
Krefeld ... 87, 88
Meerbusch ... 93
Mönchengladbach ... 95
Moers ... 102
Nettetal ... 107
Neuss ... 114
Rees ... 122
Rheinberg ... 125, 126
Rommerskirchen ... 130
Schermbeck ... 132
Schwalmtal ... 136
Selfkant ... 138
Straelen ... 143
Tönisvorst ... 145
Uedem ... 149
Viersen ... 151, 152
Wachtendonk ... 158
Waldfeucht ... 161
Wassenberg ... 164
Wesel ... 173
Willich ... 178
Xanten ... 181

Gartenstädte und Bergarbeitersiedlungen

Dinslaken ... 13
Hückelhoven ... 46
Kamp-Lintfort ... 65
Moers ... 103
Neukirchen-Vluyn ... 111
Rheinberg ... 126

Gedenkstätten und Mahnmale, Denkmäler

Bedburg-Hau ... 6
Gangelt ... 25
Kleve ... 76
Krefeld ... 88
Meerbusch ... 93
Straelen ... 144
Übach-Palenberg ... 148
Uedem ... 149
Voerde ... 157
Wesel ... 173

Grabstätten, historische Friedhöfe

Issum ... 55
Kamp-Lintfort ... 65
Kleve ... 77
Weeze ... 167

Halden

Hückelhoven ... 48
Moers ... 104
Neukirchen-Vluyn ... 112

Industriedenkmäler

Neukirchen-Vluyn ... 111
Wesel ... 175

Mühlen

Brüggen ... 9
Emmerich ... 20
Erkelenz ... 24
Gangelt ... 25
Geldern ... 30
Hamminkeln ... 42
Heinsberg ... 45
Issum ... 54, 55
Kaarst ... 59
Kempen ... 69
Kleve ... 78
Kranenburg ... 85
Krefeld ... 88
Moers ... 103
Niederkrüchten ... 120
Rees ... 123
Tönisvorst ... 146
Viersen ... 152
Waldfeucht ... 161, 162
Wassenberg ... 165
Wegberg ... 170
Xanten ... 181

Weitere Sehenswürdigkeiten

Alpen (Plaggenhütte) ... 4
Bedburg-Hau (Louisendorf) ... 6
Brüggen (Weißer Stein) ... 10
Emmerich (Rheinbrücke) ... 20
Kempen (Gut Heimendahl, Berfes) ... 68
Kleve (Eisenbahnbrücke) ... 76
Selfkant (Westzipfel) ... 139
Sonsbeck ... 140
Übach-Palenberg ... 147, 148
Viersen (Steinlabyrinth) ... 152
Voerde ... 156, 157
Waldfeucht (Bronzeplastiken) ... 162
Weeze (Alte Schmiede) ... 167
Wegberg (Grenzlandring) ... 171
Wesel (Eisenbahnbrücke) ... 174

MUSEEN

Bergbaumuseen, Erlebnisbergwerke

Hückelhoven ... 47
Kamp-Lintfort ... 65
Moers ... 104

Brauereimuseen, Brennereien und Weingüter

Emmerich ... 21
Hamminkeln ... 44
Kamp-Lintfort ... 65
Kerken ... 71
Korschenbroich ... 83
Krefeld ... 92
Mönchengladbach ... 101
Schwalmtal ... 137

Eisenbahnmuseen, historische Eisenbahnfahrten, Draisinefahrten

Gangelt ... 26, 27
Geilenkirchen ... 28
Kleve ... 79
Kranenburg ... 86
Krefeld ... 88
Rommerskirchen ... 130
Schermbeck ... 132
Tönisvorst ... 146
Wesel ... 175

Freilichtmuseen

Grefrath ... 37
Xanten ... 182

Kunstmuseen u.-ausstellungen, Galerien, Kunstwege, Kunst- und Künstlerhäuser

Bedburg-Hau ... 7
Dormagen ... 16
Emmerich ... 21
Geldern ... 30
Issum ... 54
Kaarst ... 59
Kleve ... 77
Krefeld ... 89
Meerbusch ... 94
Mönchengladbach ... 96
Moers ... 104
Neuss ... 116
Schwalmtal ... 136
Viersen ... 152
Willich ... 178

Museen zu bedeutenden Persönlichkeiten

Heinsberg (BEGAS-Haus) ... 45
Hünxe (Otto Pankok) ... 50
Rees (Johannes Derksen) ... 124
Xanten (Siegfried) ... 183

Technische Museen und Handwerksmuseen

Alpen ... 5
Dinslaken ... 14
Dormagen ... 17, 18
Emmerich ... 20
Erkelenz ... 23
Gangelt ... 26
Hückelhoven ... 47
Kalkar ... 63
Kevelaer ... 73
Kleve ... 77, 78
Krefeld ... 89
Meerbusch ... 93
Mönchengladbach ... 97
Nettetal ... 107
Neukirchen-Vluyn ... 112
Neuss ... 115
Sonsbeck ... 141
Schermbeck ... 133
Uedem ... 150
Waldfeucht ... 162
Weeze ... 167
Wegberg ... 171
Willich ... 178

Weitere Museen

Geilenkirchen (Historisches Klassenzimmer) ... 28
Grevenbroich (Villa Erckens) ... 39
Goch ... 34
Issum ... 54
Mönchengladbach (Karnevalsmuseum) ... 97
Moers (Spiel- und Lernstadt) ... 103
Neuss ... 115, 116
Weeze (Royal Air Force) ... 167
Wegberg (Volkstrachten) ... 171
Wesel ... 174
Willich (Gefängnismuseum) ... 178
Xanten ... 183

FREIZEIT UND NATUR

Aussichtspunkte

Jüchen (Skywalk) ... 57
Kleve ... 76
Korschenbroich ... 82
Krefeld ... 90
Nettetal ... 108
Sonsbeck ... 142

Ballonfahren

Erkelenz ... 24
Goch ... 35
Hünxe ... 51
Kamp-Lintfort ... 67
Kevelaer ... 74
Schermbeck ... 134
Xanten ... 184

Bauernhöfe und Hofläden

Geldern (Bauernhofpädagogik) ... 30
Goch (Volkssternwarte, Bauernhofpäd., Eselbauer) ... 34
Kempen (Gut Heimendahl) ... 68
Kevelaer ... 73, 74
Korschenbroich (Pädagogischer Bauernhof) ... 83
Krefeld (Mitmach-Bauernhof) ... 90
Meerbusch (Jugendfarm Arche Noah) ... 94
Nettetal (Kinderbauernhof) ... 108

Neuss (Kinderbauernhof) ... 116
Rheinberg (Hof Elverich) ... 126
Schermbeck (Lopaka-Ranch) ... 133
Schwalmtal ... 136
Tönisvorst (Obsthof) ... 146
Uedem (Poenenhof) ... 150
Wachtendonk ... 159, 160
Waldfeucht (Blomland) ... 163
Xanten ... 184

Boule

Brüggen ... 11
Isselburg ... 53
Jüchen ... 57
Rees ... 124
Schwalmtal ... 138
Sonsbeck ... 142

Freizeitparks, Spielplätze (Drinnen und Draußen)

Alpen ... 5
Brüggen ... 12
Dormagen ... 18
Emmerich ... 20
Geilenkirchen ... 28
Grevenbroich ... 40
Hückelhoven ... 48
Issum ... 56
Kalkar ... 63
Kamp-Lintfort ... 66
Kevelaer ... 73
Kleve ... 79, 80
Krefeld ... 91
Meerbusch ... 94
Mönchengladbach ... 100
Moers ... 104
Nettetal ... 109
Neuss ... 117
Schermbeck ... 135
Schwalmtal ... 138
Straelen ... 143, 144
Tönisvorst ... 147
Uedem ... 150
Viersen ... 154
Wegberg ... 172
Xanten ... 184

Geocoaching

Geldern ... 31
Jüchen ... 57
Viersen ... 155
Wachtendonk ... 160
Willich ... 179

Golf, Minigolf

Bedburg-Hau ... 8
Emmerich ... 21
Geilenkirchen ... 28
Geldern ... 31
Grevenbroich ... 40
Hünxe ... 51
Isselburg ... 53
Issum ... 55
Kaarst ... 60
Kalkar ... 63
Kamp-Lintfort ... 66, 67
Kevelaer ... 74
Korschenbroich ... 83
Kranenburg ... 86
Krefeld ... 92
Meerbusch ... 94
Mönchengladbach ... 100
Moers ... 105
Nettetal ... 110
Neukirchen-Vluyn ... 113
Neuss ... 118
Rommerskirchen ... 131
Schermbeck ... 134
Sonsbeck ... 142
Voerde ... 157
Waldfeucht ... 163
Wassenberg ... 166
Wegberg ... 172
Wesel ... 176
Willich ... 179
Xanten ... 184

Kletterwald, Hochseilgarten

Kleve ... 80
Krefeld ... 91
Mönchengladbach ... 100
Neuss ... 118
Rheurdt ... 129
Viersen ... 153
Xanten ... 184

Kutsch- und Planwagenfahrten

Alpen ... 5
Bedburg-Hau ... 8
Gangelt ... 27
Goch ... 35
Hamminkeln ... 43
Heinsberg ... 46
Hünxe ... 51
Brüggen ... 13
Nettetal ... 110
Voerde ... 157
Wachtendonk ... 160
Waldfeucht ... 163
Wassenberg ... 166
Weeze ... 169
Wegberg ... 172

Lehrpfade

Brüggen (Astronomischer Lehrpfad) ... 11
Emmerich (Barfußpfad) ... 21
Grevenbroich (Energiepfad) ... 39
Kranenburg ... 85, 86
Moers (Barfußpfad) ... 104
Neukirchen-Vluyn (Energiepfad) ... 113
Rheinberg (Hasenpfad) ... 127
Straelen (Schmugglerpfad) ... 143
Waldfeucht (Märchenpfad) ... 163
Weeze (Erlebnispfad) ... 168
Xanten (Naturlernpfad) ... 184

▸ Modellflug

Kerken ... 71
Meerbusch ... 94
Niederkrüchten ... 121
Straelen ... 144

▸ Mountainbiken

Geilenkirchen ... 28
Grevenbroich ... 40
Kleve ... 80

▸ Naturdenkmale

Bedburg-Hau ... 7
Hünxe ... 50
Isselburg ... 53
Schermbeck ... 133
Voerde ... 157

▸ Naturschutz-Informationszentren

Geldern ... 30
Kleve ... 79
Neukirchen-Vluyn ... 112
Rees ... 124
Wachtendonk ... 159
Wegberg ... 171
Willich ... 179

▸ Naturschutzgebiete, Naturparks, Biosphärenreservate

Dinslaken ... 14
Gangelt ... 26
Geilenkirchen ... 28
Hamminkeln ... 42
Kalkar ... 63
Korschenbroich ... 82
Kranenburg ... 85, 86
Mönchengladbach ... 98
Nettetal ... 107, 108
Neukirchen-Vluyn ... 113
Niederkrüchten ... 120
Rheurdt ... 128
Schermbeck ... 133
Selfkant ... 139
Sonsbeck ... 141, 142
Übach-Palenberg ... 148
Uedem ... 150
Viersen ... 153
Wachtendonk ... 159
Wesel ... 175, 176
Xanten ... 183

▸ Nordic Walking

Geldern ... 31
Hamminkeln ... 43
Kleve ... 79, 80
Nettetal ... 110
Niederkrüchten ... 121
Viersen ... 154
Wegberg ... 172

▸ Parks und Gärten, Kuranlagen

Dinslaken ... 13
Erkelenz ... 24
Geilenkirchen ... 28
Grevenbroich ... 39
Kalkar ... 63
Kamp-Lintfort ... 66
Kleve ... 78
Krefeld ... 90
Mönchengladbach ... 98
Neuss ... 116, 117
Rees ... 124
Rheinberg ... 127
Übach-Palenberg ... 148
Viersen ... 153
Wassenberg ... 165
Willich ... 179

▸ Pferdesport

Bedburg-Hau ... 8
Dinslaken ... 15
Emmerich ... 22
Goch ... 35
Hamminkeln ... 43
Isselburg ... 53
Issum ... 56
Kempen ... 69
Krefeld ... 90
Mönchengladbach ... 99, 100
Nettetal ... 110
Neuss ... 117
Niederkrüchten ... 121
Rheurdt ... 129
Schermbeck ... 134
Sonsbeck ... 142
Uedem ... 150
Viersen ... 155
Wachtendonk ... 160
Wassenberg ... 166
Xanten ... 185

▸ Rundflüge, Gleitschirmflüge, Fallschirmspringen

Brüggen ... 13
Erkelenz ... 24
Goch ... 35
Grefrath ... 38
Grevenbroich ... 40
Heinsberg ... 46
Hünxe ... 50, 51
Kaarst ... 60
Kalkar ... 64
Kamp-Lintfort ... 66
Mönchengladbach ... 101
Selfkant ... 139
Wegberg ... 172
Wesel ... 176

▸ Skaten

Bedburg-Hau ... 8
Brüggen ... 11
Geilenkirchen ... 28
Grefrath ... 38
Grevenbroich ... 40
Hückelhoven ... 48
Hünxe ... 50

Issum 55
Jüchen 57
Kaarst 60
Kerken 71
Korschenbroich 83
Meerbusch 94
Nettetal 110
Neuss 118
Viersen 154
Wachtendonk 160
Wegberg 172
Willich 179

▸ Schifffahrten und Fähren

Dormagen 18
Kalkar 64
Meerbusch 94
Rees 124
Wachtendonk 159
Weeze 168
Wesel 175, 177
Xanten 184, 185

▸ Schleusen und Staustufen

Hünxe 49
Straelen 143
Voerde 157
Wesel 175

▸ Theater, Freilichttheater, Kleinkunst

Bedburg-Hau 8
Dormagen 18
Emmerich 21
Geilenkirchen 28
Grefrath 38
Heinsberg 46
Kaarst 60
Kamp-Lintfort 67
Krefeld 92
Moers 105
Neuss 118
Rommerskirchen 131
Schwalmtal 138
Wesel 177

▸ Im und auf dem Wasser

Alpen 5
Brüggen 11
Dormagen 18
Emmerich 21
Geldern 31
Goch 35
Grefrath 38
Grevenbroich 40
Heinsberg 45
Hückelhoven 48
Hünxe 51
Isselburg 53
Kaarst 59
Kalkar 63
Kamp-Lintfort 66
Kempen 69
Kerken 71
Kevelaer 74
Kleve (u.a. Grillpontons, Tretboot) 80
Moers 104, 105
Nettetal 109, 110
Niederkrüchten 121
Rees 124
Schermbeck 134, 135
Schwalmtal 137
Selfkant 139
Sonsbeck 142
Übach-Palenberg 148, 149
Viersen 154
Wachtendonk 160
Waldfeucht 163
Wassenberg 165, 166
Weeze 169
Wegberg 172
Wesel 176, 177
Xanten 184, 185

▸ Wintersport

Dinslaken 15
Grefrath 37
Krefeld 91
Moers 105
Neuss 117
Wesel 177

▸ Zoos, Tier- u. Wildparks, Streichelzoos, Falknereien

Brüggen 10, 11
Gangelt 26
Grevenbroich 39
Isselburg 53
Issum (Kamelfarm) 55
Kevelaer 73
Kleve 78, 79
Krefeld 89
Mönchengladbach 97
Rheinberg 126
Rheurdt 128
Viersen 153
Weeze 168

▸ Sonstiges

Bedburg-Hau (Bogensport) 8
Brüggen (Saunapark, Elektroscooter) 12
Dinslaken 14, 15
Emmerich (Fahrrad-Tachomessstrecke) 22
Geldern (Kegeln/Bowling, Inline, Nordic-Walking) 31
Goch (Lichtspiele, Waldläuferbande, Sternwarte) 34, 35
Grefrath 37, 38
Grevenbroich 40
Hamminkeln (Alpakazucht) 43
Hückelhoven (Bodyflying) 48
Jüchen (Beachvolleyball) 57
Kaarst (Kartbahn) 60
Kalkar (Gesundheitsparcours) 64
Kamp-Lintfort (Fossa Eugeniana, Segway) 66, 67
Kerken (Jugendzeltplatz) 71
Kleve (Clever-Escape) 79
Krefeld (Live Escape) 91

Mönchengladbach (Erlebnisbrücke, Sternwarte, Live Escape, Fußballstadion) ... 97, 99
Nettetal (Indoor-Soccer, Elektro-Scooter) ... 110
Neukirchen-Vluyn (Fußballpark, Inlinern) ... 113
Niederkrüchten ... 121
Rees (Indoor-Soccer) ... 124
Rheinberg (Fahrsicherheitstraining) ... 127
Schermbeck (Eselreiten, Soccer) ... 133, 135
Schwalmtal (Indoor-Fußballplatz, Gitarrenorchester) ... 138
Sonsbeck (Segway) ... 142
Straelen (Führung Audioguide, Modellschiffe) ... 144
Viersen (Live escape) ... 154
Wachtendonk (Tennis) ... 160
Weeze (Erlebnispfad, Kartbahn, Indoor Soccer) ... 168
Wegberg (Lama-Wandern) ... 171
Willich (Sport im Park, Polo, Radball, American Football, Boßeln) ... 179. 180

VERANSTALTUNGEN UND FESTE

Januar

Geldern (Drachenfest) ... 32

Februar

Karnevalsveranstaltungen und –umzüge gibt es in (fast) jedem Ort.

März

Goch (Frühlingsfest) ... 36
Issum (Ostermarkt) ... 56
Nettetal (Nettetaltag) ... 111
Uedem ... 151

April

Alpen (Blumen- und Spargelfest) ... 6
Geldern (Spargelfest) ... 32
Grevenbroich (CityFrühling) ... 41
Kalkar ... 64
Kempen (Frühlingsfest) ... 69
Korschenbroich (Ciry-Lauf) ... 83
Mönchengladbach (Kappesfest) ... 101
Nettetal (Tanz in den Mai) ... 111
Schermbeck (Tanz in den Mai) ... 135
Tönisvorst ... 147
Wassenberg (Gartenzauber) ... 166
Weeze ... 169
Wegberg (Frühlingsfest) ... 172
Wesel (Frühlingsfest) ... 177
Xanten (Wein- und Musikfest) ... 185

Ostern

Goch (Stringtime) ... 36
Kaarst ... 60
Kevelaer (Briefmarkentauschtag) ... 74

Mai

Dinslaken (Porschetreffen) ... 15
Dormagen (Mittelalterspektakel) ... 19
Goch (Mai- und Brunnenfest) ... 36
Grevenbroich (Maimarkt) ... 41
Kaarst ... 60, 61
Kalkar ... 64
Kamp-Lintfort ... 67
Kempen (Altstadtfest) ... 69
Kevelaer (Puppenspiel-Tage) ... 74
Kleve ... 80, 81
Krefeld ... 92
Moers (Seifenkisten) ... 105
Neukirchen-Vluyn (Wein- und Schlemmerfest) ... 113
Straelen (Blumenfest) ... 145
Tönisvorst (Schützenfest) ... 147
Viersen (Viersen blüht) ... 155
Wesel ... 177
Xanten ... 185

Pfingsten

Alpen (Königsschießen) ... 5
Geldern (Kirmes) ... 32
Hünxe (Konzert) ... 51
Korschenbroich (Schützenfest) ... 83
Krefeld (Flachsmarkt) ... 92
Moers (Jazz-Festival) ... 105
Nettetal (Wandertag) ... 111
Rheurdt (Kirmes, auch im Herbst) ... 129
Selfkant ... 139
Voerde (Drachenbootregatta) ... 157
Weeze (Parookaville) ... 169

Juni

Bedburg-Hau (Jugendfestival Courage) ... 8
Dormagen (Märchenspiele) ... 19
Emmerich (Straßenmusik) ... 22
Erkelenz (Lambertusmarkt) ... 24
Geldern (Tolkien-Tag, Straßenparty) ... 32
Grevenbroich (Citylauf) ... 41
Heinsberg (TriLAGOn) ... 46
Issum (Kirmes) ... 56
Kaarst ... 61
Kalkar ... 64
Kempen (Altstadtlauf) ... 69
Kleve (Kinderfest) ... 81
Korschenbroich (Seifenkistenrennen) ... 83
Kranenburg ... 87
Moers (Parkfest) ... 106
Nettetal (Highland Games) ... 111
Neukirchen-Vluyn (Hoffete) ... 113
Neuss (Sommernachtslauf) ... 119
Rheinberg ... 127
Rheurdt (Heimspiel) ... 129
Rommerskirchen (Blues-Festival) ... 132
Schermbeck (Straßenfest) ... 135
Schwalmtal (Sommerfest) ... 138
Selfkant ... 140
Sonsbeck (Handwerkermarkt) ... 142
Straelen ... 145
Übach-Palenberg (Musiksommer) ... 149
Viersen ... 155
Wassenberg (Kulturtag) ... 166
Wegberg (Schlemmerfest) ... 172
Wesel (EselRock) ... 177
Xanten (Schottisches Festival) ... 185

▸ Juli

Alpen (Stadtlauf) . . . 5
Brüggen (Kinderferienstart) . . . 12
Dinslaken (Fantastival, PDS-Jam) . . . 15
Emmerich (Lichterglanz) . . . 22
Erkelenz (Bierbörse, Citylauf) . . . 24
Geldern (Mittelaltermarkt) . . . 32
Grevenbroich (Kultus Open Air) . . . 41
Heinsberg (Burgbergfestival) . . . 46
Hückelhoven (Karibisch) . . . 49
Kalkar (Triathlon) . . . 64
Kevelaer . . . 74
Meerbusch (US-Car u. Harleytreffen) . . . 95
Mönchengladbach (Turmfest) . . . 101
Moers (Tummelferien) . . . 105
Neuss (Radrennen) . . . 119
Schermbeck . . . 135
Schwalmtal (Lüttelforst) . . . 138
Übach-Palenberg (Familientage) . . . 149
Uedem . . . 151
Viersen . . . 155
Weeze . . . 169
Wegberg (Schützenfest) . . . 173
Willich . . . 180

▸ August

Dinslaken (DIN-Tage) . . . 15
Erkelenz (Electrisize) . . . 24
Gangelt . . . 27
Geldern (Straßenmusik) . . . 32
Hünxe (Römerlager) . . . 51
Jüchen . . . 58
Kaarst . . . 61
Kevelaer (Modeschauen) . . . 75
Kleve (Radrennen) . . . 81
Korschenbroich (Rochusfest) . . . 84
Kranenburg . . . 87
Krefeld (Folklorefest) . . . 92
Meerbusch . . . 95
Mönchengladbach . . . 101, 102
Moers (SommerSoul) . . . 105
Nettetal (Reitsportfestival) . . . 111
Neuss (Schützenfest, Equitana) . . . 119
Rees (Haldern Pop) . . . 125
Rheinberg . . . 127
Rommerskirchen (Rh. Tiertag) . . . 132
Schermbeck (Schafsmarkt) . . . 135
Wachtendonk . . . 161
Wassenberg (Limburg Festival) . . . 166
Wegberg . . . 173
Wesel . . . 177

▸ September

Alpen (Streuobstwiesenfest) . . . 6
Dormagen (Alte Musik, Matthäusmarkt) . . . 19
Gangelt . . . 27
Geldern (Festival, Landlebenmarkt) . . . 32
Heinsberg (Stadtfest) . . . 46
Hückelhoven (City-Fest, Autokinonacht) . . . 49
Jüchen (Familienfest) . . . 58
Kamp-Lintfort (Stadtfest) . . . 67
Kerken (Schirm-und Herbstfest) . . . 71
Kleve . . . 80, 81
Krefeld . . . 92
Mönchengladbach . . . 102
Moers . . . 105, 106
Neukirchen-Vluyn (Erntedankfest) . . . 113
Neuss (Hansefest) . . . 119
Niederkrüchten . . . 122
Schermbeck (Bauernmarkt) . . . 135
Straelen . . . 145
Tönisvorst (Rocknacht) . . . 147
Übach-Palenberg (Kaiser-Karl-Fest) . . . 149
Viersen . . . 155
Wachtendonk . . . 161
Weeze (Staffellauf) . . . 169
Wegberg . . . 172, 173
Wesel (Kulturnacht) . . . 177
Willich (Stadtfest) . . . 180

▸ Oktober

Alpen (Herbstspektakel) . . . 5
Geldern (Herbstmarkt) . . . 32
Goch (Flachsmarkt und Herbstkirmes) . . . 36
Grevenbroich (CityHerbst) . . . 41
Hünxe (Honigkirmes) . . . 51
Issum (Töpfermarkt) . . . 56
Kaarst . . . 61
Kempen (Handwerkermarkt) . . . 69
Kleve (Familientag) . . . 80
Moers (Cars & Castle) . . . 106
Neuss (Mittelaltermarkt) . . . 119
Rheinberg (Kastanienfest) . . . 127
Rheurdt . . . 129
Viersen (Herbstmarkt) . . . 156
Waldfeucht (Oktoberfest) . . . 164
Wesel . . . 177
Xanten . . . 185

▸ November

Dinslaken . . . 15
Emmerich (Novemberleuchten) . . . 22
Geldern (Eisbahn) . . . 32
Grefrath (Holiday On Ice) . . . 38
Issum (Novembermarkt) . . . 56
Kempen (Martinszug) . . . 69
Neukirchen-Vluyn (Martinsmarkt) . . . 113
Schwalmtal (Martinsfest) . . . 138
Uedem . . . 151

▸ Dezember (Weihnachtliche Veranstaltungen)

Seite 6, 19, 22, 24, 36, 38, 41, 46, 49, 54, 56, 58, 61, 70, 74, 81, 92, 96, 102, 106, 111, 114, 119, 127, 135, 145, 156, 158, 164, 168, 173, 178, 180, 185